江苏第二师范学院学术著作出版资助项目
江苏省"十三五"重点建设学科江苏第二师范学院中国语言文学学科

语篇阅读教学论

贡如云　著

南京大学出版社

序

欣悉《语篇阅读教学论》论稿即将于南京大学出版社出版，特撰文志贺！作者贡如云是我带的语文课程与教学论方向第一位博士，他有11年的中学语文教学实践经验，以及11年的师范院校语文课程与教学论教研经历，实践历练和理论修炼双线并进，在语文课程与教学领域已有丰厚的积淀。读博期间，贡如云笃实勤奋，孜孜以求，思想敏锐，中外兼收，表现出对学术研究深厚兴趣和虔敬情怀。本书是在其博士论文《语篇学视域下的语文阅读教学研究》基础上修改完成的。作者以语篇学为理论基础，以语文阅读教学为考察对象，在古今中外跨学科领域纵横驰骋，且能够紧扣住语篇阅读教学这一论题做整体性与系统性思考和阐发，彰显了论者的全球化视野和本土化情怀。本书既有本体论层面的阐释，也有实践论层面的探讨，其所展示出的思维品格、驾驭能力已足以显示作者学术个性的确立和对新领域的拓荒精神。贡如云的博士论文在盲审中，三位匿名专家不吝好评，评定等第均为A，论文答辩也同样受到专家好评。师长之誉，谨以自勉，以报来日。

20世纪80年代起，西方国家的语文教学改革致力于从功能语言学寻找理论资源。功能语言学是个大家族，大家所熟知的语用学是其中的一个分支，语篇学则是另一个重要分支。所谓语篇通常指由句子或话段构成的、相对独立的语言单位，语篇是指向交际功能的语言实体，是语用的对象与产物。语篇学是以语篇为研究对象的交叉性语言学学科，语篇学与语用学存在紧密的关联，它们在研究取向、研究对象、研究方法上存在诸多相通和互补之处。遗憾的是，我国现有的语文教学其语言学基础依旧滞留在结构主义语言学阶段，功能主义语言学对语文教学的价值没有得到应有的关注和发掘。语文姓语，从语篇学的视角研究语文(阅读)教学能引发我们反思语文的本体所在,从而找到回家的路。

科学研究贵在问题意识,人文社会科学与自然科学研究一样,提出一个有价值的真问题新问题往往比沿着固有的思路解决一个具体问题更有价值。作者针对语文课程的核心目标,提出用语篇学理论改造语文阅读教学的构想,应该说具有一定的理论识见和现实针对性。语文课程与教学论专业方向的研究有很多种范式,若从专业名称角度进行分类,它就包括语文课程研究和语文教学研究。就语文课程研究而言,语篇学的引进无疑将开启一个新的论域。比如关于语文教材选文分类,《普通高中语文课程标准》(实验)采用的是"文本"三分法:文学类文本、论述类文本、实用类文本,而《普通高中语文课程标准》(2017年版)有个细微的变化,它采用的是"语篇"三分法:文学类语篇、论述类语篇、实用类语篇。名称的变化意味着其背后理论基础的深刻嬗变,与"文本"相比,"语篇"更注重交际性、对话性,语篇视野下的选文不应视为静态的客体,而应视为动态的对话主体,它有待师生去进行语境还原,有待读者去揭示其语义功能、成篇功能和交际功能。就语文教学研究而言,关于文本解读的研究方兴未艾,课文解读成果已相当丰硕,但这些成果多取径于文艺学。倘若从语篇分析的视角做些思考,我们不难获得新的发现,收获语文教育的新功效。语篇阅读教学具有广阔的研究空间,贡如云博士于此领域做出了初步的探索和自己的贡献。

本研究的意义主要体现在以下两个方面:一是为语文课程内容的重构提出了新的构想。语文课程有其自身的学科基础,诸如语言学、文艺学、文章学、阅读学、写作学、教育学、教育心理学等。以上学科为语文课程提供了有效的理论基础,而语篇知识的引进,将充实语文课程的知识基础,并为语文课程内容的重构做出自己的贡献。二是为语文阅读教学的语用转向找到了新的抓手。2011年前后,我国语文教学出现了语用学转向。但是,已有的语用理论和语用实践虽有成效,却并非尽如人意。本书提出了一种新的构想:用语篇学理论丰富语文课程的学科基础,为推动阅读教学改革转向语用实践提供理论支持。应该说这种构想和论析有其内在的合理性,值得尝试。

当然本书关于语篇阅读教学的研究只是迈出了第一步,许多地方还有待进一步挖掘。比如,在我国语文界,文学鉴赏的学科基础主要是文艺学和美学,而文体学乃至语篇文体学等学科研究尚比较薄弱,有限的研究成果也未引起语文界的重视,本书理应在这方面做些深入思考,后续研究可以对此深入开掘。此外,文学作品的交际性如何体现?它与文章作品的对话特征又有何差异?文学作品鉴赏与语篇分析关系如何?这些都有待深入研究。再者,我们还应认识到用语篇学来指导语文阅读教学的中介性和边界性。语文课程是个全息体,它具有综合性,语文学科本体知识如何转化为语文课程知识?等等,这些问题都有待我们不断地追问和求索。

总之,语篇学为语文(阅读)教学提供了新的研究视角和分析工具,贡如云博士的著作在这方面做出了可贵的探索,希望在这条探索的路上有更多的志趣相合者互携砥砺而行。

是为序。

黄 伟
2019 年 2 月 26 日于南京师范大学随园

(作者系南京师范大学教育科学学院教授,语文课程与教学论方向博士生导师)

目　录
CONTENTS

导　论

一、研究缘起 ……………………………………………… 001

二、研究思路与研究方法 ………………………………… 006

第一章　语篇学相关理论概述

第一节　语篇图式理论 ……………………………………… 009
　　一、图式理论 …………………………………………… 009
　　二、语篇图式理论 ……………………………………… 011

第二节　语篇分类理论 ……………………………………… 014
　　一、西方的语篇分类理论 ……………………………… 014
　　二、我国的语篇分类理论 ……………………………… 018

第三节　语篇分析理论 ……………………………………… 023
　　一、欧洲的语篇分析理论 ……………………………… 023

二、美国的语篇分析理论 ………………………………… 027
三、澳大利亚的语篇分析理论 …………………………… 029
四、我国的语篇分析理论 ………………………………… 030

第二章 语文阅读教学的本质：语篇解码说

第一节 语文课程性质之重思 ………………………………… 035
　　一、语文课程性质不是个伪命题 ………………………… 035
　　二、语文课程性质新论：话语经验说 …………………… 040
第二节 语文阅读教学的本质 ………………………………… 071
　　一、语文阅读教学是语篇教学 …………………………… 073
　　二、语文阅读教学是语码教学 …………………………… 076
　　三、语文阅读教学是语篇解码教学 ……………………… 079

第三章 语篇学视野下阅读教学目的观重构

第一节 我国阅读教学目的观历时性考察 …………………… 090
　　一、表述框架的三种范型 ………………………………… 091
　　二、阅读教学目的的基本要素 …………………………… 093
第二节 国外当下阅读教学目的观考察 ……………………… 096
　　一、部分其他国家阅读教学目的观述略 ………………… 096
　　二、上述国家阅读教学目的观评述 ……………………… 099
第三节 充实阅读教学的目的：语篇学之维 ………………… 101
　　一、分析语篇的语言功能 ………………………………… 101
　　二、提升学生的语篇阅读素养 …………………………… 103

第四章 语篇学视野下阅读教材范式的重构

第一节 国外阅读教材语篇范式的确立 ……………………… 116

第二节　我国阅读教材语篇范式的建构 ………………… 120
　　一、短文类语篇与整本书语篇 ……………………… 122
　　二、文学类语篇与信息类语篇 ……………………… 129
　　三、连续性语篇与非连续性语篇 …………………… 134
　　四、纸质类语篇与电子类语篇 ……………………… 137
　　五、文字类语篇与图文类语篇 ……………………… 140

第五章　语篇学视野下阅读教学内容的选择与创生

第一节　参照语篇阅读教学目标选择教学内容 ………… 146
　　一、语篇知识教学内容的选择 ……………………… 146
　　二、语篇能力教学内容的选择 ……………………… 151
第二节　根据学生语篇阅读经验创生教学内容 ………… 155
　　一、根据学生的选点生成阅读教学内容 …………… 157
　　二、根据学生的问题生成阅读教学内容 …………… 158

第六章　语篇学视野下文本解读方法的重构

第一节　基于巴赫金话语理论的话语分析法 …………… 162
　　一、基于巴赫金话语理论的话语分析框架 ………… 163
　　二、话语分析框架的运用 …………………………… 167
第二节　韩礼德的功能语篇分析法 ……………………… 172
　　一、韩礼德的功能语篇分析框架 …………………… 172
　　二、功能语篇分析框架的运用 ……………………… 174
第三节　悉尼学派的体裁分析法 ………………………… 176
　　一、悉尼学派的体裁分析框架 ……………………… 176
　　二、悉尼学派体裁分析框架的运用 ………………… 178

第四节　策略性语篇加工法 ·················· 180
　　一、范戴克和金斯基的策略性语篇加工模型 ·········· 180
　　二、策略性语篇加工模型的运用 ··············· 182
第五节　本土化语篇解读框架的建构 ················ 182
　　一、语义层 ·························· 184
　　二、语形层 ·························· 185
　　三、交际层 ·························· 187

第七章　语篇学视野下阅读教学方法的重构

第一节　基于巴赫金话语理论的对话教学法 ··········· 190
　　一、关注文本的"表述"方式 ················· 191
　　二、注意引出学生自己的话语 ················ 194
　　三、注意与其他文本互文参照 ················ 195
第二节　功能语篇教学法 ····················· 197
第三节　悉尼学派体裁教学法 ··················· 200
　　一、体裁读写教学法 ···················· 200
　　二、跨课程阅读教学法 ··················· 204
第四节　BDA 策略教学法 ····················· 208
第五节　本土化语篇阅读教学模型的建构 ············· 214
　　一、语义教学 ························ 215
　　二、语形教学 ························ 216
　　三、交际教学 ························ 217

第八章　语篇阅读教学评价

第一节　语篇阅读课程目标体系的建构 ·············· 223
　　一、为何要建构语篇阅读课程目标体系 ············ 223

二、语篇阅读课程目标体系的建构 …………………………… 227
第二节　基于目标的语篇阅读教学评价 ………………………… 239
　　一、课堂教学中的语篇阅读教学评价 ………………………… 240
　　二、阅读测试中的语篇阅读素养评价 ………………………… 248
第三节　阅读语料的语篇复杂度评价 …………………………… 257
　　一、国际上关于语篇复杂度的评价 …………………………… 257
　　二、加强本土化的语篇复杂度评价 …………………………… 263

结语：归正与超越 …………………………………………………… 272

参考文献 ……………………………………………………………… 277

后　记 ………………………………………………………………… 296

导 论

一、研究缘起

主要回答两个问题:为何要研究语文阅读教学,为何要选择语篇学的视角来研究语文阅读教学。

语文教学主要包括识字写字、阅读、写作、口语交际和综合性学习五大领域,这其中,阅读教学是最关键的领域,它统率着语文教学。阅读教学具有综合性,其他几种教学形态都可以渗透至阅读教学中。平时我们在探讨语文教学规律的时候,主要也都是立足于阅读教学来谈的。所以在语文教学研究中,阅读教学研究是最重要的研究领域,而语文阅读教学研究资料之多可谓汗牛充栋,常见研究范式则可以概括为课程论范式、教学论范式、心理学范式、文学范式、文艺学范式、文章学范式、传统语言学范式、语用学范式、阅读学范式、综合型范式,等等。本书将从深化我国语文阅读教学改革的时代需要出发,结合国际语文阅读教学改革的最新趋势,尝试引入一门新的基础学科,为语文教学提供一种新理论和新方法。

我国现行的《义务教育语文课程标准(2011年版)》确立了语文课程的核心任务与目标:"语言文字的运用(简称语用)"。《普通高中语文课程标准(2017年版)》已经颁行,关于语文核心素养的第一要素也是"语言建构与运用"。但是,作为一门综合性、实践性很强的课程如何培养学生的语言文字运用能力,理论和实践仍有值得探讨的空间,已有的语用理论和语用实践虽有成效,但并非尽如人意,其欠缺和短板也有待弥补。我们试图引入一门新的学科——语篇学,藉此丰赡语文课程的基础学科知识,并为我国语文(阅读)教学的深度改革与创新提供可行路径。诚然,语篇学所研究的"语用"与语文(阅读)教学中的"语用"并非等同,前者主要指语言运用的特点与规律,它是学理层面的概念;而后者则指语言文字的运用,它是实践和训练范畴的概念。尽管两者所指有别,但核心内涵是一致的。语篇学有关语用的理论,能为语文教学提供有效的理论支持,亟待我们掘发与引进。

语篇是语言学中一个重要的概念。在英语中它有两个对应的单词 discourse 和 text,discourse 的汉语译名有语篇、篇章、话语等,而 text 又译作文本。国内学者常根据自己的研究旨趣选用以上术语。所谓语篇通常指由句子或话段构成的、相对独立的语言单位,它形式衔接,语义连贯,合乎语境。语篇是试图实现某种交际功能的语言实体,它是语用的对象与产物。它可以是书面的,也可以是口头的;既包括独白,也包括对话;既可是一本书,也可是一句话。本书中的语篇主要指书面语篇。语篇学是以语篇为研究对象的交叉性语言学学科,它萌芽于 20 世纪 50 年代的美国,70 年代有了较快的发展,90 年代进入极盛期,步入 21 世纪之后,它愈益体现出跨学科的特性。我国的语篇学研究兴起于 20 世纪 80 年代末,主要是在接受西方语篇学的基础上发展起来的。作为学科名称,它还有几个别称,较常见的有语篇分析、话语分析、超句法分析、篇章语言学、话语语言学、篇章语法等。

目前看来,语文(阅读)教学的学科基础主要包括传统语言学、文学、文艺学、文章学、语用学(已相对独立),相对这些学科而言,语篇学的学科特点尚未引起充分的关注。事实上,语篇学有着其他学科无法替代的优势,它在某些领域与以上学科形成了互补,在某些领域甚至形成了超越。

(一)语篇学与语用学共同指向"语用"

与语用学一样,语篇学也研究语用,但两者研究方式不尽相同,关系也颇为复杂。列文森(Levinson)认为语用学包括语篇学,范戴克(Van Dijk)则认为语篇学包括语用学,韩礼德(Halliday)认为语用学只是语篇语义学的别称,因而根本不需要一门独立的语用学。但国内外多数学者倾向于将它们看作相对独立的两门学科,一般来说,语用学是研究具体语境中语言运用规律的学科,而语篇学是研究交际中语言形式与功能关系的学科。两者之同:都研究实际运用中的语言,都对语境与语义存在浓厚的兴趣,都在向语言的社会功能靠拢。两者之异:同为语境研究,语用学侧重研究语境的因素,语篇学侧重研究语境与语篇的关联;同为语义研究,前者侧重研究语篇要素的逻辑关系,后者侧重研究语篇的衔接手段;同为功能研究,前者侧重研究某段话语在特定的交际场合发挥何种功能,后者侧重研究语言功能如何受到社会因素的制约。另外,在研究目的、方法和内容上两者又存在互动关系。① 所以它们既各自独立又互相渗透,其关系可用图1来表示。20世纪七八十年代,语用学和语篇学分别被确认为独立的新兴学科,90年代起,我国也形成了语用学和语篇学的学科自觉。2011年前后,我国语文阅读教学出现了语用学转向,学者们纷纷指出:"以语用为核心的语言学研究应该成为语文(阅读)教学的基础。"但作为原理性学科,语用学对阅读教学的贡献主要体现于方法论层面,操作层面的指导力尚比较有限。而语篇学研究重心更低,它既探索以言成篇的特点与规律,又研究语篇的生成语境与交际目的,因而对语文阅读教学具有更直接的指导意义。

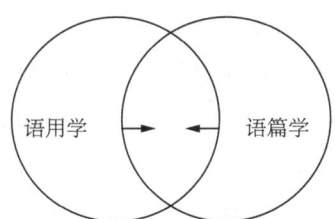

图 1 语篇学与语用学的关系

(二) 篇章语法分析超越了传统语言学的句子语法分析

西方传统的语言研究主要是句子语法分析,其最大局限就是脱离了语言运用的情境,忽视了语言的交际功能。后来人们意识到,语言研究不应囿于句子平面,而应研究段落和语篇,这样超句法分析也就是篇章语法分析便应运而生。在我国,篇章语法研究并不晚于句法研究。比如,《马氏文通》称"是书本旨,专论句读"②,但它也分析了《汉书》等典籍中三个独立的篇章,讨论了语句连接、语义转换、文势直贯等文法问题。黎锦熙《新著国语文法》不仅关注句法分析,还列专章对段落、篇章作"篇章语法"分析。而王力则对照应、省略、替代、连接、词汇搭配等衔接方式以及社会文化语境展开过专门研究。但是我国传统的语言学只是把

---

① 田海龙:《语用学与语篇研究的互动关系》,《外语教学》2001年第2期。
② 马建忠:《马氏文通》,北京:商务印书馆1983年版,第15页。

篇章研究作为语言的应用研究,始终未看作语言的本体研究。由于句子语法分析的势力过于强大,我国语文(阅读)教学在探求民族化、现代化、科学化的进程中,与其纠缠达数十年之久,而篇章语法分析始终未能进入人们的视野,这一点与西方语文(阅读)教学后来的语篇语法转向存在不同的境遇。语篇学的精髓乃语篇语法的整体论思想,它所关注的是语篇的各种要素是如何有机地结合在一起,进而实现交际目的的。语篇学的引入,将开启语篇语法教学的新视域。

(三)语篇分析超越了文艺学的"文本分析"

著名语言学大师韩礼德曾创立系统功能语言学,1969年他运用该理论对戈尔丁的小说《继承者》进行了功能语篇分析,这对西方文学鉴赏中长期占主流地位的文艺学范式形成了极大冲击,自此一门新的学科即功能文体学(研究用语言学理论解读文学语篇的学问)随之诞生。系统功能语言学视文学为语篇,不仅关注文学的语言结构与内在形式,还将形式特点与语言的交际功能相联系,探讨文学语篇的主题、语言表达层及意象表达层之间的关系。功能语篇分析其学术旨趣是双重的:既关照语篇的语用技巧,亦探寻语篇的审美意蕴。此外,韩礼德还关注系统功能语言学在母语和外语(阅读)教学方面的应用研究,指出,创建和发展系统功能语言学的初衷是"教育性的"。[①] 随着世界母语教学之语言学基础由结构主义向功能主义的深刻转向,韩氏的功能语篇分析炙手可热,世界范围内文学作品的功能语篇教学也蔚然成风。联系我国当下的语文阅读教学来看,文学文本解读大都采用文艺学的话语方式,此类解读旨在揭示文本内在的艺术规律,就文学或审美教育而言,其积极意义自不待言,但局限在于其哲学基础通常是结构主义的,它视文学为独立自足的系统,过于执着文学的文学性,以至于遮蔽了文学的交际性,自然也削弱了文学的"语用"教学功能。在语文阅读教学这一特定的场域中,文学作品的本体属性是语篇,它是真实的社会语境中出于真实的交际目的而生成的语言实体,它试图以艺术化和创造性的方式对外部世界进行内心阐释与表达。文学作品的解读需引入功能语篇分析,功能语篇分析的语言学基础是功能主义的,其遵循的理路是"融合派"的:它既研究语言形式内部的自身规律,也研究外部语境对语言形式的影响;它持守语言本体的同时,犹不失对文

---

① Halliday, MA.K., Hasan, R. Language, text and context: aspects of language in a social-semiotic perspective. Geelong: Deakin University Press, 1985, p.89.

学的审美关怀。文学语篇分析为文本解读提供了新的视角,也为文学教学提供了新的抓手,这对文艺学的"文本分析"是一种历史性超越。

(四)语篇分析超越了文章学的"文章分析"

我国现代语篇学的兴起主要是受西方的影响,但宽泛意义上的语篇学可追溯至文章学对文(篇)章的研究。我国的文章学研究源远流长,许多文章学家的文(篇)章观与西方的语篇观不谋而合。比如东汉王充《论衡·本性》曾提出过"连接篇章者为鸿儒"的主张,梁代刘勰《文心雕龙》强调文章结构上应求"首尾圆合,条贯统序""贯一为拯乱之药",宋人真德秀《文章正宗》提出过文章分类"四分法",清代刘熙载《艺概》中也有篇章结构的"起承转合"论。"五四"以后,叶圣陶的文章分类"三原则",陈望道的文体"五分法",夏丏尊与叶圣陶《文心》中文章组织的"秩序、联络、统一"论,张志公的汉语辞章学构想都进一步发展了前人的相关思想。尽管文章学研究领域既宽且深,语言运用的技巧和方法也广有涉及,但它更偏重于文章章法或读写技巧的研究,尚未真正地进入语言学界面,对文章的交际功能无法进行深入解释,而口头语言几乎不涉及。联系语文教学中的文章解读来看,情形也十分类似。一般情况下,文章被分作记叙文、说明文、议论文三大教学文类,围绕这三大文类的教学,人们多采用基于文章知识的文章分析范式。各类文章知识固然能反映相应文体的基本规律,但"文章分析"之弊在于:读解主体往往视文章为静态、封闭的成品与客体,很少联系特定的语境对语言的意义和功能做动态的分析,也很少去批判作为交际事件与社会行为的语篇的价值和有效性。而语篇分析的引进,将突破"文章分析"的既有模式,还原文章的交际功能,培养学生的"以言行事"能力而不仅仅是认知能力。

语文阅读教学的根本目的是培养学生的语言运用能力,而阅读教学的主要凭借则是语篇。语篇是语言文字运用的产物,文学与文章的本质均为语篇,语篇与文化语境和文化价值观存在重要关联,因此语篇涵盖了"一语四文"。美国语言学家麦卡锡(McCarthy)和卡特(Carter)曾振聋发聩地指出"语言即语篇",麦卡锡认为,语言教学应帮助学生从语篇的角度来理解语言、学习语言和运用语言。[①] 语文阅读教学即为语篇教学,语用背景下的阅读教学改造需取径于语

---

① Michael McCarthy, Ronald Carter:《作为语篇的语言:语言教学的启示》,北京:北京大学出版社2004年版,第13页。

篇学。

故此,笔者试从语篇学的视角对语文阅读教学展开研究,并为语文阅读教学的科学化探索一条可行的语言学路子。

二、研究思路与研究方法

(一) 研究思路

科学研究首先要有强烈的问题意识,人文社会科学与自然科学研究一样,最重要的往往不是如何解决一个具体的问题,而是提出一个有价值的真问题与新问题。笔者针对语用转向实际遭遇到的理论瓶颈,提出用语篇学理论改造语文阅读教学的构想。本书题名为"语篇阅读教学论",主要有两层意涵:一是侧重于语篇学的视角对语文阅读教学展开研究;二是旨在强调,阅读教学的凭借或媒介就本质上讲乃是语篇。换言之,语篇学的引入有着方法论和本体论的双重意义。正文共八章。第一章对语篇学中三大基础理论作了概述。语篇图式理论为阅读教学目的观的重构,以及语篇读解活动提供了理论基础。语篇分类理论为阅读教材的重构提供了理论基础。语篇分析理论为语篇分析以及阅读教学方法的重构奠定了理论基础。第二章对语文课程与阅读教学进行了本体论层面的思考。语文课程性质不是个伪命题,语文课程性质可抽象为话语经验,语文阅读教学的本质可抽象为语篇解码。语篇解码说内含三个基本的命题:阅读教学是语篇教学;阅读教学是语码教学;阅读教学是语篇解码教学。第三章为语篇学视野下阅读教学目的观重构。语用背景下我国语文阅读教学目的亟待实现观念的重构,阅读教学应引导学生分析语篇的语言功能,发展学生的语篇阅读素养。第四章为语篇学视野下阅读教材范式的重构。20世纪80年代以来,西方许多国家阅读教材引入了语篇分类的理念,进而确立了语篇范式。我国阅读教材的建设应基于并超越现行的"文选"范式,进而确立预示着国际阅读教材发展方向的"语篇"范式。第五章为语篇学视野下阅读教学内容的选择与创生。语篇学视野下阅读教学内容的确定可以从预设与生成两个视角去认识,所谓预设就是教学内容须与教学目标相统一,所谓生成就是根据学生语篇阅读经验选择教学内容。第六章为语篇学视野下文本解读方法的重构。我们基于巴赫金的话语理论建构了巴赫金话语分析框架,引进了韩礼德的功能语篇分析框架、悉尼学派体裁分析框架和语篇策略加工模型,还尝试建构了新功能语篇分析框架。第七章为语篇学视野下阅读教学方法的重构。我们基于巴赫金的话语分析框架建构了对话教学法,引入了功能语篇教学法、体裁教学法与BDA策略教学法,还尝试建构了新功能语篇教学模型。第八章为语篇学视野下的阅读教学评价,主要涉及如下问题:为何要建构语篇阅读课程目标体系,如何基于阅读课程目标进行语篇阅读教学评价,如何对阅读语料的语篇复杂度进行评价。合而言之,前两章侧重于理论基础和本体论层面的探讨,后六章侧重于阅读教学实践操作层面的研究。

(二) 研究方法

人文社会科学研究方法体系可以分三个层次:(1) 研究方法论;(2) 研究方式;(3) 研究方法。①

研究方法论是指导研究的一般思想方法。马克斯·韦伯曾说过:"价值关联决定了文化科学和自然科学的分野;社会学以解释的方式理解社会行动,并将据此而通过社会行动的过程和结果对这种活动做出因果解释。"②在确定论题的过程中,笔者主要采用了归纳式的研究方法论,提出了一个富有新意的假设或解释,即引进一门新的基础学科——语篇学,以此来推动语文阅读教学的语用转向。此外,借助了哲学的反本质主义理论,对语文课程性质这一元命题进行了再阐释。

研究方式指研究活动内在的思维方式和外显的操作方式。本书属于探索性的研究,尝试建构一个新的本体论逻辑链:话语经验说—话语实践说—语篇解码说,以此解构现有的工具性和人文性统一说以及言语说,并重建一个新的语篇解码操作框架,以语篇理论带动语文阅读教学目的、教学材料、教学内容、文本解读、教学方法及教学评价的重构。从此意义上讲,本研究兼具理论研究和应用研究的特点。

研究方法是整个研究过程中所使用的技术、手段和工具。我们主要采用了三种研究方法:

1. 文献研究法

文献资料是科学研究的物质基础,缺乏资料的支撑很容易得出幼稚乃至错

---

① 高雁:《人文社会科学基础》,武汉:湖北人民出版社2002年版,第28页。
② [德]马克斯·韦伯:《社会科学方法论》,韩水法、莫茜译,北京:中央编译出版社2005年版,序言第11页。

误的研究结论。从学科领域看,本书以语篇学知识为主要理论来源,并占有了与课题相关的传统语言学、语用学、哲学、课程与教学论、教育心理学、文艺学、文章学、阅读学等学科的文献资料,尤其是对 1904 年语文单独设科以来业已取得的研究成果,诸如语文课程性质论、目的论进行了梳理和分析。从地域上看,本书占有了一定的中外文资料,具体涉及大陆及港澳台地区、欧洲、美国、加拿大、澳大利亚、新西兰、新加坡的语文课程标准及其他相关资料。从电子媒介看,本书主要借助了中华数字书苑、超星图书、中国知网、google 学术、外文-Web of Science(SCI)数据库等搜集了图书和论文资料。

2. 比较研究法

现代意义上的语篇学由西方创立,语篇学对西方语文阅读教学产生了重要影响。我国语文阅读教学的语用转向不应局限于语用学的理论视域,还应从语篇学那里汲取理论成果,并从西方语文阅读教学中吸收实践经验,从此意义上讲,比较研究就显得很有必要。本书主要涉及语文阅读教学目的、阅读教材范式、文本解读范式、阅读教学评价等领域的比较。通过这种比较,我们能突破固有的思维方式,对阅读教学理论和实践形成语篇学认知。此外,我国传统的文章学和西方的语篇学有异曲同工之处,通过学科异同之辨,我们能更好地将语篇学、文(篇)章学知识运用到语文阅读教改实践中。

3. 个案法

本书注意理论和实践的有机结合。在理论阐述的过程中,注意结合典型的案例进行分析,以加深对相关研究内容的理解;在对现象进行陈述与罗列后,注意对隐藏于背后的本质进行揭示与阐述。文本的撷取上,注意到了诸类体裁的平衡性,既有散文、小说、诗赋、剧本等文学作品,也有演说词、科技说明文、法律条文、论辩文等信息类作品;既有现代文,也有文言诗文。既有选文教学,也有整本书阅读教学。既有教材类案例,也有国际阅读素养评估案例。课例选择上既有阅读指导课、读写结合课,也有跨课程阅读课;既有小学的课例,也有中学的课例;既有单篇教学课例,也有单元(专题)教学课例。既有欧美国家和澳大利亚、新西兰的案例,也有大陆和港澳台地区的案例。

第一章 语篇学相关理论概述

语文阅读教学为什么要引进语篇学理论？或者说对语文阅读教学而言，语篇学理论到底有何价值？这是本章首先要回答的问题。

语文阅读教学须加强语言文字运用（简称"语用"）能力的培养，这是长期以来经由语文教育理论研究和实践探索所形成的共识。但是，语文阅读教学如何培养学生的语言文字运用能力，理论和实践仍有值得探讨的空间。已有的语用理论和语用实践虽有成效，但并非尽如人意，其欠缺和短板也有待弥补。在功能语言学谱系中，存在着两大独立的分支学科：语用学和语篇学，两者存在重要的关联，它们都研究语用、语篇、交际、功能、语境等问题，因此我们试图引入一门新的学科——语篇学，藉此充实语文课程的基础学科知识，并为我国语文阅读教学的深度改革与创新提供可行路径。语篇学理论体系包罗宏富，这其中，语篇图式理论、语篇分类理论和语篇分析理论能为阅读教学的改造带来重要启示。

第一节 语篇图式理论

阅读是一种认知活动，语篇图式理论对读者阅读认知的过程具有较强的解释力。在语篇图式理论中，常用的阅读认知模式有哪些？本节将就此展开探讨。

一、图式理论

（一）康德的"图式"说

"图式"一词首先由康德于1781年在自己的哲学理论中提出。在认识论史上,曾经存在唯理论和经验论的较量,以笛卡尔为代表的唯理论认为,知识来源于天赋而非经验。以洛克为代表的经验论却认为,人的心灵在认识之前是一块白板,上面没有任何观念和字样,经验是认识的唯一来源。这两派理论最大的局限就是,将感性经验和理性观念割裂开来,使经验与理性无法统一。后来康德在《纯粹理性批判》中提出了自己的图式说,他认为人的理性具有"先验统觉"的功能,它能通过"自我"将感性直观和知性进行统合,进而形成知识。在知识形成的过程中,有两个图式起着重要的联结作用:一个是知性的图式——时间,一个是理性的图式——理念。借助时间图式,可以实现知性与感性的联结,进而构成知识。借助理念图式,可以实现知性和理性的统一,进而构成知识的系统。

(二)皮亚杰的图式理论

20世纪20年代,受康德图式理论的启发,瑞士心理学家皮亚杰提出了自己的认知发生理论,该理论的核心即是认知图式,认知图式也被称作认知结构或心理结构。皮亚杰认为,认知的发生,或者说图式的建立是在主体与环境互动中产生的,这种主客体之间的互动有两种方式:同化与顺应。同化就是用现有的图式去摄入新的信息,进而扩充图式的范围。顺应就是先前的图式无法同化新的信息,主体对该图式进行调整和重新建构。通过主体不断的同化和顺应,个体的认识经验获得了动态的、递进的平衡,人的认知图式也实现着同步的发展与完善。根据认知发展的阶段特点,图式可以细分为感知运动图式、表象图式、具体思维图式、形式思维图式。皮亚杰的发生认识论对图式理论的发展起到了重大推动作用。

(三)巴特利特的图式理论

1932年,英国著名心理学家巴特利特(Bartlett)基于认知心理学的视角提出了自己的图式理论。巴特利特指出,图式是"对过去反应或过去经验的积极组织,这种组织必然对具有良好适应性的机体的反应产生影响","图式并非单纯地作为一个接一个的单个成分在起作用,而是作为一个组块在起作用。图式的决定作用是所有方法中最根本的"。[①] 巴氏图式理论为记忆的空间存储理论提供了基础。巴特利特选择了一些英国的被试,就其对美洲土著民间故事的记忆进

---

① [英]巴特利特:《记忆:一个实验的与社会的心理学研究》,黎炜译,杭州:浙江教育出版社1998年版,第259—280页。

行了研究。他注意到,被试许多记忆都是不精确的,他们会用其熟悉的信息来取代不熟悉的信息。在对错误进行分类时,巴特利特意识到,人类拥有潜意识的心理结构,在回忆的过程中,这些结构会产生一些图式化错误,这就意味着,旧知识影响新信息是通过图式实现的。但是,巴特利特的图式理论尚无法具体解释过去经验是如何组织起来的,直至70年代以后,这一状况才发生改变。

20世纪70年代至80年代,图式理论在认知心理学领域取得了新的发展,进而产生了现代图式理论。现代图式理论常被用以解释一系列的认知加工过程,包括推理、记忆、问题解决等,并为大量的学习的、理解的、记忆的实验研究提供了理论基础。

尽管不同时期、不同学科对图式概念都作出了不同的解释,但核心内涵是一致的,即图式是指背景知识或者前知识,背景知识是以概念的方式存储在图式中的,它包括事物、情境、事件与事件顺序、活动和活动顺序。图式能帮助我们推理,图式的主要功能就是对事物、事件、情境等进行建构性的解释。每个图式或每种图式都是由子图式构成的,子图式又由下位的图式构成,分层的图式构成了整体的图式结构。

二、语篇图式理论

图式理论最有影响力的贡献之一就是,对语篇理解过程的解释以及阅读教学的理论指引。在语篇理解领域,许多学者提出了自己的理论和主张。

(一)鲁梅哈特的交互模式

美国人工智能专家鲁梅哈特(Rumelhart)指出:图式就是集聚在一起的知识单元,它是认知的建筑积块。阅读的过程就是接受图式检验的过程,所有的语篇读解,要么是符合图式,要么是修正图式,否则就会产生误解。产生误解通常有三种情况:一是读者未具备与语篇内容相关的图式;二是读者已具备相关的图式,但语篇所提供的线索不足以激活读者的图式;三是读者自认为读懂了语篇,却误解了作者的意思。基于此,鲁梅哈特于1977年提出了自己的阅读认知模式——交互模式。鲁梅哈特认为,阅读理解存在自下而上和自上而下两种模式,自下而上模式是由新"数据"激发而成的,"数据"进入系统的特点是通过最为契合的下层图式或具体图式。这些图式一旦进入高层图式,即更新为一般的图式,原有的图式就被激活了。反之,自上而下的模式产生于系统搜索输入数据,基于高层图式或一般图式进行预测的时候,该模式也称作概念驱动模式。自下而上模式与自上而下模式是同时发生的,自下而上模式确保读者对语篇内容和结构不符合其假设的信息保持高度的敏感,自上而下的加工模式帮助读者处理一些模棱两可的信息,或对各种可能的解释进行选择。此外,阅读理解的过程中,不同的信息源是同时起作用的,也就是说,如果碰到了陌生的词语,读者会依赖其他信息源,比如语境或先前的阅读经验来帮助理解语篇。[①]

(二) 卡罗尔的三重图式理论

为更好地理解各种背景知识在阅读理解过程中的作用,1983年,卡罗尔(Carrell)提出了自己的图式理论。他认为,图式理论与语篇加工具有内在的联系,只有当我们将新知与旧知,或新的阅读体验与现存的知识结构建立起联系的时候,才能产生理解。根据图式理论,解释的过程是建立在这一条件之上的:输入的信息与现有的图式相抵触,或者现有的图式与输入的信息相匹配。这一理论产生了两种信息加工模型:自下而上模式与自上而下模式。语篇理解就是读者关于语篇内容、结构的背景知识与语篇之间的互动过程,孤立的语篇并不具备意义,语篇只是提供了一种向导,它促使读者借助语篇和背景知识去建构属于自己的意义。因此,语篇读解的时候,读者应设法建立语篇与自己背景知识的联系,无论是词语、句子还是完整语篇的理解,都离不开读者自己的语言能力,事实上,语言能力也是宏观背景知识的重要组成部分。卡罗尔指出,就目前的经验研究来看,语篇图式理论既适用于母语阅读,也适用于外语阅读。[②]

卡罗尔认为,学校教育情境中,当学生熟悉语篇的主题(涉及内容图式),能够意识到语篇层次、结构组织或语篇体裁(涉及形式图式),以及掌握了词句解码技能的时候,他们更容易理解阅读材料。反之,如果相关图式缺失的话,理解就变得十分困难,学生阅读中出现的问题往往源于背景知识(内容图式、形式图式、语言图式)的缺乏。不过卡罗尔同时指出,有时也会出现这种情况,即相关图式

[①] Rumelhart, McClelland. Interactive Processes In Reading [2016 - 05 - 17]. http://psych.stanford.edu/.../RumelhartMcClelland81InteractiveProcessesInReading.Pdf.

[②] Carrell, Patricia L. Some Issues in Studying the Role of Schemata, or Background Knowledge, in Second Language Comprehension. Reading in a Foreign Language, 1983(10).

已经客观存在了,但是这些图式却未成功地被激活。[1]

(三)罗森布拉特和古德曼的交易模式

罗森布拉特(Rosenblatt)认为,图式不应看作静态的,它是积极的、发展的和不断变化的。当读者与语篇进行"交易"时,图式就发生了变化。同样的语篇,它与不同的读者,或者是不同情境中的同一读者发生"交易"时,其意义都是不同的。1988年,罗森布拉特提出了自己的交易模式,交易模式兼顾了语言的动态特点和阅读的认知与审美特点。罗森布拉特认为:"一次阅读活动就是一起事件,或者是一种交易,它涉及特殊的读者和特殊的符号类型、文章以及在特定语境、特定时间所发生的事件。"[2]读者和语篇并非割裂的个体,他(它)们是整个动态情境中的两个方面。语篇意义并不存在于语篇之中或读者的心中,而是发生或产生于两者的交易过程中。换言之,没有读者参与的语篇无非是一串有待解释的符号而已。[3]

基于罗森布拉特的交易模式,古德曼(Goodman)于1994年对阅读过程进行了重新界定,他认为完整的阅读过程包括阅读、写作和正式完成的语篇。他补充道:"语篇是由作者创建,由读者进行解释,意义产生于作者和读者的交互之中。语篇只是具有某种潜在的意义,但它并不存在于语篇之中,意义并非语篇的特点。这并不是说意义本身不重要,或者说作者与读者都不具有相对的独立性。作者如何建构与读者如何重构将决定语篇的理解,作者、读者与语篇的特点一起决定了最终的意义。"[4]从交易的——社会心理语言学的视角看,读者扮演了积极的角色,是读者与语篇特点之间的交易产生了意义。这些特点是指物质上的特点;或者是正字系统,包括字母系统、拼写、发音;或者是格式特点,包括分段、标题、顺序、注释、宏观结构;或者是电话本、食谱、报纸、书信中的语篇语法;或者

---

[1] Carrell, P.L.. Interactive text processing: Implications for ESL/second language reading. In P, L.Carrell, J. Devine & D.E. Eskey (Eds.) Interactive approaches to second language reading. Cambridge: Cambridge University Press,1988.

[2] KS Goodman. Reading, writing, and written texts: A transactional sociopsycholinguistic view. Theoretical models and processes of reading,1994(4).

[3] KS Goodman. Reading, writing, and written texts: A transactional sociopsycholinguistic view. Theoretical models and processes of reading,1994(4).

[4] KS Goodman. Reading, writing, and written texts: A transactional sociopsycholinguistic view. Theoretical models and processes of reading,1994(4).

是叙述性语篇和说明性语篇中的词语。古德曼认为,作者在多大程度上了解读者,或者说作品在多大程度上适合读者,这将对语篇的预测和理解产生显著影响。但是,既然理解产生于读者与语篇之间的交易,读者的知识、身份、价值观、阅读目的、阅读兴趣将主宰阅读的过程。这样的话,理解更大程度上取决于读者,意义主要由每一位读者所建构。

  以上学者针对(语篇)图式的释义虽不尽相同,但其核心观点是一致的,即阅读过程就是外在信息与认知图式之间交互的过程,是大脑对新知识进行信息加工的过程。语篇图式理论对语文阅读教学目的的确定、阅读教学内容的选择都将带来重要启示。

第二节　语篇分类理论

一、西方的语篇分类理论

  语篇学的研究目的之一就是对语篇作出分类,语篇的分类涉及两个核心概念:语篇类型和语篇体裁。在语篇学中,两者常被当作同义词使用,西方多数学者并未对二者进行明确的区分,这与语篇类型本身的复杂性有关,要想做出被大家普遍接受的分类确实非常困难。正因为分类的难度之巨,所以语篇学中又派生出一门新的学科——语篇类型学。

  由于研究目的和研究理论框架的不同,关于语篇类型或语篇体裁的界定,学者们的观点也是同中有异,异中见同。福勒(Fowler)与赛维勒(Saville)认为,语篇体裁是交际事件的类型;海姆斯(Hymes)指出,语篇体裁是构成言语事件的要素之一;而斯维尔斯(Swales)则把语篇体裁同交际事件的目的联系在一起;功能语言学家哈桑(Hasan)认为,语篇体裁与语域位于同一层面上;但是马丁(Martin)不同意这一看法,他认为语篇体裁应位于比语域更高的层面,它与文化这一符号系统相对应。[①] 以上学者在谈论语篇体裁的时候,实际上也就是在谈

---

  ① 于晖:《语篇体裁概念之理论溯源》,《北京师范大学学报》(社会科学版)2009年第7期。

语篇类型。比如福勒就提出把语篇体裁划分为十四行诗、古典戏剧、政治演说、电视广告、烹饪手册、讣告等，像这些文类既可看作体裁分类，也可视为语篇类型。但是西方也有部分学者对两者进行了区分。比如萨芬那（Schaffner）就认为，语篇类型是静态的概念，它体现的是语篇内容的组织方式以及成分之间的相互关系，语篇体裁是动态的概念，其结构成分由该成分对实现整体交际目的而定。前者抽象程度较高，后者经验成分更浓。[1]

在笔者看来，严格地讲，语篇类型和语篇体裁是有区别的。语篇类型属一级范畴，英文为 text type；语篇体裁属二级范畴，英文为 genre。相应的，语篇类型的划分更多地属于一级分类，相当于我们国家语文阅读教材中的"大别"；语篇体裁则属于二级分类，有时还会涉及三级分类，乃至更细的分类。以下循此标准，试从语篇类型和语篇体裁两个角度对西方语篇分类的研究进行简要梳理。

（一）语篇类型的划分

在语篇学兴起之前，文学、翻译学、社会学、认知心理学、修辞学、写作学等学科就对语篇类型进行了划分，而语篇学领域针对语篇类型的研究始于 20 世纪 60 年代。语篇学中的语篇分类有两种取向：一是篇章语法的取向，二是语篇功能的取向。

篇章语法划分取向的代表人物有两位：一是哈维格（Harweg），他曾于 1968 年提出了替代方法模式；二是韦恩里奇（Weinrich），他曾于 1972 年提出了记分方法模式，他们都是试图建立一种超句语法的分类标准，即从句法—语义—语用三个视角对语篇的连贯方式进行区分。但由于研究方法本身的局限，效果不彰，影响有限，借用钱敏汝的话讲就是："这些语法取向的篇章模式不仅仅把独白文体的结构，而且还把对话文体的结构作为分析对象。这种做法虽已清楚地表明了篇章语法分析的对象范围包括对话，然而实际上对话类篇章却完全没有被顾及。"[2]

20 世纪 70 年代以后，语篇分类研究出现了功能转向。德国的凯瑟琳娜·赖斯（Katharina Reiss）和英国的皮特·纽马克（Peter Newmark）均借鉴了布勒（Bühler）的三大语言功能分类思想，对翻译语篇作出了分类。布勒认为，语言具

---

[1] Schaffner, C. The Role of Genre for Translation. Amsterdam/Philadelphia: Benjamins, 1999, p.2.

[2] 钱敏汝：《篇章语用学概论》，北京：外语教学与研究出版社 2001 年版，第 277 页。

有三大功能:表达功能、诉求功能、呈现功能。基于此,凯瑟琳娜·赖斯将翻译语篇分为三种类型:一是信息类,它体现的是意义功能,诉诸逻辑意义,像海报、说明书、教科书等都是信息类语篇。二是表达类,体现的是形式功能,诉诸审美意义,主要指文学作品,像诗歌、小说、剧本等。三是施为类,体现的是诉求功能,诉诸对话意义,像广告、宣传册都属于施为类语篇。① 而皮特·纽马克也将翻译语篇分成了相应的三类:一是表达类,指向的是演讲者或作者,包括文学作品、权威报告、自传、随笔等;二是信息类,指向的是外在情境、话题事实和语言外的现实,包括教材、论文、报告等;三是呼语类,指向的是读者和受话者,包括通知、广告、宣传单、说明书等。

1971 年,金尼维(Kinneavy)根据语篇目的将语篇类型分为四种:侧重编码的表达语篇、侧重解码的劝说语篇、侧重现实的指示语篇、侧重语言符号的文学语篇。② 1974 年,埃根霍德(Eigenwald)根据活动范围(语域)将语篇分为五种类型:报纸语篇、经济语篇、政治语篇、法律语篇和学术语篇。③

上述分类包含了一个共同的特点:语篇类型是一种目的性很强的行为类型,交际目的直接决定了语篇类型的选择。

(二) 语篇体裁的分类

语篇体裁分类的很多研究可以追溯至古典修辞学。古希腊亚里士多德在《诗学》中根据受众与修辞特点将语篇分为三类:议政演说、法学演说和宣德演说;此外,他还区分了史诗、抒情诗和戏剧三种文学语篇体裁,而戏剧又包括喜剧、悲剧和史诗。亚里士多德以演讲主题为对象的分类方式对后世的语篇体裁,尤其是文学体裁的分类产生了深远的影响。后来,文学体裁的分类不仅有一级分类、二级分类,乃至更细的分类,这样,语篇体裁的数量就急剧飙升。而种类繁多的语篇体裁给写作教学指导带来了诸多不便。为规范语篇体裁的分类,使写作教学具有条理性,拜恩(Bain)根据语篇的模式将语篇体裁分为五类:叙

---

① W Wilss, G Thome. Translation Theory and Its Implementation in the Teaching of Translation and Interpreting. Tübingen: Narr, 1984.

② 刘新芳:《修辞互动视角下的语篇类型共生关系研究》,上海:上海外国语大学新闻传播学院,2013 年,第 22 页。

③ 钱敏汝:《篇章语用学概论》,北京:外语教学与研究出版社 2001 年版,第 280—281 页。

事类、描写类、说明类、议论类、诗歌类。这一分类高度概括了语篇的语言特点,由于其分类标准是语篇生成的模式,所以这几种语篇体裁又被称作"语篇模式"。

1976年,威利克(Werlich)根据语篇突出的语境焦点以及认知特性的差异,将语篇体裁分为五类:一是描述类,它涉及对象的空间特性,一般回答是什么的问题。二是叙事类,它涉及对象的时间特性,一般回答什么时候、以什么顺序等问题。三是说明类,它通常对不同整体中各个要素之间的关系进行解释,一般回答怎么样的问题。四是议论类,它是介绍概念或命题之间关系的语篇,一般回答为什么的问题。五是指令类,它是为完成一项任务而对某些行为提供指导的语篇,通常回答做什么的问题。①

1981年,比克曼(Beekman)指出,语言是一种交际符号,而具体的语言符号又是基于能指与所指之间的互动关系而产生的。在这种互动中,形式与语义均是多样的,至少包括指称义、情境义和结构义。基于结构义的差别,比克曼将语篇体裁分为四种类型:说明语篇、劝说语篇、过程语篇和叙事语篇。

1983年,龙格科里(Longacre)分别从概念结构和表层结构探讨了语篇体裁类型,他认为,"语篇的概念结构更多的是关注语篇的整体目的,而表层结构更多的是关注语篇的形式特征"②,基本的语篇概念类型有四种:叙事语篇、过程语篇、行为语篇和说明语篇。

以上分类有个共同特点,它们主要是从语篇生成的主体视角来划分的,而施密特(Schmidt,1982;1989)却反其道而行之,他认为,语篇体裁的本质是纯粹的认知现象,语篇体裁的概念应由认知现象来解释,换言之,语篇所属的类别并不取决于作者,而是取决于读者。比如我们可以从实用阅读和审美阅读的角度将语篇分为诗歌体裁与百科全书类体裁,前者需要对语篇做出不同的多元解读,而后者需要做出符合真实世界的一元解读。③

---

① Werlich, E. A text grammar of English. Heidelberg: Quelle and Meyer, 1976.
② 刘新芳:《修辞互动视角下的语篇类型共生关系研究》,上海:上海外国语大学新闻传播学院,2013年,第32页。
③ David Hanauer. The genre-specific hypothesis of reading: Reading poetry and encyclopedic items. Poetics, 1998(26).

二、我国的语篇分类理论

（一）我国的文章分类

我国的语篇分类应上溯至文章分类。在我国，文章分类通常也称作文体分类，"文体"这一概念有广狭二义，广义的"文体"指文章体裁或文章体式，狭义的"文体"仅指文学体裁或文学体式，本书所讲的文体分类就是文章分类。

文章分类可以追溯至先秦时期的三部"经典"：《尚书》、《礼记》与《诗经》。《尚书》对文体类别进行了初步的探讨，但在分类结果的认定上，圈内颇有争议，其中两种观点较有代表性：一是伪孔安国提出的"六分法"，即典、谟、训、诰、誓、命；二是唐孔颖达提出的"十分法"，即典、谟、贡、歌、训、诰、誓、命、征、范。无论是哪一种，其分类思路都是一致的，即从《尚书》篇名末字来区分文章体类。很显然，《尚书》是按言说方式进行分类的。《礼记》则将文体分类为"六辞"：辞、命、诰、会、祷、诔，其功能在于"通上下亲疏远近"。《诗经》分为"风"、"雅"、"颂"三大类，而风雅颂一级分类之下又有二级分类："风"细分为十五国风，"雅"细分为"小雅"与"大雅"，"颂"包括"周颂"、"鲁颂"、"商颂"。《诗经》的分类受到了乐歌方式的影响。

西汉刘歆已初步形成辨体意识，其《七略》中的《诗赋略》以诗赋分体，而赋又进一步分出四类，这是一种二级次的分类，它在我国古代文体分类学中具有首创意义。东汉的班固，其《汉书·艺文志》沿袭了《诗赋略》的分类方法，对以诗赋为代表的文学作品与经、史、子类学术著作进行明确的区分，但相对来说，彼时文章体裁的界限还比较模糊。汉末，蔡邕的《独断》以文体的使用对象和范围为标准，将应用文分为策制诏诫和章表奏议两大类，这直接影响到了后来刘勰《文心雕龙》的文体分类。

总体上看，秦汉时期虽有文体分类，但尚处于自为阶段，到了魏晋南北朝，文体分类才真正进入自觉阶段。根据马建智的观点，魏晋南北朝的文体划分有三种路向：①

第一种是"聚类区分"的共时态、横向的分类方法。曹丕第一次从理论上全面地论述了文体的风格问题，并继承了二级次分类的方法。他在《典论·论文》

---

① 马建智：《〈昭明文选〉文体分类的成就和特点》，《名作欣赏》2010年第9期。

中提出了"四科八体"说，即"宜雅之奏议"，"宜理之书论"，"尚实之铭诔"，"欲丽之诗赋"。西晋陆机的《文赋》则把文体分成了诗、赋、碑、诔、铭、箴、颂、论、奏、说十体，但这仅是文体的罗列，并无类分。六朝时期，人们多根据语言形式上的有韵和无韵将各种文章分为文、笔两大类，这促进了文学的自觉与自省。而梁代萧统的《文选》以"事出于沉思，义归乎翰藻"为标准，将所有作品分为文学作品和非文学作品两大类，后又按类别和年代进一步细分为 40 类。梁任昉的《文章缘起》序言中提到的文体也有 84 种。

第二种是"推源溯流"的历时态、纵向的分类方法。钟嵘的《诗品》就采用了这种分类法，此外，挚虞的《文章流别论》论述了颂、赋、诗、七、箴、铭、诔、哀辞、解嘲、碑、图谶等 11 类文体，李充的《翰林论》所论及的文体包括书、议、赞、表、驳、论、奏、檄等 8 种。

第三种是纵横结合的分类方法。刘勰《文心雕龙》继承了前人的两大传统，创造性地提出了立体分类法。他先将所有文体划分为文笔两大类，后将内容和特征相近的文体放在一个类别层次上，进而分出了 34 小类：诗、乐府、赋、骚、颂、赞、祝、盟、铭、箴、诔、碑、哀、吊、杂文、谐、隐、史传、诸子、论、说、诏、策、檄、移、封禅、章、表、奏、启、议、对、书、记，在此基础上，作者又进一步列出了谱、籍、簿、录、关、刺、解、牒等从属文体。总括起来看，《文心雕龙》是一种三级次的分类体系。

唐代，文体分类研究相对沉寂。柳宗元曾提出"文有二道"的思想，这就暗含将文体分为诗、文两大类的意思。宋代文体分类研究进入繁盛期，此时的文体分类趋于精细，一批文学家、评论家、目录学家进行了多角度、多层面、立体交叉的文体分类，较有代表性的有四种：一为音韵格律上的分类。北宋李昉《文苑英华》将有韵之文和无韵之文共分成 38 类。姚铉的《唐文粹》借鉴了《文选》的韵散二分法，并在此基础上细分出 23 大类，360 门小类。二为篇幅字句上的分类。吕祖谦《宋文鉴》属诗文总集，诗歌方面，编者根据字句多少分为四言古诗、五言古诗、七言古诗、五言律诗、七言律诗、五言绝句、七言绝句。三为作家风格上的分类。如严羽《沧浪诗话》列少陵体、太白体、曹刘体、苏李体、东坡体等 30 余种。四为表达功能上的分类。如秦观《韩愈论》一文中提出了"五分法"：论理之文，论事之文，叙事之文，托词之文，成体之文。宋代尤其值得一提的是真德秀《文章正宗》的分类标准，真德秀提出了新的四分法：辞命、议论、叙事、诗赋，其"四目"大抵相当于"应用、议论、叙事、抒情"，其分类的标准兼顾了功用、尊卑、表现手法、文体嬗变等特点。真氏四分法文体分类最有价值的地方在于,它在由博趋约的路途上迈出了重要的一步,这对后世的文体分类产生了深刻的影响。

元代苏天爵的《元文类》作品 800 余篇,亦属诗文总集。明清的时候,文体分类又出现了"欲进还退"的状况,在"以简驭繁"与"简而有道"上还未找到多少有效的办法。比如明代出现了两部有影响力的文体分类专著——吴讷的《文章辨体》和徐师曾的《文体明辨》。前者分有 59 类,后者分有 127 类,类目之巨着实令人惊讶。到了清代,姚鼐的《古文辞类纂》从"为用"即功能用途的角度,将文章分作 13 类:论辩类、序跋类、奏议类、书说类、赠序类、诏令类、传状类、碑志类、杂记类、箴铭类、颂赞类、辞赋类、哀祭类,这又使得文体分类进入由繁入简的阶段。曾国藩的《经史百家杂钞》将文体分为三门 11 类,这一分法门类清晰,从而推动了文体分类的发展。

20 世纪初,受西学影响,我国的文体分类进入新的历史时期,文体分类也逐渐完成由传统向现代的转型。"五四"时期,文体分类呈现出文学文与实用文的二分倾向,文论界更是受西方叙事文学、抒情文学、戏剧文学三分法的影响,提出了日后通行的文学四分法:小说、散文、诗歌、戏剧。陈独秀《文学革命论》将文章分为文学之文和应用之文,该主张很快为钱玄同、刘半农等人所接受。而蔡元培又发表《国文之将来》的演说,将文章分为美术文与应用文,称法不一,但这一二分法却得到了普遍的认可。后来,梁启超从国文教学出发对文体进行了分类,他从功能与内容出发,将文章分成记述之文、论辩之文和情感之文。

1924 年,叶圣陶《作文论》提出"包举、对等、正确"这一分类原则,叶老认为,"分类的事情有三端必须注意的:一要包举;二要相等;三要正确。包举是要所分各类能包含该事物的全部分,没有丝毫遗漏;相等是要所分各类性质上彼此平等,决不能以此涵彼;正确是要所分各类有互排性,决不能彼此含混。"[①]基于此,叶圣陶将文章分为叙述文、议论文和抒情文,三者共同构成"普通文",进而与"文学文"并列。1927 年,陈望道在《作文法讲义》中将文章分为记载文、记叙文、解说文、论辩文和诱导文,并详论了每一类文体的概念、构成要素、特点及原则。1935 年,叶圣陶、夏丏尊合编的经典教材《国文百八课》问世,该教材正式确立了记叙文、说明文、议论文的文章分类三原则。这时期的文章分类尽管名称各异、

---

① 叶圣陶:《叶圣陶讲作文》,长沙:湖南教育出版社 1983 年版,第 14—15 页。

类别不一,基本取向却是一致的:语文教学的文体系统与表达方式。五六十年代的时候,人们多倾向于将现代文章划分为四类:记叙文、说明文、抒情文和议论文。

改革开放之后,人们继续探索文体分类的问题。1987年,裴显生把文体分为文学类、实用类、介于文学类与实用类之间的边缘类。90年代,文体分类研究走上了独立发展的道路。钱仓水的《文体分类学》(1992)、金振邦的《文章体型辞典》(1995)等相继出版,它们都在为文体分类研究添砖加瓦。进入21世纪,文体分类研究进入新的阶段。2004年,朱广贤提出了"两门—八类—多体"的文章三级次分类新体系,两门即文学作品门和实用文章门;八类即前者内含的小说类、诗歌类、散文类、戏剧类四大类,以及后者涵括的记叙类、议论类、说明类、应用类四大类;多体即符合以上"门""类"的诸体。①

综上,我国古代的文体分类有三大特点:第一,文体分类以实用为取向,经验色彩比较浓厚,理论形式尚不完备。第二,从历时的视角看,总体上呈现出由简趋繁,再由繁返简的特点。秦汉属于萌芽时期,魏晋南北朝进入成熟期,宋代达致鼎盛期;自南宋真德秀《文章正宗》始,文体分类由博返约,这直接开启了明清及后世的文体分类新风尚。第三,分类较为粗略,具有混合性,而文学体裁与非文学体裁本身界限也不是十分清晰。1900年之后的一个多世纪,文体分类受到西方科学主义的影响,接受了科学的逻辑分类思想,又立足本土,进而凸显出民族文化本位的分类特点,理论建构上日趋完备。

(二) 我国现代语篇分类

20世纪80年代开始,我国语言学界从西方引进了语篇类型、语篇体裁等概念,并对语篇分类进行了现代意义上的、本土化的研究。在研究的过程中,语篇、篇章、话语、文体等概念存在并用的情况。

沈开木在《现代汉语话语语言学》中首先将话语分为对话和独白,而后又对对话进行了细分:"从双方的人数的角度来看,可以分为一对一、多对一和多对多;从对话的形式的角度看,可以分为问答式和非问答式;从有没有起主导作用的人的角度看,可以分为有起主导作用的和没有起主导作用的;从交际的特定目

---

① 朱广贤:《写作学概论》,北京:民族出版社2004年版,第72—73页。

的的角度看,可以分为一般对话、会议对话、跟踪对话和无边际的对话。"①张德禄受功能语篇分类思想的影响,将语篇的功能与具体的情景联系起来,进而将语篇分为文学文体和实用文体。文学文体可分为散文和诗歌,实用文体包括科技文体、新闻文体、法律文体、广告文体等。②胡壮麟指出,童庆炳《文体与文体的创造》强调美学标准,将文体窄化为文学文体,忽视了非文学文体的地位,像口头语篇、不符合美学标准的语篇都应予以考虑。③徐赳赳的《现代汉语篇章语言学》指出,篇章可以从不同角度进行分类,如可以把篇章分为叙述文、说明文、政论文等,也可以分为汉语篇章、英语篇章、俄语篇章等,或者是口头语篇和书面语篇,此外随着手机使用的普及,以及网络时代的到来,短信篇章、网聊篇章已经成为不容忽视的语篇新样式。④刘春芳认为,多数语篇具有形式特点,根据交际领域的差异而划分的语篇类别有:法律类别(法规、布告、状文)、文学类别(小说、诗、剧本、散文)、教学类别(教科书、练习册、教学辅助用书)等。⑤

  语篇分类是个重要而复杂的课题,言其复杂,原因在于语篇本身形式多样,各体之结构与语言,内容和题材都有自身相对的规定性,所以分类依据与分类标准难以划一。纵观语篇分类的演变,其主要标准多集中于社会功能、使用范围、文章形式、表达方式、行为方式等方面。对语篇分类进行梳理之后,我们可以获得一些重要的启示:语篇分类应确立唯物辩证的观点,讲究科学性。语篇分类应形成分层分级的意识,不能多级分类杂糅于一个层面,造成分类体系的混乱。同时,随着语篇类型的演变与发展,许多类体互相交叉、渗透,进而出现了一些边缘文体和两栖文体,这些特殊的文体到底划归哪一类,应有一定的弹性。语篇分类具有横断学科的性质,无论是从语篇学还是从文章学的视角进行分类,都得吸纳其他相邻学科的研究成果。应加强语篇分类的国际交流,中西广义的语篇分类都有2000多年的历史,处在全球化的今天,应加强中西语篇分类研究的互动,进而推动阅读教材体系的建设。

---

  ① 沈开木:《现代汉语话语语言学》,北京:商务印书馆1996年版,第135页。
  ② 张德禄:《功能文体学》,济南:山东教育出版社1998年版,第297页。
  ③ 胡壮麟:《理论文体学》,北京:外语教学与研究出版社2000年版,第167页。
  ④ 徐赳赳:《现代汉语篇章语言学》,北京:商务印书馆2010年版,第136页。
  ⑤ 刘春芳:《语篇的认知语用维度研究》,太原:山西人民出版社2011年版,第37—38页。

第三节 语篇分析理论

语篇分析通常有两层意思：一是指一门学科，相当于语篇学；二是指语篇研究的理论或方法。本章的语篇分析主要指后一个意思。语篇分析是从古代修辞学发展而来，古希腊、古罗马时期，人们已经开始对论辩类语篇进行研究，但长期以来人们一直没有运用"语篇分析"这一术语，第一个运用该术语的人是美国人哈里斯（Harris,1952）。所以严格地讲，现代学科意义上的语篇分析源于20世纪50年代，自60年代末起，语篇分析日益受到语言学界的重视。

语篇分析的目的可以分为内部和外部两个方面。从内部来说，语篇分析是为了认识语篇的本质和基本特点，具体包括：(1) 研究语篇内句子的语法，以此来认识体现语篇的特点和规律；(2) 研究语篇的对话特征，以此认识语篇的交际特点；(3) 研究语篇的结构和功能，认识语篇本身的规律和特点。从外部来说，是了解语篇如何反映社会现实，表达意义。具体包括：(1) 研究语法，认识语篇是如何体现社会交际现实的；(2) 研究语篇的意义，了解不同领域的知识和操作过程等；(3) 研究会话，为了了解实际的交际问题，认识社会和意识形态问题。[①] 语篇分析的研究范围十分广泛，可以根据不同方面从不同的角度进行研究。比如：根据语篇的交际目的研究语类；语篇产生过程与结果的研究；语篇选择的支配因素研究；语篇产生的语境因素研究；语篇内部的衔接与连贯研究，等等。语篇分析有三大学术重镇：欧洲、美国与澳大利亚，上述地区的语篇分析研究对我国产生了较大影响，以下分别予以介绍。

一、欧洲的语篇分析理论

在欧洲，功能主义都以语篇作为研究的对象，例如布拉格学派、伦敦学派、哥本哈根学派等。以下着重介绍布拉格学派、伦敦学派与范戴克的语篇分析思想，简略介绍哥本哈根学派与德国语篇分析的主要理念。

---

① 张德禄：《语篇分析理论的发展及应用》，北京：外语教学与研究出版社2012年版，第18页。

(一) 布拉格学派的相关理论

1926 年,捷克语言学家马泰休斯(Mathesius)创立了"布拉格语言小组",后来该组织发展为世界上三大结构主义学派之一——布拉格学派。在 1929 年召开的布拉格语言学家代表大会上,该组织阐述了自己的学术纲领,与语篇分析相关的观点主要有:语言本身是个功能体系,它是交际的工具;语言的产生与发展都是社会性的,研究语言一定要联系语境和文化因素;语言研究既要重结构形式,也要重内容分析。

布拉格学派的思想先驱是德裔法籍学者亨利·威尔(Henrich Weil),马泰休斯的句子切分理论实际上是对威尔语言分析思想的发展。威尔指出,句子可以划分成两部分:"话语基础"(即"主位")和"话语核心"(即"述位")。那么这里的"主位"、"述位"到底指什么?马泰休斯指出,话语的主位就是语境中有待陈述和评论的对象。话语的述位则指话语的新成分,即将要叙述的关于某事的内容。换言之,主位、述位是由说话人根据自己的说话内容和上下文决定的。①

1939 年,马泰休斯系统地阐述了自己的功能句子观,强调应对句子成分的信息功能进行研究。这种以信息传递功能为着眼点,把句子分成两大块的分析方法,就是句子切分理论,它最鲜明地体现了布拉格学派在句法研究上的特色。马泰休斯认为,我们应对句子的实际切分与形式切分进行区分,形式切分是从语法要素的角度研究句子成分的,而实际切分则是研究句子以何种方式与语境发生联系的。②

从威尔到马泰休斯,再到后来的达尼尔斯,受到时代的限制,他们在名称上没有清楚表明自己的语篇倾向,但他们的研究究其实质正是语篇分析的研究。

(二) 伦敦学派的语篇分析思想

伦敦学派的创始人为弗斯(Firth),他的语境思想受到了马利诺夫斯基(Malinowki)的影响,其成员包括米歇尔(Mitchell)、韩礼德(Halliday)、斯特文思(Strevens)、胡德尔斯顿(Huddleston)等人。以下着重介绍马利诺夫斯基与弗斯的语篇分析思想。

---

① 姜望琪:《现代语篇分析的萌芽》,《外语教学与研究》2008 年第 5 期。
② 姜望琪:《现代语篇分析的萌芽》,《外语教学与研究》2008 年第 5 期。

1. 马利诺夫斯基的情境意义思想

马利诺夫斯基是著名的人类学家,他 1884 年出生于波兰,但长期在英国工作,1938 年移居美国。20 世纪 20 年代,马利诺夫斯基通过观察太平洋特洛部里恩岛上土著人的语言活动,取得了发现,并提出了自己的情境意义思想。1923 年,马氏正式提出了"语境"的概念,他认为,任何语言的意义都脱离不了相应的语境,语境包括文化语境和情境语境。文化语境是指言说者所处的社会文化环境,情境语境是指说话前已发生的事件。马氏对语境理论的贡献非常卓著,它让人们意识到,意义不仅是词汇意义、语法意义,还包括语境意义。①

2. 弗斯的语义—语境思想

弗斯 1890 年生于英国,是伦敦大学第一任语言学教授,也是英国第一位语言学教授。弗斯跟同时代其他语言学家的最大区别是他强调语义的重要性,并且就此提出了独到的见解。弗斯主张把意义看成情境语境中的情境关系,在理解别人的话语过程中,情境与对方所用词语同等重要。弗斯坚持认为:"一个词的完整意义总是包括语境的。离开完整语境,就不可能有严肃的意义研究。"② 弗斯把情境语境概括为三种类型:参与者的有关特征、相关事物、言语活动产生的影响。③ 弗斯的语义与语境思想受到了马利诺夫斯基的影响。

伦敦学派的语言学思想是从社会的角度去分析语言,它以实际使用的语言作为研究对象,认为语言不能脱离赖以存在的语境,这有利于揭示出语篇产生的动态机制。伦敦学派对现代语言学,特别是对英国的语言学研究影响巨大,韩礼德的系统功能语言学直接继承了伦敦学派的情境语境理论以及系统理论。

(三)范戴克的话语分析理论

范戴克(Van Dijk),1943 年出生于荷兰,阿姆斯特丹大学博士。他是话语分析领域知名学者,在篇章语言学、话语分析和批评语篇分析领域均有深广的研究。1968—2004 年他担任阿姆斯特丹大学的话语研究教授,曾担任过《诗学》《语篇》《话语和社会》《话语研究》《话语和交际》等期刊主编,数十年来,他出版过 30 余种专著和编著,他的研究成果对国际话语研究产生了重要影响。范戴克习

---

① 姜望琪:《Firth 的语篇语义学思想》,《外国语言文学》2008 年第 3 期。
② Firth, J.R., Papers in Linguistics. London: Oxford University Press, 1957, p.7.
③ 杨洁、邹宁:《功能语言学视角下的文化翻译探讨》,《山东外语教学》2009 年第 6 期。

惯使用 discourse(话语)这个词,话语包括书面语和口头语。范戴克话语研究领域甚广,兹举二例说明:

1. 文学篇章研究

范戴克早期的研究主要集中于文学理论,他在阿姆斯特丹自由大学获得的第一个学位是法国语言文学。由于对文学语言由来已久的兴趣和受乔姆斯基转换生成语法的影响,他开始研究篇章生成语法,试图找到文学语篇生成的规则。但是转换生成语法从来就不是用来解释语篇的,后来范戴克确定了生成诗学的研究目标,但后来这一目标又被生成语篇语法所取代,而生成语篇语法成了他博士论文的研究主题。

2. 话语分析的原则

范戴克认为,话语分析的原则应包括:自然语料原则,语境原则,对话原则,社会实践原则,序列原则,结构原则,层次原则,意义功能原则,规则原则,策略原则,认知原则。

欧洲哥本哈根学派的创始人为叶尔姆斯列夫(Hjelmslev),1931 年,他发起成立了哥本哈根语言学会。他发展了语符学理论,试图通过要素和关系来说明语言的结构,进而建立起一套适用于各种语言分析的理论,其代表作为《语言理论导引》(1943)。哥本哈根学派与布拉格学派、美国的描写语言学派合称为结构语言学的三大流派。但是叶尔姆斯列夫很少分析实际运用的语言,因此其思想的影响力远逊于另两个学派。

在德国,也有一批语言学家致力于语篇分析的研究。语篇学或篇章语言学(Textlinguistics)这一学科名称就是由德国的威尔(Weil)首先提出来的,威尔甚至认为,语言学是也只可能是篇章语言学。哈特曼(Hartmann)是另一位著名的语篇分析学者,他指出,篇章是原始的语言符号,篇章研究始于小的语言单位,而后至整个篇章,但最终又将回归句子等语言单位的分析。六七十年代的时候,施密特(Sehmidt)已经将行为理论运用于篇章研究。施密特认为,对孤立的篇章进行研究没有意义,篇章研究应聚焦于交际中的篇章,研究重点应从句间语法转向篇章语法。[①] 哈维格(Harweg)的《话语语言学》(1974)是篇章分析领域的奠基之作,他将篇章定义为"通过不间断的指代链构建的语言符号连接体",认为篇

---

① 刘齐生:《德国篇章语言学:源起与发展》,《解放军外国语学院学报》2005 年第 5 期。

章研究不应局限于孤立的句子,而应关注篇章中句子的衔接关系。衔接不仅指语法衔接,实际语言使用中的衔接较此更为复杂和丰富。[①] 德国其他一些语言学家普遍认为,篇章语言学是一门真正研究交际语言的科学,他们的研究为语言学的发展开辟了新的领域。

二、美国的语篇分析理论

美国的语言学始于19世纪末20世纪初,美国的语言学研究,最有影响力的当属布隆菲尔德(Bloomfield)和乔姆斯基(Chomsky),他们分别以结构主义语言学和转换生成语法统治了美国20世纪的前后半个世纪。但是两人共同的局限在于,仅研究句子语法,而篇章语法则不作为研究对象。倒是布隆菲尔德的学生,乔姆斯基的老师哈里斯正式提出了"语篇分析"的理论,并对语篇语法进行了开创性研究。尽管语篇分析这一术语由美国人哈里斯首先提出,但实际的语篇分析研究,美国要晚于欧洲。以下着重介绍美国两位代表人物哈里斯与龙科格里的语篇分析思想。

(一)哈里斯的语篇分析

哈里斯(Harris)1909年出生于乌克兰,后随父母迁至美国宾夕法尼亚州费城。1952年,哈里斯在《语言》(*Language*)期刊上发表了学术论文《话语(语篇)分析》,他突破了以句子作为语言研究最大单位这一常规,开创了语篇分析的先河,随后一批研究者开始涉入语篇分析的研究。哈里斯之于语篇分析的主要贡献体现在:就研究对象上看,他超越了美国结构主义学派的音位分析和语素分析,进而将句法分析纳入分析体系中。后来他又将句法分析扩展至完整的语篇分析,因为语篇分析能够提供关于完整语篇的结构方面的信息,以及各基本成分在这个结构中发挥的作用。[②] 就研究方法上看,传统的描写语言学只能揭示各基本成分在句子结构中的作用,而哈里斯努力将这一方法扩展至对完整语篇的分析,但后来,他发现形式描写方法不能完全胜任句法分析和语篇分析,于是在布隆菲尔德等人的"分布"分析法基础上,又提出了"转换"分析法,其意图是在话

---

① 刘齐生:《德国篇章语言学:源起与发展》,《解放军外国语学院学报》2005年第5期。
② 姜望琪:《Harris的语篇分析》,《外语教学》2011年第7期。

语的同现现象中找到最大限度的规律性。① 60年代的时候，哈里斯进一步完善了自己的观点，提出了一个新的句法分析模式——语符列理论。哈里斯对语篇分析的思想和研究方法，对当时和后世都产生了较大的影响，乔姆斯基在创建转换生成语法的过程中，就吸收了哈里斯的思想，"转换"这一术语就来自哈里斯。哈里斯语篇分析思想中最大的局限就是，排斥语义在结构描写中的作用，结果导致整套方法显得比较抽象、烦琐，很难运用于具体的语言分析中。② 但是在晚年的时候，他又修正了自己的观点，接受并认可了语义在语言分析中的作用。

（二）龙格科里的语篇分析

龙格科里(Longacre)1922年生于俄亥俄州阿克伦市，1955年获得宾夕法尼亚大学语言学博士。从60年代后期开始，他一直从事语篇分析研究。先前，龙格科里认为语篇研究是一种可选项，但此时的龙格科里修正了自己的观点，他认为，不对段落、语篇等上层结构进行分析，单词、词组、小句等下层结构的分析将无从下手。他还指出，尽管乔姆斯基对语言学做出了杰出贡献，但是他将语法局限于所有符合语法的句子，这使得美国语言学很长时间内局限于句子语法的研究。反观欧洲，像马泰修斯、弗斯、赫尔姆斯列夫、范戴克、德雷斯勒等人却积极致力于语篇分析的研究。在《篇章语法》(1983)中，他借鉴了帕克(Pike)的法位学理论，对词语的类别与功能进行了区分，解决了结构主义语言学长期无法解决的问题。龙格科里认为，一套合格的语法必须同时包括表层结构和深层结构两个方面，在此基础上，他提出了格语法的概念。而后他以叙述性语篇为例，指出其深层结构包括说明、冲突激发时刻、冲突发展、高潮（正面冲突）、收场、最后的悬念、结论等。③

此外，在《篇章语法》中，龙格科里论述了词汇、语法与语音三者的关系。他指出，语义（意念）结构、语法结构、语音结构三者不构成语义—语法—语音的线性关系，语法与其他两者并不在同一个平面上，三者之间构成互为影响的三角关系，甚至可以说，深层词汇、深层语法、深层语音三者是同时存在的。1993年，龙

---

① 姜望琪:《Harris的语篇分析》,《外语教学》2011年第7期。
② 陈平:《句法分析:从美国结构主义学派到转换生成语法学派》,《外语教学与研究》1988年第2期。
③ 廖秋忠:《篇章与语用和句法研究》,《语言教学与研究》1991年第12期。

格科里又对该著作进行了修订,修订版中增加了宏观结构理论和整体论。龙格科里将宏观结构界定为总体力量和含义,并揭示其与语篇连贯性的联系。他指出,在叙事性语篇中,最重要的连贯原则是情节;而非叙事性语篇中,应用宏观结构来组织语篇。在语篇整体论部分,作者还探讨了语篇分类、辨别不同语篇的模板、语篇结构的区分等问题。[①]

龙格科里之于语篇分析的最大贡献就是,他发展了哈里斯的语篇分析理论和帕克的法位学理论,并明确地提出了"篇章语法""整体篇章语言学"等概念,这为美国语言分析由句子研究拓展至完整的语篇研究形成了新的助推,也为语篇分析的发展做出了重要贡献。

三、澳大利亚的语篇分析理论

对澳大利亚的语篇分析研究做出重要贡献的有三人:韩礼德、哈桑、马丁,他们都不是澳大利亚土著居民,而是外来移民。

(一) 韩礼德的功能语篇分析

韩礼德(Halliday),1925年生于英国,是世界语言学界的大师。韩礼德非常有中国缘,他能说一口纯正的北京腔国语,并盛赞中国语文的优美与完整。他曾在伦敦大学学习中国语言文学,后来到中国,师从罗常培和王力,回国后于剑桥大学完成博士论文《"元朝秘史"汉译本的语言》。1944年后,先后任职于英国的剑桥大学、爱丁堡大学、伦敦大学,美国的印第安纳大学、耶鲁大学、布朗大学,肯尼亚的内罗毕大学。[②] 自1976年起,韩礼德赴澳大利亚筹建悉尼大学语言学系并担任系主任,后定居澳大利亚。韩礼德的学说包罗宏富,体系严密,其学术影响遍及世界五大洲。他对语篇分析最大的贡献就是,在全面继承导师弗斯的意义和功能研究思想的基础上,建构了自己的系统功能语法理论,也叫系统功能语言学。韩礼德的这套理论应者甚众,后发展为系统功能语言学流派,许多追随者在此领域进行了深入的研究。系统功能语法理论内涵十分丰富,鉴于下文将具体涉及其语境和功能思想,此处从略。

---

① 姜望琪:《语篇语言学研究》,北京:北京大学出版社2011年版,第170—183页。
② 王宗炎:《评哈利迪的〈现代汉语语法范畴〉》,《国外语言学》1981年第3期。

(二) 哈桑的语篇分析

哈桑(Hasan),澳大利亚马奎里大学荣誉退休教授。1931 年出生于印度,2015 年辞世。她在英国爱丁堡大学获得语言学博士学位后,便在英国、美国、澳大利亚等地从事教学与研究。① 她是韩礼德的妻子,1976 年,她与韩礼德合作出版了语篇分析界的经典著作——《英语的衔接》,这为语篇分析提供了强有力的理论基础。哈桑是第一位对语类或语篇体裁进行深入研究的学者。她的理论由语境配置、语类结构潜势、语义变体等组成。语境配置实际上是对韩礼德有关语域(语场、语旨、语式)理论的发展。语类结构潜势则"描述了一种语类中所有可能的语篇结构"。② 她曾花了 10 年时间对儿童日常语言的社会化变异进行调查分析,并借用语义变体这一概念进行了阐述。

(三) 马丁的语篇分析

马丁(Martin),曾师从韩礼德攻读博士,悉尼大学著名教授。马丁的研究领域包括系统语法理论、语类(语篇体裁)、语域、批评话语分析、语篇语义等。在语篇体裁研究方面,马丁对阐释文与叙述文进行了比较,从词汇语法、语篇、语域和语篇体裁等各个层面考察了阐释文的语言学特征,并强调语篇体裁意识培养的重要性。③ 马丁在韩礼德系统功能语言学基础上,发展了语类理论。马丁还发展了语境理论、语域理论、评价理论和积极话语分析理论。

四、我国的语篇分析理论

我国的语篇分析理论主要是在西方影响之下建立起来的。从研究主体的构成来看,既有外语界的学者,也有汉语界的学者。从研究对象来看,既有一般意义上的语篇分析,也有汉语语篇分析。

(一) 一般意义上的语篇分析理论

陈平是我国语篇分析领域早期的研究者之一,其代表作为《现代语言学研究

---

① 黄国文:《韩礼德系统功能语言学 40 年发展述评》,《外语教学与研究》2000 年第 1 期。

② 胡壮麟:《系统功能语言学的社会语言学渊源》,《北京科技大学学报》(社会科学版) 2008 年第 6 期。

③ 陈瑜敏、黄国文:《马丁的语篇分析观》,《当代外语研究》2010 年第 10 期。

理论·方法与事实》。陈平曾对范戴克主编的《话语分析手册》第二卷《话语的多个维度》进行了述评。他将收入其中的14篇文章分成两大类:一类阐述在常规语言描写的各个平面上如何进行话语分析,这些描写平面包括音系、词法、词汇、句法、语义,等等;另一类则研究在语言学同其他学科交界的有关领域里如何进行话语分析,这些领域包括语用学、辩论分析、叙述文研究、非言语交际行为研究,等等。[①] 黄国文在《语篇分析概要》(1988)中概述了语篇分析的主要内容:衔接,连贯,句子句组与语篇,句际关系的类型、语篇的结构、分析平面。其次探讨了语境与语篇分析的关系,语篇与信息,篇章的联结手段等问题。胡壮麟在《语篇的衔接与连贯》(1994)中对语篇的关键特征——衔接与连贯——做了详细的阐述,并引用《语篇》杂志1990年第1、2期的讨论,指出语篇研究在90年代的发展将体现于以下几个方面:对材料的分析研究、理论研究、方法学的研究、语境研究、与其他学科沟通、学科特点和专业化倾向、社会政治因素等。徐赳赳的两篇论文《话语分析20年》(1995)、《话语分析在中国》(1997)就国际上与国内话语分析的研究现状做了综述。刘辰诞在《教学篇章语言学》(1999)中探讨了形式与功能、言语行为与篇章结构、篇章解读、篇章的衔接与连贯、篇章的信息性与情境性、篇章策略与篇章类型、篇章词汇重复模式、篇章语言学与文学批评理论的关系等问题。此外,系统功能语言学,尤其是韩礼德的功能语篇分析具有世界影响力,国内的相关研究也比较丰富。胡壮麟在《系统功能语言学概论》(2005)中对韩礼德的系统功能语法理论进行了比较详细的梳理。而黄国文《功能语言学通论》(2011)则对国内的功能语言学研究进行了综述,后对这一语言学的实用性和适用性进行了探讨,并以《清明》英译文为例,作了经验功能分析。另外,部分学者还进行了语篇分析交叉学科的研究。钱敏汝的《篇章语用学概论》(2001)指出,语用转向与认知转向对篇章分析产生了重要影响。[②] 篇章分析有不同的取向:语法取向的篇章观和分析方法,语义取向的篇章观和分析方法,功能与交际取向的篇章观和分析方法。[③]

[①] 陈平:《〈话语分析手册〉(第2卷):〈话语的各个方面〉述评》,《国外语言学》1987年第3期。
[②] 钱敏汝:《篇章语用学概论》,北京:外语教学与研究出版社2001年版,第43—56页。
[③] 钱敏汝:《篇章语用学概论》,北京:外语教学与研究出版社2001年版,第10—34页。

(二) 汉语语篇分析理论

这方面的研究力量有两支,一是汉语界的学者。廖秋忠是汉语语篇分析研究领域著名学者,也是创始人之一,他的主要成果收在《廖秋忠文集》(1992)中。其主要贡献或观点概括如下:第一,廖秋忠以功能与位置为标准,对现代汉语书面语中的连接成分进行了研究。第二,他指出,篇章现象的研究大致可分为两大类:篇章连贯与篇章结构的研究。第三,廖秋忠认为,篇章包含语用,篇章对句法结构以及句式和句式变体的使用构成了制约。第四,他从篇章结构的角度,提出论证结构可以作为识别论证体的形式标准,进而补充前人对论证体结构的研究和对论证体识别在直觉上的认识。[1] 沈开木的《现代汉语话语语言学》(1996)从宏观微观结合、语法语义语用结合的角度论述现代汉语话语语言学的许多重要问题,主要包括框架、交际的决策、话语的各种信息、前提、各种语义和语用含义的推导、语义中心、连贯性、宏观整合等。[2] 屈承熹是功能语法研究的知名学者,他在《汉语认知功能语法》(1998)中指出:"认知和功能虽然是两个截然不同的观念,但是就语法体系而言,却是相辅相成密不可分的。"[3] 由于功能语法和认知语法之间密不可分的关系,该书采用功能与认知两种方法来描述及解释现代汉语的各种语法结构。郑庆君的《汉语话语研究新探——〈骆驼祥子〉的句际关系和话语结构研究》(2003)将西方理论和本土理论相结合,从材料入手,全面考察分析了《骆驼祥子》中的多种话语现象,包括关系系统、描写系统、照应系统、比较系统,进而揭示了作品所反映的汉语话语组织的规律性特征。[4] 徐赳赳的《现代汉语篇章语言学》(2010)重点探讨了汉语语篇分析的原则,篇章的类型和篇章现象等问题。[5]

第二支是外语界的学者,他们对汉语语篇分析也做出了自己的思考。比如王福祥的《汉语话语语言学初探》(1989)就借助了布拉格学派的实际切分法对汉语的句子、句组、句段进行了研究。田海龙的《语篇研究:范畴、视角、方法》

---

[1] 廖秋忠:《篇章与语用和句法研究》,《语言教学与研究》1991年第12期。
[2] 沈开木:《现代汉语话语语言学》,北京:商务印书馆1996年版,目录。
[3] 屈承熹:《汉语认知功能语法》,哈尔滨:黑龙江人民出版社2005年版,第1页。
[4] 郑庆君:《汉语话语研究新探——〈骆驼祥子〉的句际关系和话语结构研究》,长沙:湖南教育出版社2003年版,第1—20页。
[5] 徐赳赳:《现代汉语篇章语言学》,北京:商务印书馆2010年版,第3页。

(2009)梳理并界定了语篇研究的不同范畴,以建立汉语语篇研究的概念系统,区分语篇研究的不同视角,以探讨结合中国社会实际进行语篇研究的有效途径。[①] 姜望琪的《语篇语言学研究》(2011)对中国传统文章学中的篇章研究和汉语篇章语法进行了探讨,他认为,中国古代已有对篇章本质的深刻理解以及对于汉语篇章结构特点朴素而全面的把握。[②] 挖掘汉语传统研究的价值,同时吸取最近一百年来汉语句法研究的成果,将是一项非常有意义的工作。

国内从事语篇分析研究的知名学者还有很多,限于篇幅,碍难尽述。这些学者的研究概括起来,体现如下特点:(1)由于韩礼德与中国的不解之缘,其弟子胡壮麟等人早期的引介等因素,国内对系统功能语言学的功能语篇分析研究队伍呈现出日益壮大的趋势,相关成果也比较丰富。(2)国内外语篇分析领域的学者学术互动日益频繁,西方学者语篇分析的思想和研究正在深刻地影响着国内的相关研究。(3)外语界的语篇分析研究比较繁荣,汉语界的语篇分析研究相对冷清。汉语界的语篇研究注意到了中西语篇特征的异同,有些理论和观点有较大的原创价值。

语篇分析理论对阅读教学内容的选择、文本(语篇)解读以及阅读教学方法的重构具有重要的理论指导价值。

本章小结

本章为语篇学相关理论概述,共分三节。

第一节为语篇图式理论。图式理论由康德首创,康德提出了知性图式和理性图式的观念。受康德这一思想的影响,皮亚杰也提出了自己的图式理论,同化和顺应是其中的两个核心概念。巴特利特则从认知心理学的角度提出了自己的图式理论。20世纪以来的现代图式理论对语篇理解和阅读教学产生了重要影响,许多学者提出了各自的语篇图式理论。比如鲁梅哈特提出了阅读认知模式——交互模式,卡罗尔提出了三重图式(内容图式、形式图式、语言图式)理论,

---

① 田海龙:《语篇研究:范畴、视角、方法》,上海:上海外语教育出版社2009年版,第4页。
② 姜望琪:《语篇语言学研究》,北京:北京大学出版社2011年版,第186页。

罗森布拉特和古德曼则提出了交易模式。语篇图式理论对语文阅读教学目的的确定、阅读教学内容的选择都将带来重要启示。

第二节为语篇分类理论。在西方,语篇分类理论涉及两个核心概念:语篇类型和语篇体裁。语篇学中的语篇类型划分有两种取向:一是篇章语法的取向,二是语篇功能的取向。语篇体裁的划分也有两种取向:一是语篇生成的主体视角,二是读者视角。在我国,宽泛意义上的语篇学前身是文章学,相应的,语篇分类应从文章分类算起,而文章分类通常也称作文体分类。秦汉时期虽有文体分类,但尚处于自为阶段,到了魏晋南北朝,文体分类才真正地进入自觉阶段。唐代文体分类研究相对沉寂,宋代文体分类研究进入繁盛期,元明清三代的文体分类研究成效不彰。20世纪初,我国的文体分类研究进入新的历史时期,文体分类也逐渐完成由传统向现代的转型。改革开放之后,我国语言学界对语篇分类进行了现代意义上的、本土化的探索。纵观语篇分类的演变,其主要标准多集中于社会功能、使用范围、文章形式、表达方式、行为方式等方面。语篇分类理论为阅读教材范式的重构奠定了理论基础。

第三节为语篇分析理论。现代学科意义上的语篇分析起源于20世纪50年代的美国,美国的哈里斯首先提出了"语篇分析"这一概念。但实际的语篇分析研究,美国要晚于欧洲。在欧洲,功能主义的代表诸如布拉格学派、伦敦学派、哥本哈根学派都以语篇作为研究对象。澳大利亚的语篇分析对语篇研究做出了巨大贡献。我国现代意义上的语篇分析理论主要是在西方影响之下建立起来的。外语界的语篇分析研究呈向荣之势,而汉语界的语篇分析研究相对沉寂。语篇分析理论对阅读教学内容的选择、文本(语篇)解读以及阅读教学方法的重构具有重要的指导价值。

第二章 语文阅读教学的本质:语篇解码说

为什么要研究语文阅读教学的本质？研究语文阅读教学本质的逻辑起点在哪里？这是本章首先要回答的问题。

研究语文阅读教学，首先得明确，语文阅读教学到底是什么。语文阅读教学是什么，这是语文阅读教学本体论层面的问题，即语文阅读教学本质的问题。探讨语文阅读教学的本质，必先探讨语文课程的性质。因为，语文课程性质是个元命题，有什么样的语文课程性质观，就有什么样的语文阅读教学本质观。但是语文课程性质是个比较复杂的命题，半个多世纪以来，语文界围绕该问题争论不休，至今仍未达成共识。正因为语文课程一直未有定论，关于语文阅读教学的本质论者盖寡。语文教学，尤其是阅读教学效率长期低下，这也是原因之一。因此，本章首先对主流的语文课程性质观，包括工具说、人文说、统一说、言语说等进行讨论与反思，而后提出自己的语文课程性质观，在此基础上，尝试对语文阅读教学的本质作出回答，并为阅读教学实践的语篇学转向进一步提供理论依据。

第一节 语文课程性质之重思

一、语文课程性质不是个伪命题

作为一门基础学科，语文课程的性质问题是个元命题，也是长期以来聚讼不休却一直"妾身未明"的老问题。半个多世纪以来，关于语文课程的性质，较有影响的观点有：以叶圣陶、吕叔湘、张志公等"三老"为代表的工具说；以于漪、王尚文为代表的人文说；新世纪语文课程标准标举的工具性与人文性统一说；朱绍禹和韩雪屏等人的综合说；蒋成瑀等人的语言说；李维鼎、李海林、潘新和等人的言语说；倪文锦的语言性和言语性统一说；王荣生的替代说；于源溟与荣维东的消解说。在以上"诸说"中，对语文教学大纲或课程标准产生实质影响的主要是工具说、人文说和（工具性与人文性）统一说。但是无论是工具说、人文说，还是统一说，它们都不构成语文课程的本质属性，以下试予论述。

工具说的逻辑起点乃是"语言是一种工具"，它具体内含以下几层含义：语言是思维、思想和交际的工具，语文是学习的工具，是与生活密切相关的工具，是传承文化的工具。应该说，工具论是特定时代的产物，它明确了语文学科的中心任务，这对语文学科摆脱政治的过度干扰，防范思想教育的盲目扩张，进而形成语文的学科自觉是有积极意义的。但是这种讨论主要是对语文课程内部几种属性进行比较后得出的结论，相对思想性和政治性而言，工具性的提出确实是一大进步。然而，语文课程性质的讨论既要"入乎其内"，也要"出乎其外"；既要"神入"，也要"淡出"，即与周围的一些课程进行横向比较与辨析。试问，数学课程和英语课程都是中小学阶段的基础性课程，难道我们能说它们不具有工具性吗？《义务教育数学课程标准》（2011 年版）明确指出："数学作为对于客观现象抽象概括而逐渐形成的科学语言与工具，不仅是自然科学和技术科学的基础，而且在人文科学与社会科学中发挥着越来越大的作用。"①所以工具性只是语文课程的一般属性，而非语文课程独有的本质属性。

相对工具说而言，人文说更难成立。20 世纪 90 年代起，语文界开始对工具性以及工具理性展开了清算与批判，人文说正式登上历史舞台。但是，人文说潜在的危害就是将语文教育等同于文学教育。关于语文教育与文学教育的关系，叶圣陶、张志公、刘国正等人早就作了比较明晰的阐述，作为文学研究的学者，温儒敏也已做了非常中肯的总结：这种"文学主义"，其实是夸大了文学的功能，是搞文学的朋友们的一种设想，可爱而不可行，因为它不切合语文教育的实际。②现实的教训是，由于人文性的过度扩张，2001 年之后，语文教育实践出现了泛人

---

① 中华人民共和国教育部：《义务教育数学课程标准》（2011 年版），北京：北京师范大学出版社 2012 年版，第 1 页。

② 王卫平：《稳步改革与守正创新——读温儒敏的〈语文课改与文学教育〉》，《北京大学学报》（哲学社会科学版）2008 年第 3 期。

文的倾向,"真语文"的讨论其中就内含了对人文性的一种理性反动。人文性是语文课程的基本特点,但人文性与工具性一样,它们都不是语文课程的专有属性。

应该说,统一说更大程度上是一种折中之举,其意在防止过分和单一地追求工具性或人文性。其实只要对照着参阅一下《普通高中英语课程标准》(2017年版),我们就会发现,关于英语课程的性质,它也是做了类似界定的:

> 普通高中英语课程强调对学生语言能力、文化意识、思维品质和学习能力的综合培养,具有工具性和人文性融合统一的特点。①

因此,统一说并非语文课程的本质属性,它也只是语文课程的一般属性。同理,其他几种主张,诸如语言说、言语说以及(语言性和言语性)统一说,也都存在类似的问题,它们都不构成语文课程的专有属性,都难以严格地将语文课程与英语课程区分开来。

除此之外,还有一些主张,诸如综合说、替代说、消解说。尽管笔者也一样不认同这些结论,却非常赞赏持论者的论说方式,在这些观点背后蕴含着一种普遍的方法论,这一点倒是值得我们深长思之的。2013年,张心科曾将语文学科性质的研究范式归纳为两类:第一类是本质主义研究范式,第二类是反本质主义研究范式。以此为理据,前述工具说、人文说、言语说即为本质主义性质观,而统一说、综合说、消解说应归属反本质主义性质观。② 应该说从方法论的视角做出这种区分具有重要的理论意义,本书也将沿循相关路径对语文课程性质进行重新阐释,以下先就本质、本质主义、反本质主义的内涵与特点作简要梳理与解释。

本质这一范畴具有多义性。《中国大百科全书》界定如下:"本质是事物的根本性质,是事物自身组成要素之间相对稳定的内在联系,是由事物本身所具有的

---

① 中华人民共和国教育部:《普通高中英语课程标准》(2017年版),北京:人民教育出版社2018年版,第5页。
② 张心科:《语文课程性质新论》,《福建师范大学学报》(哲学社会科学版)2013年第4期。

特殊矛盾构成的。"①在《现代汉语常用词辞海》中，本质是指"事物本身所固有的，决定事物性质、面貌和发展趋势的根本属性"②。综合多数词典和学者的理解，一般把本质定义为现象的根本性质或事物的根本属性，而本质与性质在很多时候又是通用的。在本质的基础上，后来派生出本质主义和反本质主义两种方法论。本质主义深信，事物都存在一个唯一的本质，本质一旦被揭示，我们就能掌握真理。本质主义的代表人物有赫拉克利特、巴门尼德、柏拉图、亚里士多德、莱布尼茨、黑格尔、康德、培根、笛卡尔等人。本质主义具有一种不言而喻的真理性，它在言说和论证的过程中具有极强的威慑力，而这又反过来强化了人们探求本质的信念，甚至以非逻辑的方式为本质主义辩护。③ 20世纪中叶以来，本质主义的这种真理的绝对性，本质的唯一性思想开始遭到质疑，许多学者对本质主义进行了反思和批判，学术界将这股非理性主义思潮称作反本质主义。反本质主义阵营的主要代表人物有维特根斯坦、尼采、海德格尔、波普尔、罗蒂、杜威、德里达、波兰尼、费耶阿本德、库恩等人。反本质主义认为，真理不具有普遍性和永恒性，不存在所谓的权威，诚如波普尔所言，"科学发现的逻辑"并非观察和归纳，而是"猜想和反驳"；真理不是用来被证实的，而是用来被证伪的，科学进步的标志就是发现"黑天鹅"。

经过半个多世纪的理论建构和实践检验，反本质主义在打破本质主义认识论方面已取得卓著成效。反本质主义启示我们，我们关于事物本质的描述只是出于时代的趣味与需要，它只是一种可能性的揭示，这种揭示不是镜式的反映，而是视角主义的。反本质主义存在两种具体的路向：一种是激进的、解构的"反本质-主义"，即认为根本没有什么本质；一种是温和的、建构的"反-本质主义"，即反对一元本质和普遍有效的本质。"反-本质主义"反对的是"作为非建构的实体的本质"，而并不是认为"本质根本不存在"，或反对"关于本质的言说"；相反，

---

① 中国大百科全书总编辑委员会《哲学》编辑委员会、中国大百科全书出版社编辑部：《中国大百科全书》，北京：中国大百科全书出版社1992年版，第4页。
② 倪文杰、刘家丰：《现代汉语常用词辞海》，北京：中国建材工业出版社2001年版，第3页。
③ 石中英：《教育哲学的责任与追求》，合肥：安徽教育出版社2007年版，第17—20页。

它坚持本质是一种建构的存在,本质是可以进行言说的。① 因而反本质主义不能简单地理解为解构,"反"只是一种思维方式上的反转,或者讲是言说方式上的一种转向。

具体到语文课程论而言,处于全球"后"学语境下,反本质主义为我们重新认识语文课程性质提供了一种新的可能。我们应摆脱僵化的、静止的本质主义思维,有条件地吸收反本质主义的某些合理因素,确立全新的"超越主义"模式,对语文课程性质进行重新阐释。知识社会学家布迪厄认为,当我们面对社会科学理论的时候,不应犯一种"生成的遗忘"的错误,我们应摆脱非历史的、非语境化的知识生产模式,进而转向知识生产的历史性与语境性。知识与场域存在联结的关系,场域是动态的,知识则是生成性的。晚年的福柯在论及"方法问题"的时候,把自己的研究方法之一归结为"事件化",事件化的主要作用在于打破关于理论的自明性、普遍性与必然性的神话。② 语文课程并不存在一种恒久不变的性质论,语文课程性质也不是有待消解的伪命题,它是受到社会历史条件制约的语言与文化建构,是特定历史语境下的产物,语文课程性质是个历史范畴。米兰·昆德拉在《小说的艺术》中指出,小说最基本的精神就是复杂性,几乎每部小说都在告诉读者一个普遍的真理:"事情要比你想象的复杂。"③朱光潜在《诗论》中曾论及诗的本体,他承袭了柏拉图的遗风,巧妙地采用了对话体,对话的主体既有形式派、实质派,也有形式实质统一派,还有"打个呵欠问到底"派,而众人对话的结果竟是"暂无结果"。④ 相比小说和诗歌而言,语文课程具有更为复杂的复杂性。伊格尔顿说,文学的所谓"本质"并非客观地存在于那里,构成文学的价值判断具有历史可变性,文学的价值判断与社会意识形态存在密切的联系。⑤

---

① 李自雄:《中国问题、反本质主义与当代文论建设》,《山东大学学报》(哲学社会科学版)2016年第5期。
② 连敏:《特定年代的诗歌生产——〈诗刊〉(1957—1964)作为研究对象的提出与思考》,《中国诗歌研究》2011年第12期。
③ [捷]米兰·昆德拉:《小说的艺术》,董强译,上海:上海译文出版社2004年版,第24页。
④ 朱光潜:《朱光潜全集·诗论》,北京:中华书局2012年版,第264—289页。
⑤ [英]特雷·伊格尔顿:《20世纪西方文学理论》,伍晓明译,北京:北京大学出版社2007年版,第18页。

史铁生也说:"我知道什么不是文学,但我不知道什么是文学。"[①]或许正因为如此,鲍勃·迪伦才在2016年诺贝尔获奖感言上掷下了最后那句古怪的话:"我的歌算文学吗?"重要的不是歌算不算文学,而在于它为何被人们算作文学了。这对我们的语文课程性质之问何尝不是一种隐喻?对语文课程而言,有价值的问题并非"语文课程性质是什么",而是"在什么历史条件下,什么语境下,什么样的理论被认为是对语文课程性质的揭示"。

尽管工具说等主张都不构成语文课程的本质属性,但在特定的历史语境下,它们都有自身的合理性,有的曾经也将继续为语文课程的认识与发展做出重要贡献。时代在变迁,"舟已行矣",若再返回原处寻找答案,那无异于"等待一辆永远不会到来的列车"。替代说与搁置说虽不乏新意,也都尝试为语文课程的运行寻找一种替代方案,但是在语文课程内容标准、表现标准尚不明确的当下,性质的搁置或将引发实践操作层面的方向性失误;更何况,历史的经验警示我们,语文往往会被语文之外的东西所裹挟,所以对待语文课程性质不应持解构论的,而应持建构论的反本质主义立场。处于21世纪的今天,反本质主义方法论将指引我们生成一种新的语文课程性质观——话语经验说。

二、语文课程性质新论:话语经验说

(一)语文课程属于经验课程

讨论语文课程的性质,首先得讨论其上位概念课程的本质。在课程论领域,由于理论基础和价值取向的不同,关于课程本质的阐释可谓人言人殊。施良方认为,课程定义可以归类为六种:教学科目说,教学活动说,学习结果说,学习经验说,社会文化再生产说,社会改造说。上述课程定义从不同的角度或多或少都涉及课程的某些特质,但也都存在明显的缺陷。[②]丛立新认为,课程本质是课程理论中的重要问题,这其中较有代表性的观点有三种:知识说、活动说和经验说。按照她的三分法,前面施良方所指的"教学科目"说大致可归入知识说,再生产说

---

① 张专:《一个作家的生命体验——史铁生访谈录》,《现代传播-中国传媒大学学报》1994年第3期。

② 施良方:《课程理论——课程的基础、原理与问题》,北京:教育科学出版社1996年版,第3—7页。

和社会改造说也可归入活动说。按照丛立新的论述,相对知识说和活动说而言,经验说内涵更为丰富,概括力也更强,它既关注各类课程知识的组织和教学,也关注学生占有或建构知识的活动过程,尝试对知识教学、活动过程与各种经验进行统整和融合。经验说代表着更深刻、更先进的课程思想水平,也更符合国际上课程观念变革的趋势与潮流。① 李定仁、徐继存等人则将课程的本质概括为教学科目说、教学活动说和学习经验说。② 显然,这种概括与丛立新的立场基本一致。综合各家的观点,我们倾向于将课程的本质界定为"经验"。

经验是课程论领域较为成熟的一个范畴,它具有跨越时空的张力,西方课程史上人们常将课程理想寄托在这一充满魔力的语词上。经验课程的发展演进由三个阶段构成,由此便形成了经验课程的三种范式:一是卢梭等人的浪漫自然主义经验课程范式。浪漫自然主义经验课程的理论基础是启蒙精神和浪漫主义。卢梭坚持了古希腊与启蒙时期的经验论传统,他的课程哲学观充满着对儿童主体性的关怀,以及对科学理性的反思与批判精神。二是杜威的经验自然主义经验课程范式。杜威课程哲学的基本命题为:"教育即经验的不断改造或改组。"杜威认为,经验是主体与环境之间的相互作用,经验不能简单地理解成认识,经验既指经验的事物,也指经验的过程。儿童的经验由直接经验和间接经验构成,直接经验和间接经验是连续的、统一的。经验课程的形态是主动作业,其基本特点为:适合儿童经验生长的要求;源于社会生活,它不断地指向科学的逻辑经验的发展。三是以派纳、格鲁梅特、阿普尔、吉鲁等人为代表的当代人本主义体验课程。派纳、格鲁梅特等存在现象学课程论者提出了系统的课程哲学观,其中最主要的是存在经验课程的方法即自传法。但存在现象学课程论无论在理论还是实践层面上都还不尽成熟。另一种趋势是把课程视为社会阶级、种族、文化的经验,以阿普尔、吉鲁等人为代表。作为批判课程论者,阿普尔、吉鲁等人确立了一套价值研究和质的研究的方法。

纵览三种形态演进的过程,它们均尝试消解主体与客体、经验与环境的二元对立,尤其是人本主义阶段,二元论被彻底地消解了。但是经验课程论的局限在于,它在企图消解教育与社会、学生与教师之间二元对立的同时,也消解了各方

---

① 丛立新:《知识、经验、活动与课程的本质》,《北京师范大学学报》(社会科学版)1998年第4期。
② 李定仁、徐继存:《课程论研究二十年》,北京:人民教育出版社2004版,第6—8页。

的相对独立性,教育的主体价值最终便消失在无定状态之中了。在基础教育语文课程改革不断深化的今天,我们应在充分吸收经验说合理成分的基础上,赋予其新的内涵。作为课程的下位概念,语文课程属于经验课程,即培养语文经验的课程。具体可以从两个层面去把握。

1. 语文课程具有经验的内生性

语文经验不仅是个名词、一种静态的结果,还是一个动词、一种动态的过程。语文课程既是静态的跑道,也是围绕跑道跑的经验;既包含描述的经验,也包含学生亲历的经验。语文课程的使命就是,促成学生在自主的语文实践过程中养成与发展语文经验。根据乔姆斯基的转换生成语法理论,孩子具有先天的语言获得机制,其语言能力具有遗传性,它是一种与生俱来的能力,每个孩子的大脑深处都有一个先天的"语言装置"。自呱呱坠地开始,孩子就在母语的环境中接受熏陶,就在母语的渐染中习得语感。从正式接受母语教育开始,儿童就在教师的引导下进行读写听说的训练。所以,在母语课程的学习上,儿童不是一块白板,也不是一幅素丝。儿童的语文学习具有一贯性,它是一个自然生长的过程,"自"字诀是语文学习的不二法门,独立自主的学习方法是所有语文学习方法中最根本的方法。语文课程就是自我履历持续展开、自我概念不断重建的过程。

"五四"是弘扬民主与自由的重要时期,其自由精神可以从彼时的教育著作中窥见一斑。笔者曾就相关文献做过细致的梳理,发现"五四"前后 10 位(语文)教育家,关于"自由"阅读,都提出过相近的主张(参见表 2-1)①:自由思想,自由读书;自己观察,自己判断;自励自得,自动自求;自做自觉,自习自修。现代语文教育着力于大规模的集体教学,这无疑推进了语文教育的科学化进程,但是由于太多的整齐划一和外在干预,导致我们的孩子或者是"自主性的发展受到了禁锢",或者是"自我迷失于他人之中",②以至于自主学习习惯的养成和自我创造潜能的激发往往都被忽视了。有感于斯,陶行知警示世人:"生来不自由,生来要自由。谁是真革命,首推小朋友。"③联系派纳和格鲁梅特的自传理论来看,语文

---

① 贡如云:《试论语文教育的价值重建——基于阅读心理学的视角》,《河北师范大学学报》(教育科学版)2014 年第 1 期。

② W. Pinar. Curriculum Theorizing: The Reconceptualists. CA: McCutchan Publishing Corporation, 1975, pp.384-395.

③ 陶行知:《陶行知全集》(第 7 卷),成都:四川教育出版社 1991 年版,第 94 页。

经验很大程度上都是依赖儿童心灵的"自由驰骋",语文教育的过程,就是通过把儿童自传中的那些选择结构化。

表 2-1 语文教育家关于"自由"阅读相关的表述

语文教育家	著作	与"自由"阅读相关的表述
蔡元培	《普通教育和职业教育》	自由思想,自由读书;处处要使学生自动;等到学生实在不能用自己的力量了解功课时,才去帮助他
黎锦熙	《新著国语教学法》	自动主义形式教段;自动的研究与欣赏;用语言发表己意,用文字发表己意
王森然	《中学国文教学概要》	要自动的,不是学生处于被动地位;自学的习惯;自习的工具
胡 适	《中学国文的教授》等	人人能用国语(白话)自由发表思想;以"看书"代替"讲读";真正可靠的学问,都是从自修得来
朱自清	《中等学校国文教学的几个问题》	教学生自己观察,自己思想;养成他们自己的判断力;养成读书思想和表现的习惯或能力
阮 真	《中学国文教学之问题》	人人都能用国语或国语文自由发表思想感情;在退课后,使学生多做自修工夫;要多靠学生的自力
叶圣陶	《中学国文学习》等	习惯的养成靠自励,一切知识和能力的获取靠自得;多方设法,使学生能逐渐自求得之
夏丏尊	《平屋之辑》等	以学生为主体的自动主义;学问要学生自求,人要学生自做;学生一日不自觉,什么都是空的
梁启超	《中学以上作文教学法》	令学生得着个概念来做自习的预备;自修室的用功时间最少要与讲堂时间平分;令学生个人把自己所见到的说出
陈鹤琴	《儿童国语教科书》	引起儿童阅读的兴趣;培养儿童自动的能力;启发儿童正当的思想

胡适在谈国文学习之道的时候曾说,学生应投入到"大剂量的阅读"中,课堂上应以"看书代替讲读",应多安排"质疑和讨论,演讲和辩论"。[①] 1977 年,叶圣陶曾做了一首诗——《自力二十二韵》,其中有诗云:"疑难能自决,是非能自辩,

---

① 贡如云、李如密:《美国阅读教学模式的结构及启示》,《现代中小学教育》2015 年第 10 期。

斗争能自奋,高精能自探。"①显然,无论是胡适的"看书代替讲读",还是叶老的"四自"说,它们都揭示了语文经验内生长性的特质。佛经固然有待老和尚去讲,更需要小和尚自己去念去悟,语文教学之理亦复如是。

2. 语文课程具有经验的统整性

语文课程具有经验的统整性,它既包括公共的语文经验,也包括个体的语文经验,个体语文经验的生长离不开对公共语文经验的转化,经验既具有发展性,也具有开放性。语文既具有实用的本性,又具有超实用的本性;既追求实用语文经验的改造,也追求诗性语文经验的养成。陶行知有一首诗《携诗游》:"李杜文章在,常读常自随。遇景即看景,无景还读诗。"②这首诗道出了语文经验的统整特性。一方面,语文学习要重视阅读积累。在语文学习中,"读"占鳌头,无"读"不语文。不妨看陶行知自己是怎样阅读的。首先,陶行知是读经典的,而且是读经典的诗,因为"李杜文章在,光焰万丈长"嘛!朱光潜说,在诸类阅读中,最能培养文学趣味的就是读诗。今天的孩子阅读素养为何如此低下?症结就在于,缺少读诗的宽松氛围。读诗需要心境,读书需要把一些事情给理顺,整天忙考试、博分数,哪里还有闲情逸致去读诗?所以生活在应试困境中的孩子,单凭孔子一句"小子何莫学乎诗",是很难调动起阅读兴致的。值得深究的是,陶行知为何能从繁忙的教育管理、社会活动和业余写作中抽出时间,"常读常随"呢?差别就在于修齐的人生境界与治平的济世情怀。从修身上看,陶先生是捧着一颗心来;从家国情怀上讲,陶先生是爱满天下。那个时候,陶行知不是孤例,而是一种类现象。③ 所以语文学习不单纯是个技术活,不单纯是知识、能力、策略与方法的问题,还涉及精神层面,涉及道德与人性,涉及习惯、审美、情意和价值观。语文学习固然要接受间接经验,还需要直接经验,需要投入到生活中去观察、去思考、去审美、去想象、去探究、去创造。无论是阅读能力的提升,还是表达能力的提高,都得深入生活。陶行知反对死读书、读死书、读书死,他提倡活读书、读活书、读书活。他为何把图书馆命名为"书呆子莫来馆"?其用意就在此。所以真正的携诗游,除了"无景便读诗",更得"遇景即看景"。所谓看景,就是要与生活打成一

---

① 叶圣陶:《自力二十二韵》,《人民教育》1977年第1期。
② 陶行知:《陶行知全集》(第7卷),成都:四川教育出版社1991年版,第535页。
③ 贡如云:《陶诗中的语文教育智慧——〈陶行知全集〉新读》,《七彩语文》(中学语文论坛)2016年第5期。

片,生活能教给我们书上学不到的东西,生活就是我们的老师,就是教材,有心人知道去观察、去思考、去感悟,无心人则不知与生活对话,精神世界自然贫乏,思维空间自然狭窄。实际上,缺了这个与生活对话的姿态,所谓"写作要联系生活""生活即语文"便都成了空谈。潘新和先生说:"写作的源泉不是生活,而是阅读。"①这一观点过于绝对,尽管写作需要从阅读中积累素材,学会思想,但是没有生活的磨砺、感悟与省思,许多文章总难免无病呻吟或凌空蹈虚。所以说,语文课程具有经验的统整性。

语文不是知识型课程,也不是内容型课程,而是经验型课程,语文课程致力于培养学生特殊的语文经验。倘若进一步往深里追问,语文经验的特殊之处在哪里?语文课程之语文性到底是什么?如何对语文课程质的规定性进行学理的抽象?这得从语言、言语和话语的区分说起。

(二)语文课程属于话语经验课程

话语经验课程论的逻辑起点乃言语性。

1. 言语性不构成语文课程的性质

(1) 语言与言语的二分:索绪尔语言学理论的贡献

1916年,反映索绪尔语言学思想的《普通语言学教程》(第一版)正式问世。索绪尔对语言和言语进行了区分,区分的目的在于廓清语言学的研究对象,进而建立"科学"的语言学理论。索绪尔认为,语言是一个潜存于每个大脑之中的语法体系,它是言语体系事实不规则整体中的一个完全确定的对象。言语则相反,它是个人意志和智力行为,它是说话主体藉以利用语言规则以表达他个人思想的手段。② 语言是一个符号系统,因而它是同质的,而言语则是异质的。言语体系(活动)包含语言和言语。语言是第一性的,言语是第二性的。③ 在进行一番区分之后,索绪尔得出结论,语言学应以语言,而不是言语作为研究对象。

我国研究索绪尔语言学思想较权威的学者是方光焘,而国内最早研究索绪尔的论文《体系与方法》(1939)也出自方光焘之手,高名凯的《普通语言学教程》

---

① 潘新和:《写作的源泉是什么》,《语文教学通讯》2014年第6期。
② [瑞]索绪尔:《普通语言学教程》,裴文译,南京:江苏教育出版社2002年版,第15—16页。
③ [瑞]索绪尔:《普通语言学教程》,裴文译,南京:江苏教育出版社2002年版,第90页。

汉译本则出现在 1963 年。方光焘是这样来辨析索绪尔所界定的语言与言语的特性的：①

① 语言是社会的产物，言语是个人行为的产物。
② 语言有约束力，言语则是自由的。
③ 语言是记忆的映象，言语是实际的运用。
④ 语言是过去的产物，言语是当前的现实。
⑤ 语言与言语在发生学的意义上是互为条件的。
⑥ 语言是同一的，相对稳定的；言语是多变的，缺乏同一性。

语言和言语的关系：没有潜在的，便不可能有显在的。没有显在的预定，潜在的便无作用可言。在言语活动中，语言是本质的，而言语却是具体的。

索绪尔的结构主义语言学问世之后，可谓灼灼其华，光宅众科。

（2）话语与话语理论的出场：对索绪尔语言学理论的超越

20 世纪 20 年代尤其是 60 年代之后，许多语言学家和哲学家在肯定索绪尔结构主义语言学历史贡献的基础上，也对此产生了质疑，因为许多语言现象无法用语言—言语二分理论来解释，其局限性包括：忽视了互动、对话的语言特征；将语言化约为封闭、静止的系统；以牺牲语言使用者为代价，等等。这之后语言学逐渐向社会实践转向，一些以话语为研究对象的功能语言学分支，诸如话语语言学、语用学和语篇学等便纷纷起来，这就是语言学世界的话语转向。

从词源的角度看，"话语"的英语对应单词是 discourse，它源于拉丁语 discursus，而 discursus 又源于动词 discurrere。discourse 作名词解时指"讲话、演说、会话、谈话、论述、论文、语篇"，作动词解时指"谈话、演讲、论述"。在当代法语中，"话语"既不是词语的个别综合（即索绪尔所说的"言语"），也不是具有控制力的语言系统和语言规范（即索绪尔所说的"语言"）。在《圣经》的希腊文译本中，话语还用 logos 来表示，意指上帝的"话语"。在神学家托马斯的拉丁文《圣经》中，logos（话语）又被译作 verbum，其意涵生发出在理智中孕育着思想或意念。欧洲国家在转译 verbum 时多选用"话语"一词，例如英文将它译成 word，德文多将其译成 wort，汉译本则习惯将其译成"道"或"话语"。

在话语转向以及话语理论的建构中，苏联的巴赫金以及法国的一批先哲居

---

① 方光焘：《方光焘语言学论文集》，北京：商务印书馆 1997 年版，第 539—541 页。

功至伟。

巴赫金是伟大的语言学家、符号学家、文艺理论家和哲学家,他对索绪尔静态的语言学观点持理性的批判态度,将自己的话语理论(即话语哲学、对话哲学)称作超语言学或元语言学。巴赫金将话语看作语言规则体系与语境等因素互动的产物,话语具有共时性,也具有历时性,"语言学从活的语言中排除掉的这些方面,对于我们的研究目的来说,恰好具有头等的意义"①。他认为,语言真正的生命在于话语,而话语总是具体个人的话语。巴赫金高度强调语言的社会性和交际性,将自己的注意力聚焦于使用中的话语。巴赫金说:存在意味着进行对话的交往,存在意味着交际,只有话语才是语言交际的最基本的单位,话语的本质就是对话。有学者指出,如果把索绪尔看作"语言学之父"的话,那么巴赫金就应被视为"话语理论之父"。② 巴赫金建构话语理论旨在唤醒人,解放人,恢复人的尊严和价值;他关注人的主体建构,关注人的自由、存在与命运。巴赫金话语理论对诸多学科产生了重大启示,如结构主义符号学、功能修辞学、诗学、交际符号学等,其言语体裁理论对西方系统功能语言学也产生了重要影响。

法国人类学家列维-斯特劳斯深受索绪尔结构主义语言学的影响,在1958年出版的《结构主义人类学》中,他指出,语言在时间上是可逆的,它具有历时性;而言语则是不可逆的,它具有共时性。列维-斯特劳斯对神话进行研究之后发现,神话指向过去所发生的事件,且反复被人讲述,因而它是历时性的;而神话的每一次具体叙述都从属于神话的基本结构系统,这种结构系统又是共时性的。这样,神话就获得了语言和言语两种时间特性,神话可以区分出超越语言和言语的第三层面,他将此称作神话的"大构成单位"或"神话素"。③ 应该说列氏所谓的"神话素"已经相当接近"话语"这个概念了,他对作为话语的神话分析使话语的结构主义分析成为可能,并为话语语言学的诞生奠定了基础。受列维-斯特劳

---

① [苏]巴赫金:《巴赫金全集》(第5卷),钱中文主编,李辉凡等译,石家庄:河北教育出版社1998年版,第239页。

② Podestá, Adriana. A Tribute to the Father of Discourse. (2001). http://www.Share education.com.ar/past% 20issues2 / SHARE% 20154. Htm.

③ [法]列维-斯特劳斯:《结构人类学》,谢维扬、俞宣孟译,上海:上海译文出版社1995年版,第224—227页。

斯神话素理论的影响,法国的文学理论家罗兰·巴特指出,应该建立一种基于话语研究之上的元语言研究,也就是"话语语言学"的研究。作为话语语言学的研究对象,话语有"自己的规则,自己的语法,它超越句子,然而又特别由句子所构成"①。

作为索绪尔的第三代传人,法国语言学家本维尼斯特认为,语言不是静态的、孤立的系统,索绪尔忽视了积极的语言事实,他悬置乃至放逐了言语活动的参与者——言说主体。在本氏看来,"语言实践所固有的情形即交流与对话的情形,赋予话语行为以双重功能:对说话者来说,它实现了现实;对受话者来说,它重新创造了现实。"②在指出结构主义存在的局限的基础上,他揭示了语言研究的一个重要范畴——话语。本维尼斯特指出,传统的语言学以句子为研究单位,它只是对其做静态的研究,而话语语言学则不然,它以句子为基本单位,并把句子、段落乃至完整的篇章置于一定的话语情境当中去研究。此外,本维尼斯特还论述了话语与陈述的关系。他认为,语言是一种先在的可能性,当言说者开始陈述时,语言就在话语时位被实现了。由于对话语主体性和历史陈述等问题展开了较深入的研究,本维尼斯特被视为话语语言学的奠基人。

从传统的语言学向话语语言学的转向对语言学的发展而言具有重大意义,利科指出,"结构语言学只是将谈话和用法放在括号里面,而话语理论去掉了括号,宣称是建立在不同原则上的两种语言学的存在"③,"话语是实现了的语言"④。

嗣后,佩肖基于索绪尔的语言学建立了自己的话语理论。佩肖认为,尽管索绪尔的语言学理论对于"科学的"语言学具有重大意义,但索氏的二分法,排除了作为特殊的言语——"说话主体的言语",而且语言和言语那种抽象的规则与具体的运用的关系并不适用于所有的言说行为。因此他建议用一对全新的范畴

---

① [德]曼弗雷德·弗兰克:《论福柯的话语概念》,陈永国译,见汪民安等编《福柯的面孔》,北京:文化艺术出版社2001年版,第89页。
② [法]埃米尔·本维尼斯特:《普通语言学问题》,王东亮等译,北京:生活·读书·新知三联书店2008年版,第11—12页。
③ [法]保罗·利科:《解释学与人文科学》,陶远华等译,石家庄:河北人民出版社1987年版,第135页。
④ [法]保罗·利科:《哲学主要趋向》,李幼蒸等译,北京:商务印书馆1988年版,第168页。

"语言基础"和"话语过程"来取代之,一方面,语言基础构成了话语过程的前提条件;另一方面,话语过程只是偶尔使用语言规则,受意识形态因素的影响,它还具有自己的内在法则。这样佩肖颠覆了结构主义通行的观点,即"言语是对语言规则的具体运用",进而将话语正式推向前台。[1]

在话语理论的大家族中,福柯的话语理论无疑具有经典的地位,他从知识考古学和谱系学的角度对话语进行了全面深入的研究。在早期的著作《词与物》中,他指出,话语不是词与物的混合体,它并不完全遵守词语的规则,话语显现的是话语实践特有的规则,因而话语既不是语言也不是言语。在福柯的话语理论中,陈述是一个重要范畴,他说,陈述不是话语的基本单位,而是一种功能。福柯说,话语的特性包括:事件、实践和实证性。他首先表明他的研究计划是要描述一般话语空间中的话语事件,决心要"恢复话语作为事件的特性"[2];在《临床医学的诞生》中,福柯将话语界定为实践符号;在《知识考古学》中,他强调了"话语实践"。在福柯的话语理论体系中,话语、权力与知识是相互交织的三个支点,它们构成了一个关系网络。福柯认为,影响、控制话语的最根本因素是权力,话语不仅是权力的产物,还是权力的工具。福柯把话语提升到建构知识的首要地位,没有特定的话语实践,就没有知识。

此外,布迪厄也对索绪尔的结构主义语言学进行了批判,他认为,结构主义区别了语言和语言在言语中的实现,后者即实践和历史中的语言,正是这种区别使结构主义只能从模式及其执行、本质与存在的角度来设想语言和言语这两种存在属性之间的关系。事实上,只在语言学范围内兜圈子,是不可能阐明什么沟通行为的。哪怕是最简单的语言交流,也涉及言说者与听众之间的历史性权力关系网。[3] 那么,布迪厄这里所说的"语言交流"或"言说"就是话语,话语是场域中的象征性权力,社会生活中任何权力的运作,都关乎话语的使用和话语技巧。

颇为吊诡的是,索绪尔起初已意识到"话语"的客观存在,在《普通语言学教程》中曾数次提及"话语"(discours)这一概念。索绪尔说,德语词 Rede"大致相

---

[1] 转引自袁英《话语理论的知识谱系及其在中国的流变与重构》,武汉:华中师范大学出版社 2013 年版,第 42—43 页。

[2] 许宝强、袁伟:《语言与翻译的政治》,北京:中央编译出版社 2001 年版,第 20 页。

[3] [法]布迪厄、[美]华康德:《实践与反思:反思社会学导引》,李猛、李康译,北京:中央编译出版社 1998 年版,第 189 页。

当于'言语'(parole),但要加上'话语'或'谈话'(discours)的特殊意义"①。在他看来,话语与言语并非没有区别,话语表现为言者与听者之间的谈话,意义是在主体间谈话中实现的。遗憾的是,在他的语言学世界里,话语可谓孤魂天涯,更在"言语"外。

改革开放之后,我国语言学界也开始关注和研究话语语言学。20世纪90年代,"廖秋忠老师的《廖秋忠文集》及陈平老师的《现代语言学研究:理论·方法与事实》的出版,奠定了中国话语篇章语言学的学科基础"②。1997年,沈开木指出:"话语语言学是一门新兴的语言科学。它的对象是连贯的话语。"③21世纪以来,话语研究已成为一门跨学科的显学。

基于以上阐述,我们可以将话语与语言及言语的关系概括如下:

① 语言是抽象的符号,言语是对语言的具体运用,话语不完全遵循语言规范,尤其是文学话语,不确定性、模糊性和非规律性是其主要特征。

② 生成话语的目的在于交际,而交际都是特定语境中的交际,话语的本质乃对话。而言语未充分凸显对话性。

③ 话语强调了言说主体,而言语和语言对言谈者关注不够。

④ 话语并非泛指的语言实践,它是语言的实际运用;话语并非中立的,它往往还与非语言因素,诸如时空条件、权力、意识形态与社会结构等联系在一起。

⑤ 人与其说是在语言毋宁说是在话语实践中才实现了自我存在和生命觉醒。话语是实现主体间性的一种媒介。

合而言之,话语颠覆了语言和言语的二元对立,它包含而又超越了语言和言语。童庆炳指出,相比语言系统(langue)、语言(language)和言语(parole)而言,话语(discourse)的内涵更为复杂,其内涵甚至要超过三者的总和,因为"话语是指说话人与受话人在特定的语境中通过文本展开的沟通活动,包括说话人、受话人、文本、沟通和语境五个构成要素"④。如果把索绪尔的语言学思想用等式来表示的话,那么话语理论可以用一个不等式来表示:

索绪尔语言学:言语活动(langage)=语言系统(langue)+言语(parole)

---

① [瑞]索绪尔:《普通语言学教程》,高名凯译,北京:商务印书馆1980年版,第36页。
② 徐赳赳:《话语篇章专题研究》,《当代修辞学》2012年第4期。
③ 沈开木:《话语语言学的一些作用》,《语文月刊》1997年第5期。
④ 童庆炳:《文学理论教程》,北京:高等教育出版社1992年版,第76—78页。

话语理论：话语(discourse)＞语言系统(langue)＋语言(language)＋言语(parole)

如果说，从语言(language)到言语(parole)是从注重抽象的语言系统向注重语言的具体运用转向，而从言语(parole)到话语(discourse)则是从注重语言的具体运用向谁在什么语境中具体运用的转向。"如果说20世纪语言学是以索绪尔为旗帜的，那么21世纪将以非索绪尔为标志"①。因此我们说，话语理论是对索绪尔语言学理论的一种历史性超越。

另外，话语并非单纯的语言学范畴，随着语言学研究视域的拓展，这一术语溢出了原初的学科边界，延伸至文艺学、人类学、政治学、教育学、社会学等人文社会学科。比如话语已经成为教育社会学中重要的概念，在教育社会学中，话语往往与社会关系、权力、控制、意识形态等联系在一起。在文论界，话语也是一个关键词。西方文论最初启用"话语"一词的是英美新批评和早期的形式主义文学批评，后来相继在结构主义、后结构主义等文学批评流派中流行开来，并成为当今文化诗学的重要利器。有学者指出：20世纪西方文论的语言学转向实际上应该分为两个阶段，前者可以说是语言学阶段，而后者则是话语学阶段，这两个阶段具有质的区别。② 90年代以来，话语被引入我国文学理论界，并成为高频概念，在童庆炳、南帆、陶东风等人主编的文论教材中，围绕话语都有过较为深入的阐述。

(3) 言语性不构成语文课程的本质属性

语文课程性质的重新阐释，其逻辑起点乃言语性。语文界持言语说的学者甚众，20世纪90年代起，一批学者在对工具论性质观进行批判的基础上力倡言语说，最具代表性的当属李维鼎、李海林和潘新和君，以三人为代表的学者群实质上构成了一个言语论共同体，而言语说即为他们言说语文课程性质的一种范式。1990年，李维鼎就基于言语论立场对工具论展开了初步的批判。1994年，李维鼎进一步指出：言语，不论是行为还是作品，都是言与意的辩证统一。因此，

---

① 姜望琪：《当代语用学》，北京：北京大学出版社2003年版，第15页。
② 张杰：《批评的转向：从语言学走向话语学》，《外国语》(上海外国语大学学报)1998年第4期。

言意的互转性便是语文课的性质,是语文课区别于其他学科的性质。① 1997 年,李维鼎又撰文指出:"语文学科教学内容、教学目的和教学方法的共轭点是言语。""语文不是语言而是言语,语文科又以言语为主体和灵魂。"② 2000 年,李海林在《言语教学论》中指出,语文教学论应由语言本体论向言语本体论转向。基于言语本体论以及语文课程的价值论,李海林将语文课程性质概括为言语智慧说:"语文教育,就其哲学实质来说,就是以言语为对象的人性智慧教育,简捷地说,语文教育就是言语智慧教育。"③ 2001 年,潘新和在《语文到底"姓"什么?——语文课程性质当是"言语性"》一文中指出:语文课程的特殊属性即种差为"言语性","'言语'既是语文课程学习的内容构成,也是语文课程的目的指向。这种定性并不意味着对'人文性'的否定。只是说'言语性'体现了语文课程的特殊属性,而'人文性'则是一种共性特征"④。

相对工具说或语言说而言,言语说是一种突破,它深刻地揭示了语文课程的实践性与应用性,进而在母语教学本体的认识上前进了一大步。但是言语性并不构成语文课程的本质属性,它也只是语文课程的一般属性。所谓本质属性,就是一事物区别于其他事物的根本属性。王尚文曾对言语说进行过发难:"所有课程,无一例外,无论是其教科书上的书面语,还是教师和学生交流的口头语,都是言语。可以说,在客观上将语文定位为'言语'是为泛语文、非语文的现象做理论上的辩护。说语文教育是言语教育,就好像说'人是动物'一样犯了'定义过宽'的逻辑错误,'言语'并非'语文课程区别于其他课程的种差',它并不是'语文学科'独有的。"⑤ 客观地讲,指出言语性并非语文课程的独有属性可谓点中了要穴,但王先生的论证并非无懈可击。诚然,语言课程之外的课程是离不开言语,但这种运用只是手段而不是目的,因此不具有本体论意义。然而,如果将王尚文的观点缩小范围,聚焦语言课程,将更具讨论价值。因为无论是语文课程还是英

---

① 李维鼎:《"语文课"就是"言语课"——再从语文学科的工具性说起》,《长沙水电师院学报》(社会科学学报)1994 年第 3 期。
② 李维鼎:《正本清源说"工具"》,《语文学习》1997 年第 10 期。
③ 李海林:《言语教学论》,上海:上海教育出版社 2000 年版,第 217 页。
④ 潘新和:《语文到底"姓"什么——语文课程性质当是"言语性"》,《中学语文教学》2001 年第 5 期。
⑤ 王尚文:《走进语文教学之门》,上海:上海教育出版社 2007 年版,第 46 页。

语课程都要运用语言,它们都涉及言语的问题。因此这里就牵涉到语文课程和英语课程上位概念——语言课程——的本质属性问题。

语言课程的本质属性是什么?一言以蔽之:言语性。中小学生学习语言的目的不是为了熟悉语言规则,尽管学习语言规则是学习语言的一部分,尤其是作为第一外国语的英语学习来说更是如此。但是实践证明,花费过多时间学习语言规则无论对英语学习还是母(汉)语学习来说,都是事倍功半的事情。中小学生学习语言的主目的乃语用,以应学习之需、工作之需与生活之需。当然对母语学习来说还涉及满足精神的、道德的、情感的、审美的、文化的需求,对英语学习来说当然也需立足外部文化语境,陶养人文精神。但无论是母语学习还是英语学习,其专务或第一要务固非人文教育,而是养成语言运用即言语的能力。言语性是语言课程而非语文课程的本质属性,要探讨语文课程的性质,还需引进位于言语之上的范畴——话语。

2. 语文课程性质新论:话语经验说

(1)语文课程的基本特点:话语性

语文课程是致力于发展学生话语能力的课程,语文课程的基本特点是话语性,具体可以从以下三个维度去认识:

第一,语文课程的语境之维。

索绪尔语言学研究的对象是语言,而巴赫金认为,索绪尔忽视了对具体使用中的话语的研究,单纯靠纯语言系统是没法对语言做出全面评价的;语言研究应采用社会学的研究方法,因为语言是社会意识形态的符号,它是特定的社会语境中人际交往的媒介,语言的意义是由特定的社会氛围和社会团体所决定的。所以在巴赫金的语言符号学理论中,他反复强调社会语境、动态语境和句外语境的作用。当然,"语境"一词最早是由伦敦学派的马利诺夫斯基(Malinowski)展开系统论述的,他将语境划分为文化语境和情境语境;后来弗斯(Firth)又将语境二分为"语言的上下文"和"情境的上下文";韩礼德则将情景语境划分为语场、语旨和语式。本文后面章节还会涉及韩礼德的语境分类思想。本维尼斯特的语言研究对象也不是语言,而是话语,他关注到了语境,注意对特定语境中作为主体的人的话语交际进行研究,从而开启了话语语言学的先河。

所谓语境,我们可以这样进行定义:它是指与话语生成相关的各种语言因素和非语言因素。话语与语境存在重要的联系,语境制约着话语,同时话语又依赖于语境,话语与语境构成一种共生的关系。语境特性体现在诸多方面,我们不妨从三个角度进行细分,而后联系语文教学来谈。

① 上下文语境、情景语境和文化语境。上下文语境指通过上下文的逻辑关系及文本间的话语关联去理解与推断意义。情景语境既指生成话语的直接因素,包括时间、地点、周围情况,又指从具体情景中抽象出来的间接因素,包括主题、参与方、场合、用语方式等。文化语境指作者所在文化团体的社会政治制度、经济生活方式、历史传统、时代特征、地理环境、风俗习惯、民族心理、思维方式、宗教信仰和价值取向等社会性因素。关于上下文语境,统编初中语文教材有着明确的学习要求,至于情景语境和文化语境,更是普遍存在,触目可及。作家构造语篇也好,读者读解语篇也罢,通常都要与情景语境和文化语境发生关联,可以说文学语篇,无论是司马迁以屈原与贾生自况,海子以生无所恋而又略怀憧憬的心绪"面朝大海,春暖花开",抑或琦君对故园的眷恋和母亲的怀念,无一不是特定的情景语境和文化语境作用下的产物。

② 静态语境和动态语境。静态语境是指,语境是可观测得到的交际情境,意义是客观情境的产物。静态语境具有一定的局限性,它无法解释观察不到的或虚拟的情境。动态语境是指,语境是个动态生成的变量,交际者可以根据自己的能动性,根据自己的交际目的来建构语境。当代话语分析方法大都认为,话语与语境是自反的,即话语与语境是相互影响着对方的。海德格尔说,倾听语言之说的人们能在现存的语词戛然而止时知觉新语词,里头蕴含的道理就是语境的动态性。以剧本《雷雨》的读解为例,诚然我们要联系曹禺的创作背景去分析,此种情形之下,所谓语篇读解便构成了静态语境的还原。至于动态语境,我们可以联系下面这段对白来理解。

  朴 哦,三十年前你在无锡?
  鲁 是的,三十多年前呢,那时候我记得我们还没有用洋火呢。
  朴 (沉思)三十多年前,是的,很远啦,我想想,我大概是二十多岁的时候。那时候我还在无锡呢。
  鲁 老爷是那个地方的人?
  朴 嗯,(沉吟)无锡是个好地方。

主人公周朴园和鲁侍萍在对话的过程中,双方都在观察对方和努力捕捉其话语中的隐含信息,并不无掩饰地根据对方的话语做出语用选择和机敏应对,这样,文学场域中的交际双方便通过语用"合作"创设了一个动态的对话语境。此外,当师生围绕这段对话进行人性论解读和探讨时,这无疑又构成了动态语境的教学对话。

③ 句内语境和句外语境。句内语境主要指上下文语境,句外语境包括情境语境、心理语境和文化语境。鲁迅的小说《药》中,夏瑜和阿义二人的对话显得"颇不投机",究其实质,乃是语用主体间身份、地位、精神世界的巨大落差所造成的。而对夏瑜和阿义的话语进行分析就构成了句外语境分析。

夏丏尊在谈到(语文)教育的背景的时候曾说"没有背景的艺术不能叫做艺术,没有背景的教育也不能叫做教育"①。教育的背景有三,其中第二条为:"应当以境遇和时代为背景。"这里所谓的"境遇"就是情境语境,所谓时代,就是当时的社会文化语境。② 在夏丏尊与叶圣陶合写的《文心》的"触发"一文中,作者巧借乐华父亲的书信启示人们:"所谓触发,就是由一件事感悟到其他的事。你读书时对于书中某一句话,觉到与平日所读过的书中某处有关系是触发;觉到与自己的生活有交涉,得到印证,是触发。"③这里的"触发"就在读者自己的心理加工过程中构成了动态语境和外部语境。

第二,语文课程的对话之维。

话语的本质在于对话,而话语又构成对话的基石。巴赫金认为,陀思妥耶夫斯基的小说话语"整个渗透着对话性"。同理,语文课程整个也是对话活动,这种对话具有多重特性,它是以教师与学生的对话为主线、多主体参与、围绕教学内容而展开的对话过程。这种对话由五种要素构成:教师、学生、文本、语境和结果。其中教师是教学活动的主体之一,既是"导演",又是"演员";学生是积极参与教学活动的另一主体;文本是对话的中介;语境是一个丰富、复杂的因素,大体可以分为课堂语境和社会语境,课堂语境是课堂教学情景,而社会语境则是与教师、学生、文本等相关的历史和现实的关联,它与课堂语境密切相关,交互渗透;

---

① 杜草甬、商金林:《夏丏尊论语文教育》,郑州:河南教育出版社1987年版,第10页。
② 孔凡成:《中国教育名家与语境教学发展》,北京:人民出版社2015年版,第34页。
③ 夏丏尊、叶圣陶:《文心》,北京:生活·读书·新知三联书店2008年版,第111—112页。

结果是对话的结晶,既包含对话所达成的共识,又包含在对话中所产生的差异。这些因素相互作用进而形成了一个多元的对话系统。①

以朱自清的散文《背影》教学为例。从横向看,有师生对话、教师与作者和文本对话、学生与学生对话、学生与文本对话、师生自身对话等,主要表征为问和答、同意和反对、肯定和补充、质疑和释疑等形式。从纵向看,对话实际上是在多层面展开的,既是字、词、句、篇、情感、审美、精神等不同侧面的交流,又是作者的话语方式及人生境况、文本的伦理意义等层次的碰撞。巴赫金说:"生活意味着参与对话:提问、聆听、应答、赞同等等。人是整个地以其全部生活参与到这一对话之中,包括眼睛、嘴巴、双手、心灵、精神、整个躯体、行为。他以整个身心投入话语之中,这个话语则进到人类生活的对话网络里,参与到国际的研讨中。"②阅读和教学《背影》就是教师、学生一道反思自我生命历程,发展散文图式的对话过程。

巴赫金将对话分为两种:微型对话和大型对话。前者指的是内心独白,后者是指日常的人际对话。在语文课堂众多的对话关系中,微型对话常常被人们所忽视,它是学生的自话语,是一种同化与顺应的心理建构,借助微型对话,他对自己所学知识进行整理与反刍,对文本虚心涵泳、切己体察和自问自答。在语文课堂教学中,微型对话是大型对话得以展开的前提,大型对话是建立在微型对话基础之上的深层交流。语文教学不是简单地传递知识,而是兼顾培养学生学习语文的习惯,调动学习语文的兴趣,激发学习语文的内在动力,引发其自主积累、思考、感悟、批判和创造的过程。

第三,语文课程的超语言之维。

语文课程的主体是阅读教学,阅读教学的主要凭借是文学(话语)作品。围绕文学作品的学习,主要不是通过它们来掌握系统的汉语言规则,也不是单纯地进行文学审美教育,尽管文学审美教育是语文教学的重要内容。文学作品教学主要是学习具体规范的语言运用,以及变形的、艺术的文学语言运用,在这里,文学话语的陌生性、模糊性、伪指性、歧义性、虚构性,也即是"超语言"性就显现出

---

① 贡如云:《对话型教学——高校课堂教学改革的一种路向》,《现代教育科学》2011年第1期。
② [苏]巴赫金:《巴赫金全集》(第5卷),钱中文主编,李辉凡等译,石家庄:河北教育出版社1998年版,第387页。

来了。而且当这种教学渗透进主体间对话,渗透进语境因素的时候,话语教学完全变成了现实。进而言之,汉语文话语教学基于语言和言语,而又突破了语言和言语,在这种突破当中,它获得了话语性。与语文课程不同的是,英语课程主要培养学生规范运用英语的能力,文学语言的运用能力并未纳入英语课程目标体系。是以,英语教材编写应注意"重要语言现象的再现率。教材应尽可能选择真实、地道和典型的语言素材",① 而无须像语文教材那样向文学选文充分倾斜。因此话语性(而非言语性)真正地将语文课程和英语课程区分了开来。

比如莫泊桑的小说《项链》有四种方式入选中法中学语言学科教材。一是以英文版本选入我国高中英语教科书,比如原人教版必修一第五单元就选入了英语版的"The necklace"(《项链》)。二是作为英译汉作品选入我国语文教科书,比如,原北师大版语文教科书九上第一单元就选用了这种版本。三是以法语版本选入法国中学语言教材。四是以法语版本选入法国中学文学教材。

如果是第一种情形,作为英语教师通常会教生僻的英语单词、固定的英语短语和常见的英语语法现象,训练读写听说能力,发展英语思维。它侧重的是英语语言和言语层面的教学,学习语法规则是为了更好地发展语用能力。如果是第二种情形,作为母语或语文教师,他通常会教这篇文章叙事的技巧、智慧的表达,分析人物形象,组织讨论主旨的多义性,等等。它侧重的是话语学习:学习文学话语的独特之处和作者莫泊桑个性化的言语表达;越是具有文学性的地方,越是违背常规语用规律的地方,越是能生成教学的生长点。如果是第三种情形,作为法国的母语教师,他通常会结合法语这种形式语言的特点教学法语语法,以及这种语法现象在《项链》一文是如何呈现的;还有,作者莫泊桑在语用的过程中是如何灵活运用法语,包括违背一般的语法规则活用语言的。这种情况之下,它侧重的是话语的教学。如果是第四种情形,作为法国的文学教师,他通常会指导学生对这篇经典小说进行文学教育,让学生分析作品的艺术技巧,探讨作者的命运,讨论作品的深刻思想,培养小说鉴赏、评价和批判的能力,联系自己的生活进行审美体验。它侧重的是文学话语的学习,语用学习则是文学教育的组成部分。

(2) 话语经验说的内涵与意义

---

① 中华人民共和国教育部:《普通高中英语课程标准(实验)》,北京:人民教育出版社2003年版,第28页。

关于话语经验说的内涵,也即是语文课程的性质,我们可以做出如下界定:语文课程是通过学生主体的话语实践,并与外在教学环境进行持续的互动,进而获得话语经验的一门课程。话语经验说具有认识论和实践论的双重内涵,话语经验是认识过程和实践过程的统一。话语经验富有静态和动态的双重意义,它既是凝结在话语主体身上的话语素养,也是话语主体积极地进行话语体验的过程。它既关切话后之"道",又关切如何及为何去"道说"。话语经验既指个体的话语经验,也指普遍的公共话语经验,前者为直接的话语经验,后者为间接的话语经验。两种话语系统有着相对独立的意义,但是公共话语经验在一定条件下又可以转化为个体话语经验。话语经验的内涵构成包括如下基本要素:语文知识、语用能力、审美体验、思维、方法、策略、情感、态度、价值观,等等。语文课程应致力于发展学生的话语经验,但是并非所有的话语经验都是有效的或有价值的,因此讨论话语经验必须明确选择和发展话语经验的原则。这方面杜威的经验价值论给我们带来了重要启示。

杜威认为,有价值的经验应符合两大原则:一是连续性,二是交互性。"经验的连续性原则意味着,每种经验既从过去经验中采纳了某些东西,同时又以某种方式改变未来经验的性质。"[①]经验的连续性既体现在时间上,也体现在内容与方向上。经验的交互性原则是指有机体与外部世界的相互作用,该原则将经验的主观条件和客观条件置于同等重要的位置。基于此,语文阅读教学中有效话语经验的生成需符合两个原则:

第一,话语经验的连续性。

话语经验是连续性的范畴或经验的连续体,以下分别从语文知识、语用能力、思维发展、习惯养成等角度予以阐述。

语文知识的积累和听说读写能力的养成都是个持续不断的过程,从小学至高中,语文知能的发展都是语文课程的主要内容。语用能力的养成离不开陈述性知识、程序性知识、策略性知识的积累与运用,围绕相关知识和技能,语文课程不可能面面俱到,它只能选择核心知识和核心技能为课程目标,并根据年段的衔接性和差异性,按序列组织。这一点,本书后面章节会进一步展开。

---

① [美]约翰·杜威:《我们怎样思维·经验与教育》,姜文闵译,北京:人民教育出版社1991年版,第251页。

思维是内部话语,伽达默尔说,"一切思维都是一种自我说话","话语的存在乃只是由于思维"。① 语文课程着重发展学生的四种话语思维:知性思维、诗性思维、理性思维、德性思维。② 知性思维是一种求知的本能,是最基本的思维方式。诗性思维是儿童特有的思维方式,儿童的话语方式是诗性的,最典型的例子就是:雪化了是什么?是春天。作为东方人,我们又有着独特的诗性(野性或原始)思维,诗性思维不是诉诸逻辑实证,而是诉诸直觉体悟的,所以文学审美鉴赏的过程中,教师应自觉呵护学生诗性的整体思维、意象思维。理性思维是中国儿童长期缺失的思维品质,话语经验课程论主张从小学四年级开始就培养理性思维能力。研究显示,从9岁左右开始,学生的抽象思维能力渐渐萌芽,而抽象思维能力中的最高形式就是批判性思维。西方国家从小学三年级开始就布置这样的作业:你怎么看待中国文化?面对9岁孩子的国际阅读素养评价项目,其最高层级的阅读素养也是批判性阅读能力。德性思维是我国传统文化中最核心的组成部分,《礼记·中庸》曰:"君子尊德性而道问学。"在儒家"三不朽"中,首先是立德,其次才是立功、立言。西方的大思想家康德也不乏类似的洞见,他说"德性就是力量"。我们的语文课程中潜藏着丰富的德育资源,这方面是我们的优势项目。随着核心素养时代的来临,以社会主义核心价值观为引领的立人教育应自觉渗透到语用教学当中。但须警惕的是,德性思维的培养应以理性思维来监控,否则会带来思想政治教育的泛化,令语文异化为泛语文、非语文。

经验的连续性是建立在习惯的基础之上的,语文学习习惯包括各种情感态度的养成,以及应付各种情况的基本感受和方法。这种学习习惯具有持续性,培养良好的习惯应掌握时机,讲究时节,一旦错过将很难弥补。这里以阅读习惯的养成为例来说明。21世纪以来,欧洲国家日益注重阅读习惯的养成教育,多个国家已将阅读纳入学前教育课程体系,鼓励发展幼儿的阅读习惯和技能。在英格兰,《罗斯审查结论》(2006)特别强调学前阶段听说和语音教学的重要性,以为早期的阅读技能教学奠定基础。在挪威,"增进知识改革"(2006)比以往更加注重阅读教学,包括从1岁孩子开始就进行字母的教学。在意大利,《学前和小学低年段课程指南》(2007)就非常强调阅读实践活动。在葡萄牙,中央教育部门普

---

① [德]伽达默尔:《真理与方法》,洪汉鼎译,北京:商务印书馆2007年版,第571—574页。

② 此观点受到笔者导师的影响。

遍认同学前阶段的学校活动对发展阅读技能的重要性,两个非法定文件《书面语言的探索》《语言和交际》于 2008 年出版,其基本宗旨在于帮助教师将《学前教育课程指引》付诸实施。在丹麦,自 2009 年起,"语言和表达模型"就成为学前阶段各门课程的义务主题领域。在奥地利,2010 年 9 月之后,幼儿园的最后一年即被纳入义务教育体系,在这一年中,所有学生都应获得机会参与到学前阅读活动中,以便为小学阶段阅读能力的进一步发展奠定基础。[①] 从这个意义上讲,话语经验具有生长性,语文教育就是经验生长的教育。

第二,话语经验的交互性。

任何经验都是内在条件和外在条件相互作用的结果。语文课程的中心任务是发展学生的话语经验,学生话语经验的养成是个人和周围环境中其他要素之间互动的产物。这里的环境首先是指学生主体之外的他者话语经验,具体包括作者话语经验、编者话语经验、教师话语经验、同学话语经验,以及教学场域之外的读者话语经验。有效话语经验的生成源自杂语共生,它具有交响性和复调性。

语文教育效率长期低下,根源不在于它不注意提供外在的话语经验,而在于它忽视了决定经验的内在因素,忽视了"民间"话语经验生成的特点与规律。很多时候,我们的孩子总是被动地适应教育环境,其能动性并未真正地被激活,最终的结果就是,外在的"他者"话语经验难以内化为学生的"自我"话语经验。

学生话语经验主要接受作者话语,即教科书文本的影响。一般意义上讲,这些文本都是精挑细选出来的典范之作,它们文质兼美,尤其是那些经典的作品,更是有待细细咀嚼、慢慢品味。但实际的状况是,选进教材的文本未必都适合学生,有些是曲高和寡,有些是定位不准。有时,由于编者队伍的参差不齐,部分选文在删改过程中还会出现一些偏差,有的是科学性上的问题,有的则是价值取向上的问题。

此外,语文教师是以教育者的身份进入语文教育场域的,当教师话语介入学生话语的过程中,情况就变得复杂起来。优秀的语文教师明确自己的身份与职责,无论是讲授还是提问,他都"不将他人话语变成纯粹自己的话语"。而在缺乏

[①] EACEA P9 Eurydice. Teaching Reading in Europe: Contexts, Policies and Practices. (2011)[2016-07-06] https://eacea.ec.europa.eu/education/eurydice/documents/thematic_reports/130en.pdf.

经验的语文教师那里,规约性话语僭越了教学性话语,①而这种僭越往往披着传授知识和真理的合法外衣。阅读首先是学生自己的阅读,但在日常的阅读课上,学生很少获得充分的阅读时间。对话的前提是学生拥有自己的话语权,既然主体性话语是缺席的,那么所谓的对话只能是伪对话。当教师的话语经验遮蔽了作者和学生的话语经验之时,学生最终只能沦为失语者乃至"无语"者。

最后就是提问话语权的问题。话语具有控制性,课堂话语控制最根本的因素就是教师的权力,这种权力往往表现为自上而下的问题控制。比如常态课上,我们的学生少有类似的自觉意识:属下能提问吗?② 在公开课上,我们的教师总是沉浸于自己的各种精致的问题话语中。令人惊讶的是,为数不少的此类公开课往往还被评为"优质课",很难想象,学生不能提问与不善提问的语文课又有多少民主的迹象?

当然,学生是生活在具体的话语情境中的,话语情境除了他者话语经验之外,还包括那些同个人的心理状态、文化修养发生交互作用的种种要素。话语经验的连续性和交互性不是彼此分离的,它们是经验的纵轴与横轴,两者彼此制约与相互联合。

话语经验性质论具有重要的理论意义。一是语文课程价值论意义,二是语文教学本体论意义。

① 预设了语文课程工具价值与人文价值的统一

话语经验课程论的第一重意义在于,它规避了语文课程性质的统一说,但又试图完成统一说未竟的使命:促成工具价值和人文价值的内在统一。

话语是话语主体在具体情境中对语言的实际运用,话语与两套语言系统发生关联:一是作为工具意义上的语言系统,二是作为世界本体意义上的语言系统。语文课程中的话语首先是工具层面的话语。作为构成话语的语言,它是话语主体思维和思想的工具,语言与思维形成共生的双向建构关系。语文课程旨在让学生形成诸种话语素养,包括掌握基本的语文知识,发展基本的读写听说技能,初步形成与他人交际的能力,并为其他科目的学习奠定基础。语文课程是传

---

① 20世纪60年代,英国著名教育社会学家巴兹尔·伯恩斯坦曾将教学话语区分为教学性话语/规约性话语。

② 1988年,印度学者、女性主义文学理论家斯皮瓦克发表了反殖民的话语论名篇《属民能说话吗》。

承话语作品的重要载体,它是传播祖国文化的重要媒介。话语还是学生主体摆脱课堂控制的工具,语文课程的使命之一就是让学生重建自己的话语系统,进而解放自己。

语文课程中的话语还是社会层面的话语。社会意义上的话语具有建构性,它通过差异性、互文性话语活动实现交际目的,并建构学生主体的生活世界和精神世界。海德格尔认为,言说是与存在同在的,"语言的生存论存在论基础是言谈",人只是在言说实践中才实现了自己的存在。[①]伽达默尔指出,理解或解释才是此在的存在方式,人只有在理解、解释、问答和开放的对话实践过程中才能抵达存在之境。福柯认为,人只作为语言言说自身的功能才获得存在,通往个体生存之路的不是语言,而是话语。教材中的话语作品是人类文化的重要组成部分,通过学习这些作品,学生能够吸收古今中外优秀文化,增强爱国主义精神,形成良好的品格和正确的人生观与价值观。文学是语文课程的重要元素,文学话语具有文学性,它告别了单纯的语言描述功能或指涉功能,它使词语的所指和能指发生偏离与漂移,转而具有了界定差异的诗性功能。它与日常话语最大的不同在于,它具有"诗作为诗的结构",它呈现出来的是一种"陌生化"的艺术效果,它带来的是张力、含混、象征和隐喻。诗性功能指向的不是客观世界,而是客体和主体交融的审美世界,它让学生主体能够感受到语言之美、形象之美、情感之美、人性之美和生命之美。

对于语文课程而言,工具价值与人文价值不能等量齐观,工具价值处于基础地位,没有工具价值,人文价值就成了无源之水、无本之木。

② 内在规定了语文教学的本质——话语实践

话语是语言的直接现实,语言成为话语的唯一途径便是实践。利科认为,人只有在话语实践中,事件和意义才能被连接到一起。福柯在考察话语构成的过程中,直接放弃了"知识",进而转向"话语实践"。他认为话语是一种特殊的实践,而他的任务是"不再把话语当作符号的总体来研究,而是把话语作为系统地形成这些话语所言及的对象的实践来研究"[②]。因此,话语经验既是认识论的,

---

① [德]海德格尔:《存在与时间》,陈嘉映、王庆节译,北京:生活·读书·新知三联书店1987年版,第196页。

② [法]福柯:《知识考古学》,谢强、马月译,北京:生活·读书·新知三联书店2004年版,第53页。

也是实践论的。过去我们习惯将实践性看作语文课程的重要属性,《义务教育语文课程标准(2011年版)》和《普通高中语文课程标准(2017年版)》还将其与综合性并置,共同视为语文课程的重要特点。但是以往的实践论大都是从教学过程的角度推演而来,并非由课程性质这个基点自然引出。而话语经验说则不然,它赋予了实践以内在的规定性品格:话语本身就蕴含了实践性,话语是语用实践的产物,人们的交往实践通常离不开话语这个基本单位。经验既是个名词,也是个动词,作为动词用时它本身就是体验或实践。话语实践都是体验主体的话语实践,话语经验的生成离不开语用者的话语实践。话语经验既是外塑的,更是内生的。毛泽东讲,我们要在战争中学会战争,在游泳中学会游泳。话语经验说意味着,我们要在话语经验中获得经验,我们要在话语实践中生成话语经验。

话语实践不仅是一种纯粹的社会实践,还是一种符号实践。话语实践是语文课堂中师生运用语言符号和学科符号交往的手段,是师生自我生成和生存的实践手段。虽然其他课堂中也离不开学科符号和语言符号实践,但这类符号活动,包括师生之间的问答、讨论、读写等都是为掌握学科内容服务的。语文课堂中的话语实践与此有质的区别,它具有本体论的意义。语文课程的话语实践不仅要让学生会其意,还要得其法、悟其形。也就是说内容的学习、策略的学习是与他科的共性,而话语形式、交际功能才是语文课程话语实践的个性所在。语文课旨在实现师生话语生命的自觉,并使其在言说中实现人格的觉醒。语文课堂中的话语实践总是表现为与行动的结合,它包括了以言表意和以言行事。在后学语境下,话语既是一种表现形式,也是一种行为方式。语文教学必须走在生活化、情境化的话语实践之路上,在实践中、在语用中提高学生的话语能力,并以话语经验的养成为价值诉求。从这个意义上讲,话语实践就是养成话语符号经验的实践。

教学是师生共同参与的实践活动和过程,教学的本质即实践,语文教学的本质乃是特殊的实践:话语实践。话语实践具有促成话语主体——学生——走向自我存在、自我实现、自我解放的性质。

话语经验课程论的确立还有四重意义。其一,它有助于我辈重构语文教育目的观。历来关于语文教育目的的讨论,往往局限于文与质/道、言与意或形式与内容之辩,而文本的交际之维一直未进入论者的研究视域。话语经验论力促学生与作者展开积极的语用合作,探究文本的交际或对话功能,进而沟通学生主体与作者主体的话语经验。它试图突破读者立场之局域限制,侧重于作者立场和文本立场来深度诠释对话理论——它致力于引导学生体察作者是基于何种语境,本于何种目的,围绕何种话题,取用何种文体、语体与策略生成文本的;文本又是以何种姿态(俯视、平视、仰视或普视)与自我及外部世界对话的,其传意效果如何,对自己构造文本又有何启发。克罗齐所提倡的"把自己提升到但丁的水准",清代李扶九所言"如我当境作文一般"的"上等读法",就本质上讲都是一致的。解读即解写,解读即悟写。其二,它有助于我们省察语文课程的核心目标。语文课程之正鹄乃是发展语用能力。此处的语用包括实用层面和超实用层面的语用,它既讲有用之用,也讲无用之用。它既指向"人事之实用"(为文),又指向"人事之虚用"(为诗),无论是阅读语用还是写作语用,都应指向信息类语篇和文学类语篇。因此语文课程可否有这样一个别称:汉语语言艺术?所谓"语言艺术"就是指语言运用的艺术,它既涵盖日常语言运用艺术,又涵盖文学语言运用艺术。其三,它有助于我们建构文本解读的新范式。2001年之后,由于人文性的盲目扩张以及文艺学学科话语的"溢出效应",基于文艺学知识的文本解读造成了方法论的遮蔽。基于话语理论作文本分析将辟出一新路,我们称其为话语/语篇(discourse)分析。与传统的文本分析相比,话语/语篇分析突出(交际)功能分析,对文学类语篇、实用类语篇和论述类语篇具有普适性。[①] 其四,它有助于我们深刻反思母语教育公平问题。话语经验说引重建"平民"话语为己任,它旨在重构母语课堂里的话语生态。我们既要关切精致话语经验的养成教育,更要关切弱势群体话语经验的有效重构。我们需尊重学生话语的多样性和复杂性,做好差异教学和分层教学,进而实现语文教育的伦理关怀,赋予儿童立言立人的权利及人之为人的尊严。

(3)"话语经验"不等于"话语智慧"

从表述方式上看,话语经验说属短语式的表达,它并未袭用"XX性"这一传统的表述框架,这多少受到了李海林先生的启发。海林君在其专著《言语教学论》中基于对工具论的反思与批判,提出了语文课程性质之言语智慧说。言语智慧说是一种哲学的表达,关于智慧的诠释他采用的是宽式的定义,拓展了智慧的

[①] 中华人民共和国教育部:《普通高中语文课程标准(2017年版)》,北京:人民教育出版社2018年版,第8页。《标准》在教材选文的分类上,突破原初的"文本"三分法,提出了"语篇"三分法。

疆域，赋予其以丰富的能指功能，所谓言语智慧实际上内含了言语知觉、言语记忆、言语思维、言语情感、言语个性等要素。① 由此我们联想到了怀特海的智慧教育观——一种广义的智慧观。他说：教育的目的不是纯粹地传递知识，而在于引导学生掌握获取知识的方法，培养学生的学习兴趣和首创精神，使儿童具有活跃的智慧，并在自由的环境和训练之间找到确切的平衡。② 但依笔者之见，智慧是一种很高的价值尺度，对这一用语的使用或应持审慎乃至敬畏的态度。换言之，从课程论的立场出发，我们可能要与智慧保持美妙的距离。杜威曾论及智慧在教育中的地位和作用，但他还是把握了它的限度，终究未用智慧替代经验。马克斯·范梅南也曾专门探讨教育智慧的意蕴，但他主要是基于教师的教学机智而言的，因而这里的教育智慧并非智慧教育。缘此，笔者主张，话语经验说不可"擢升"为话语智慧说。

不妨先从词源上对"智慧"作些分析。在西语中，智慧多被看作崇高的美德或高深的学问，此外它还与理性思维品质联系在一起。哲学为什么被视为智慧之学，万学之学？因为哲学的英文单词为"philosophy"，它是由两部分组成，"philo"是爱，"sophy"是智慧，合起来就是爱智慧的意思，这门爱智慧的学科可是一般人难以登其堂奥的学问。古希腊德谟克利特认为，智慧乃最高的德目。柏拉图则认为，智慧是国家统治者才具备的美德。③ 而亚里士多德认为，智慧是有关原理与原因的知识。在《圣经》中，智慧几乎被看作上帝所独有，而且"因上帝旨意甚深，不可得而测也"。意大利阿奎那《神学大全》指出，智慧是比科学更加完美的德性。在《牛津英语词典》中，智慧（wisdom）内含"高明的话语（discourse）和教学"之意。在东方文化中，智慧多指非凡的才智。在佛教中，智慧指超脱世俗的一般认识，能够真正把握认知事物真理的能力。在《坛经》中，智慧是梵语若那（Jñāna）和般若（Prajña）的联合意译，若那译为"智"，般若译为"慧"，合为"智慧"。④ 我国古代诸子散文中也有关于智慧的论述，《孟子》中有"虽有智

---

① 李海林：《言语教学论》，上海：上海教育出版社2006年版，第223页。
② ［英］怀特海：《教育的目的》，庄莲平、王立中译，上海：文汇出版社2012年版，第42—52页。
③ 《简明伦理学辞典》编辑委员会：《简明伦理学辞典》，兰州：甘肃人民出版社1987年版，第691页。
④ 孙维张：《佛源语词词典》，北京：语文出版社2007年版，第344页。

慧,不如乘势",句中的智慧是指智谋。《墨子》中也有"若此之使治国家,则此使不智慧者治国家也",这里的智慧是指人的聪明才智。但是如果从历时性视角加以考察,智慧还不完全等同于聪明才智,它还指一个人内在修为的程度。我国哲学家冯契曾对智慧进行过专门而系统的研究,进而建构了自己的智慧学说体系。冯契认为:"智慧根本不是日常意义上的所谓聪明才智,应该从形而上学上来理解智慧,认识天道和培养德行是哲学智慧的目标。"[1]

看来智慧不是一般意义上的学识,而是一种高超的心智(intellectual)技能。请注意,此处我用的是"心智"技能,而非某些教育心理学教材中所翻译的"智慧"技能。心智与智慧的差异在于,心智(技能)是有高下之分的,而智慧却不宜作类似的细分。倘使将智慧分出个一级、二级、三级,那无疑近乎荒唐。作为智慧的一种类型,话语智慧能否作为"经验"选进语文课程呢? 不妨参考一下"现代课程论之父"泰勒的意见。1949年,泰勒出版了"课程论的圣经"——《课程与教学的基本原理》。在这本书中,泰勒指出:"我们要选择一组数目较少、极其重要而又协调一致的目标,就需将迄今所得的多种多样的目标筛选一遍,以排除不重要的和彼此矛盾的目标。学校所信赖的教育和社会哲学可做第一道筛子。"[2]话语智慧属于高阶目标乃至终极目标,获得这样的智慧能将学生个体引向更美好的社会生活,但是话语智慧具有内在生成的复杂性,所以这里自然就涉及了泰勒的第二道筛子——学习心理学。在泰勒看来,"在较高的层面上,学习心理这门学问,使我们能分辨出哪些目标是可行的,而哪些目标可能需要花很长时间才能实现,或者在预期的年龄段根本就无法实现。例如,在幼儿园和小学期间,通过教育经验能够使儿童的人格结构发生大量的改变,可是,旨在使16岁少年的人格结构发生深刻改变的教育目标,在很大程度上将无法实现。"[3]语文课程论学者的主要任务之一就是,筛选出合适的课程经验,或根据心理学方面的观点将某些目标排除,因为这些目标可能是无法达到的。语文课程中的经验有两种类型,作为间接经验的重要载体——经典文本,它们都是话语智慧的结晶,理当作为重要的语

---

[1] 张汝伦:《重思智慧》,《杭州师范大学学报》(社会科学版)2010年第5期。
[2] [美]泰勒:《课程与教学的基本原理》,罗康、张悦译,北京:中国轻工业出版社2008年版,第29页。
[3] [美]泰勒:《课程与教学的基本原理》,罗康、张悦译,北京:中国轻工业出版社2008年版,第33页。

文课程内容；但就直接经验而言，组织话语经验比组织话语智慧这种表述可能更为准确，也更切合实际。

有课程论学者指出："在学校教育情境中，课程目标大部分情况下不是针对学生个体的，而是针对一定范围的群体而言的，如一个班级或年级或学段的所有学生。课程目标不是最高标准，否则会使评价失去意义；它是针对一个群体而言的最低标准，即大多数学生能达到的最低标准，用量化来表达，这个"大多数"通常设定为三分之二的学生，正如为什么把 100 分作为满分通常设置 60 分为及格的道理是一样的。"①智慧是一种很高的个人素养，它不是 60 分的基本指标，而是约等于 100 分的高级指标。从某种程度上讲，智慧比美更难实现，比如不事修饰往往能带来朴素之美，而个体缺乏天赋或后天的勤奋，智慧都是很难企及的。对多数学生而言，话语智慧是高位和上限目标，是难以培养的语言素养。话语经验是可教可学的，而话语智慧具有"不可教"性。

《庄子·天道》中的寓言故事"轮扁斫轮"很能够说明这个问题。轮扁认为，圣人之言犹如斫轮之技，这种技能"得之于手而应于心，口不能言"。这里的圣人之言的背后就是话语智慧，话语智慧是一种臻于极致的默会技能，它具有创造性和即时生成性。话语智慧是不可教的，我们所能教的只能是话语技巧的东西。老子讲，"道可道，非常道""知者不言，言者不知"，话语智慧虽"可道"，却非"常道"。所以话语智慧不是普遍标准，而是最高标准，作为最高标准的话语智慧，势将失去其评价的意义，因为一个班级很少或几乎没有学生能达到这个层级。

基础教育阶段的语文学科具有奠基性和基础性，它不是为培养也不可能培养出大批能言善辩的智者或纵横家，它主要是让学生提高读写听说的技能，做到因时因地因目的而得体、流利地表达，进而成为合格的当代公民。智慧地言说是绝大多数人一辈子也不可能企及的目标，是一种"心向往之""终难以至"的目标。

相对"智慧"而言，"经验"一词更富有弹性和张力，也更适合用来描述学习知能与情志状态及其发展的过程。因此在课程论教材中，"选择经验"、"组织经验"、"经验课程"等都是常用的基本范畴。就语文课程内容的组织而言，经典选文或许蕴蓄着话语智慧，但是很多实用类文本，尤其是非连续性文本，以及知识系统、练习系统，它们更宜称作话语经验。

---

① 崔允漷：《追问"核心素养"》，《全球教育展望》2016 年第 5 期。

就"话语经验"与"话语智慧"进行辨析,主要是吁请关注学生话语经验的个体性与差异性,以及实施语文差异教学之迫切性。话语智慧是很高的语言素养,它很容易将我们的观念和行动导向"优等生",导向精英主义语文教育。在语文教育中,我们还应关注学困生话语经验养成的特殊性,关注教室里弱势群体的话语状况。这类儿童的话语属于边缘话语,而我们的语文教学往往忽视了边缘话主和异质话语的存在。杜威说:"为了要有大量共同的价值观念,社会全体成员必须有同等的授受机会,必须共同参与各种各样的事业和经验。否则,很多势力教育一些人成为主人,却教育另一些人成为奴隶。"①但是在班级授课制的教育文化中,在各种主人话语和知识的控制中,很多怯懦的孩子被大人们塑造成"奴隶"。伽达默尔在论及话语的时候也曾指出,真正的话语智慧属于上帝,"世界的创造是通过上帝的话语而实现的",而"人类的话语并不像神性的话语那样是唯一的,而必然是多种话语。因此,话语的多样性并不意味着个别的话语因为不能完满地表达出精神所意指的东西就具有一种我们可以去除掉的缺陷。相反,正是因为我们的理智是不完善的,亦即它并不能完满地居于它所知道的东西之中,所以它才需要话语的多样性"。②

20世纪60年代至70年代,英国社会学家伯恩斯坦指出,来自不同阶层的孩子发展了不同的语言习惯,中产阶层的孩子习惯于精致性语码,劳工阶层的孩子习惯于限制性语码,而学校里使用的是精致性语码,这便造成了他们之间的学业差距。要实现整个社会的教育公平,就应充分利用学校语言教育的工具。③受伯恩斯坦这一思想的影响,哈桑从功能语言学的角度对语码进行了研究,她通过社会调查的方式进一步验证了语言与社会分层的内在关系。她认为,语码不同于语域和方言,它是社会文化语境下的语义变体,不同的语码类型反映了不同的编码倾向与阶级差异。因此哈桑建议,学校教育应关注弱势群体语言经验的重构。

受伯恩斯坦、哈桑等人的教育公平以及语言教育思想的影响,西方很多国家

---

① [美]约翰·杜威:《民主主义与教育》,王承绪译,北京:人民教育出版社2001年版,第94页。
② [德]伽达默尔:《真理与方法》,洪汉鼎译,北京:商务印书馆2007年版,第575页。
③ [英]安东尼·吉登斯:《社会学》,赵旭东等译,北京:北京大学出版社2003年版,第649—650页。

的语文阅读教学开启了双线并行的模式:一方面关注精致话语经验的养成教育,一方面关注弱势群体话语经验的有效重构。比如,2011年欧盟委员会颁布了《欧洲的阅读教学:环境,政策和实施》,该报告体现了差异阅读教学和分层阅读指导的理念。在第一章,报告用很长的篇幅(第66—79页)探讨如何发展学困生的阅读能力,既有国际阅读素养评估关于学困生阅读数据的分析,也有欧盟国家阅读教育改革的配套举措,还有课堂教学中阅读教学方法上的变化,其内容相当细致,整个报告洋溢着浓厚的民主主义和人文主义情怀。[1] 2014年,美国惠利公司出版了语文《共同核心课程》教学参考书(第二版),它在分层教学上很有特色,几乎每篇阅读教学设计都提供针对普通学生和学困生的两套教学内容,以八年级第六单元诗歌《未选择的路》(作者弗罗斯特)为例。[2]

针对普通学生的阅读教学内容设计:

(1) 学生探索"行动诗人"这一概念的内涵。了解与作者文风相近的诗人,并展示其相关作品。

(2) 鼓励学生阅读对该诗所作的不同解读,并选择最特别的版本和同学分享。学生能评价不同的解读文本,并讨论不同文本的优劣之处。这些阅读过程可以用相机记录下来,在时间宽裕的情况下可以和大家一起观看。

(3) 鼓励学生用现代方式重新解读这首诗。他们需证明自己的现代版本哪些地方是承袭旧说,哪些地方是自己的创见。可以尝试拍一个小短片予以展示。

(4) 鼓励学生去阅读更多和"未选择的路"相关的诗歌和参考资料。学生需解释为什么选择这些参考书。最终,学生能阅读罗伯特·弗罗斯特其他早期的诗歌,并和本文所学的诗歌就意义和风格上进行类比和对比。

针对学困生的阅读教学内容设计:

---

[1] EACEA P9 Eurydice. Teaching Reading in Europe: Contexts, Policies and Practices. (2011)[2016-7-6]. https://eacea.ec.europa.eu/education/eurydice/documents/thematic_reports/130en.pdf.

[2] The Wheatley Portfolio. Common Core Curriculum English(grades 6-8)(2 Edition). San Francisco: Jossey-Bass,2014,p.212.

（1）反复跟学生朗读这首诗或者要求学生听朗读录音。

（2）学生与同伴（或小组范围内）讨论戴碧丝诗评的节选部分。

（3）学生探究：戴碧丝称弗罗斯特为"行动诗人"，怎么理解"行动诗人"？

（4）学生创建一个T型表格或韦恩表，要求比较第10行与19行诗句的区别。

（5）用视频录下学生自愿者的朗读过程，以便其他学生评价或训练流利地朗读。

（6）给学生提供一个表格，让学生优先罗列与他人协作完成的作业，而后是独立完成的作业。

（7）尝试两种方式去朗读：一是在每行结束之后停顿一下，一是在有标点的地方停顿。比较两种朗读对理解诗歌内容的影响。

反观我国，原人教版语文教科书七年级（下）也选入了弗罗斯特的《未选择的路》这首诗。但是就我们搜集到的教学设计资料来看，关于阅读教学内容的选择，普遍没有形成这种分层意识。

例如，教学内容选择之一：①

（1）想象画面，感知"路"

（2）亲历情境，感知"我"

（3）联系生活，感知主旨

教学内容选择之二：②

（1）介绍作者

（2）整体感知文本，概括诗歌大意

---

① 崔慧：《似曾相识的岔路口》，《中学语文教学参考》2015年第1—2期。
② 单巨兵：《循循善诱 解读诗意》，《中学语文教学参考》2015年第1—2期。

（3）合作探究，解读诗意：解读"路"；解读"我"；解读诗歌的主旨

（4）文本拓展，沉思抒发

因此，就语文课程而言，我们需要尊重学生话语的多样性和复杂性，尤其要体察"不完满话语""非精致话语"的生存困境，进而实现语文教育的伦理关怀。不完满话语或许永远难以达到智慧的层级与高度，但它却是活生生的、真实的存在。不完满话语倘使被贴上话语智慧的标签，智慧将失去它应有的光泽，从而走向庸俗。话语经验论引重建平民话语为己任，它旨在重构教室里的话语生态。话语经验说即是话语经验说，话语经验说不能升格为话语智慧说。

江水悠悠复迢迢，更上层楼凭远处。21世纪的语文课程性质论需要索绪尔，但更需要巴赫金们。让我们沐浴在巴赫金们的霞光中，重新打量语文的面孔！我们应从巴赫金们那里汲取新的养分，从话语理论，即基于功能、语境、语用、语体、语类等范畴重新筹划语文课程与教学的秩序。语文课程正期待一个新时代——后索绪尔时代的到来。"天地之大德曰生"，"生生之谓易"。语文课程需要课程开发，也需要课程理解与概念重建。

第二节 语文阅读教学的本质

本章第一节已就语文课程性质作了详细的讨论，主要是对统一说与言语说进行了反思，并在此基础上提出了话语经验说。由于话语和语篇都强调语言运用的交际性、语境性，而且两者对应的英文单词都是discourse，所以许多学者主张话语就是语篇，语篇就是话语。比如范戴克认为，狭义的话语就是语篇，它是完成的或正在进行的交际事件的成品。[①] 国内学者胡壮麟认为，一般可以用语篇统称篇章和话语，在特定的场合也可以分说话语或篇章。[②] 姜望琪认为，话语与语篇很多时候可以通用，比如他在引述巴赫金观点时，直接将话语译成了语篇："语篇——这是第一性的现实和所有人文学科的出发点。"[③] 黄国文与徐珺认

[①] 姜望琪：《语篇语言学研究》，北京：北京大学出版社2011年版，第139页。

[②] 胡壮麟：《语篇的衔接与连贯》，上海：上海外语教育出版社1994年版，第3页。

[③] 姜望琪：《语篇语言学研究》，北京：北京大学出版社2011年版，第99页。

为,话语就是语篇。① 苗兴伟在《"话语转向"时代的语篇分析》一文中,对语篇和话语不做严格的区分。何继红和张德禄认为,在系统功能语言学中,语篇与话语没有区别,都是表示有意义的交际活动。但他们也表示,在其他理论中,语篇被视为书面语,话语则看作口语。② 田海龙认为,discourse 这个术语可根据其不同的含义译成"篇章""话语""语篇"等汉语术语。③ 聂仁发认为:"语篇的名称很多,除语篇外,有篇章、话语、连贯性话语、超句统一体等。"④

笔者认为,话语和语篇不能简单地等同视之。话语是语言学中的一个重要范畴,它区别于语言和言语,由于其带有主体解放和社会建构的特质,有时又与权力、意识形态等交织在一起,后又"播撒"至几乎所有的人文社会科学领域。而语篇也是语言学中的一个重要范畴,语篇区别于非语篇的地方在于它的衔接性和功能性。由于语篇是实际运用的语言单位,语篇的概念也同样渗透至几乎所有的人文社会学科。但是从语文课程的视角来看,两者在强调语言的语用性、交际性、对话性、语境性、功能性上是一致的,只是在我们的认知经验和现实语境中,语篇往往侧重于书面话语,话语往往侧重于口头语篇。所以在语文课程中话语与语篇是可以通用的,个别时候也可以灵活地区分,诚如巴赫金所说的那样:"我喜好针对一个现象使用变通的多样的术语,采用多种的角度。不指明中间环节而遥相呼应。"⑤在巴赫金的话语理论中,他变通着使用"话语"和"文本"。

语文阅读教学的本质应如何讨论?我们不妨先对现有语文课程性质讨论的理路作番梳理,看是否能获得启示。概而言之,主要有以下几种:一是基于价值论的性质论,比如言语智慧说。二是功能观的性质论,比如工具说。三是立足于语文课程内容的性质论,比如人文说。四是过程论的性质论,比如言语实践说。五是手段及目的论的性质论,比如综合说。这里我们采取的方法是,从上位概念语文课程的性质出发,沿流顺下,逐层推导。语文课程的性质是话语经验,语文

---

① 黄国文、徐珺:《语篇分析与话语分析》,《外语与外语教学》2006 年第 10 期。
② 何继红、张德禄:《语篇结构的类型、层次及分析模式研究》,《外语与外语教学》2016 年第 1 期。
③ 田海龙:《批评话语分析:阐释、思考、应用》,天津:南开大学出版社 2014 年版,第 4 页。
④ 聂仁发:《汉语语篇研究的几个问题》,《宁波大学学报》(人文科学版)2005 年第 5 期。
⑤ [苏]巴赫金:《巴赫金全集》(第 4 卷),钱中文主编,李辉凡等译,石家庄:河北教育出版社 1998 年版,第 424 页。

教学的本质是话语实践,语文阅读教学的本质乃是一种特殊的话语实践。话语实践可以分为两类:一类是语篇的解码,具体包括阅读和听话;一类是语篇的编码,具体包括写作和说话。鉴于阅读教学面对的主要是书面话语——语篇,语文阅读教学的本质应为语篇解码。语篇解码说内含三个呈层进关系的命题:语文阅读教学的媒介——语篇;语文阅读教学的目的——语篇之码(简称语码);语文阅读教学的过程——语篇解码。换言之,我们将基于媒介论、目的论和过程论来探讨语文阅读教学的本质。这样,语文阅读教学的本质就包括三个子命题。

一、语文阅读教学是语篇教学

语文阅读教学的主要凭借是各类文学类和非文学类文本。"文本"(text)一词源于拉丁文 texere,原意是编织、联结,后引申出建构、制造等义,"文本"在晚期拉丁语(textus)和中古英语(texte)中开始表示文章的结构、主体。欧洲中世纪的时候,"文本"特指《圣经》的文本或音乐的阐释文本,后由法国哲学家布洛克曼引入文论界。自此,俄国形式主义、法国结构主义、英美新批评都把文本当作自己的研究对象,后现代派更是把文本的地位和意义推到极致,言必称"文本"。再后来,"文本"又被引入文体学、符号学、教育学、文化学、哲学等人文社会科学领域,从而使文本的意义发生泛化。因此,广义的"文本"可以包括文字、绘画、雕塑、音乐、影视、戏剧等作品,而狭义的"文本"主要指未经阅读的文学文本。"文本"一词于 20 世纪 80 年代随同结构主义进入我国,2001 年我国语文课程标准第一次引入"文本"的概念,从而与"课文"这一传统术语并行使用。与"课文"相比,"文本"体现的是一种主体意识,强调对话和协商,应该说这是有积极意义的,但在具体的语文阅读教学实践中,文本的局限性也日益显现。

在我们的语文(阅读)教材中,文学类选文长期占主导地位,人们在谈论文本,尤其是文本解读的时候,往往不自觉地会窄化它们的外延,进而导致文学文本解读以及文学教育的倾向。在文论界,人们已普遍接受了这种狭义的指称,而这也并不至于带来负面效应。但是当文本解读出现窄化的时候,这无疑会挤压非文学类文本的生存空间。而国际语文阅读教学的最新趋势是,许多国家和地区,包括法国、中国台湾地区正在反思经典文学教育路线的合法性问题。文学的基础性教学功能是提高读写听说等语用能力,发展性教学功能才是培养审美鉴赏能力。在语文教学这一特定的场域中,文学作品的本体属性是语篇,它是真实的社会语境中出于真实的交际目的而生成的语言实体,它试图以艺术化和创造性的方式对外部世界进行内心阐释与表达。因此文学首先是语篇的存在(文学类语篇),其次才是文学的存在(纯文学)。文学阅读教学首先应关注文学作品的语篇特性。

关于语篇的特性,学者们的观点大致趋同。韩礼德与哈桑认为,语篇的首要特征在于衔接。衔接是个语义概念,当语篇中某个元素的解读依赖于另一个元素时,就产生了衔接;衔接包括语法衔接和词汇衔接。[1] 而鲍格兰德(R. Beaugrande)和德雷斯勒(W. Dressler)提出了语篇的七条构成标准,即衔接性、连贯性、意向性、可接受性、信息度、情境性、篇际性。[2] 俄罗斯一些学者,包括列翁季耶夫、诺维科夫、索尔加尼克、图拉耶娃、古姆廖娃、加里培林,普遍认为,关联性和整体性是语篇最重要的特征,它们分别对应于英语术语 cohesion 和 coherence,或者汉语中的衔接与连贯。[3] 国内学者吴启主对汉语的语篇特征作了系统分析,把汉语语篇归纳为五条规律:一是统一律;二是层次律;三是连贯律;四是轻重律;五是变化律。这些既是语篇的结构特征,也是语篇的美学特征。[4] 聂仁发则根据前人的研究,把语篇特征归纳为"语篇三性":交际性,有序性,情境性。[5] 综合以上学者的观点,文学阅读教学更重要的是关注语篇的结构、文体、语体、语境、审美等方面的特性。

在语文阅读教学的理论基础中,语言学的地位并不亚于文艺学。阅读教学的语言学基础不应局限于静态的结构主义语言学,而应从功能主义语言学找到新的动能。后者与前者的一大区别就是,它关注语言在特定语境中的功能,包括实用功能与诗性功能的实现。请注意,当我们在谈论语言的功能的时候,已经不自觉地进入了语篇的界面。语文阅读教学具有很强的实践性和综合性,它致力于培养学生的语用(语言文字运用)能力,即话语实践能力,而语篇正是语用的结果,是话语实践的产物。语文阅读教学致力于培养交际能力,交际性是语文的重

---

[1] Halliday, M. A. K. & R. Hasan. Cohesion in English. London: Longman, 1976.
[2] Beaugrande, R. de & W. Dressler. Introduction to Text Linguistics. London: Longman, 1981, pp. 3–11.
[3] 姜望琪:《语篇语言学研究》,北京:北京大学出版社 2011 年版,第 117 页。
[4] 吴启主:《汉语构件语篇学》,长沙:岳麓书社 2001 年版,第 17—40 页。
[5] 聂仁发:《现代汉语语篇研究》,杭州:浙江大学出版社 2009 年版,第 1 页。

要属性。我们平时常说语言是交际的工具,其实严格地讲,交际的基本单位与其说是语言,毋宁说是语篇(话语)。巴赫金说,话语的原子是表述。福柯也讲,构成话语的不是句子,而是陈述。哈贝马斯认为,话语具有双重结构,第一种结构即为陈述结构。无论是文学作品,还是文章作品,它们都是交际的媒介,或表述(陈述)的产品。读者阅读文学和文章作品,无非是在交际或对话中获取世界知识,掌握有效信息,提升语用能力,获得情感体验,净化心灵,陶冶人格,磨砺精神。故此,语篇是基本的交际单位,学习语文就是学习运用语篇进行交际的经验。在多媒体日益普及的今天,阅读教材,也即阅读教学的凭借已不是简单的文学作品和文章作品。因为非连续性文本也好,整本书也好,这类媒介的阅读对学生个体来讲也愈益重要,但遗憾的是,它们都很难纳入文学和文章这种传统的二分世界。倘若我们打开自己的视域,以语篇的特征来审视这些媒体或方式的时候,我们将再次进入语篇的领地。过去的语文阅读教学,人们长期陷入语法教学而难以自拔,后来人们才意识到,比语法更重要的是语感,比静态的语法知识更重要的是篇章语法知识或文法知识的实际运用,语文学习不是学习语法规则,而是发展语用经验,或曰话语经验。而语篇学给我们的启示就在于,超越句子语法的范畴乃是篇章语法。篇章语法分析是语篇研究的重要领域,而篇章语法教学则是语篇教学的重要内容。

  不知注意到没有?这里又涉及另外一个相关概念——篇章(discourse)。在美国语言学家哈里斯(Harris)和斯塔布斯(Stubbs)看来,"篇章"和"语篇"并无本质的区别,它们都关涉语言的结构。我国学者刘辰诞认为,"篇章"与"语篇"并无实质性的差异,"所谓篇章,指一段有意义、传达一个完整信息、逻辑连贯、语言衔接、具有一定交际目的和功能的语言单位或交际事件"[①]。田海龙认为,作为语言使用的片段,篇章比语言更接近语篇,但是"篇章毕竟不是语篇,至少在语言运用方面还缺乏与语篇的相似之处,如篇章没有涉及包括使用者和使用条件在内的语言运用方面的诸多因素,也未涉及语篇所蕴涵的社会结构方面的内容"[②]。在我国语文界,人们多习惯使用篇或篇章,以与字词句段进行区分。相对字词句段而言,篇章体现了完整的特性,从而构成了独立的交际单位。在我国

[①] 刘辰诞:《教学篇章语言学》,上海:上海外语教育出版社1999年版,第3—9页。
[②] 田海龙:《语篇研究:范畴、视角、方法》,上海:上海外语教育出版社2009年版,第12页。

港台地区,无论是语文课程标准,还是学者的研究论文中,通常也能见到篇章这一术语。考虑到我国传统文章学中的篇章多数时候被视为静态而封闭的产品,且多指完整的文章,我们认为语篇基于篇章,却又超越篇章;一般而论,语篇就是篇章,但个别时候两者还是有差异。

总之,语文阅读教学乃是语篇教学,语篇教学包括语篇读解教学和语篇生成教学。阅读教学具有综合性,它主要是发展学生的语篇读解能力,但是语篇读解并非孤立的事物,它会涉及作者生成语篇过程的探讨,而语篇读解能力的养成又要通过语篇生成的实践来互哺,所以我们说,语文阅读教学就是语篇教学。

二、语文阅读教学是语码教学

根据巴赫金的话语理论,话语既指口头话语,也指书面话语。构成话语的基本要素包括:(1)话语的主题;(2)说话人的意图与立场;(3)话主对他人话语的评价立场。第一种要素属于基本话语,它承担传递信息的功能。第二和第三种要素属于元话语,它不是话题的基本命题内容,而是表明言说者的基本态度和所持立场,组织话语结构,并促使受话人接受理解与评价信息。基本话语和元话语相互作用,共同促成交际任务的完成。巴赫金认为,生成话语的目的在于交际,话语的本质就是对话。巴赫金说,关于文学语言的研究,存在形式主义与思想派的脱节,前者拘泥于语言的语法形式,后者则过于关注语言的社会思想因素。事实上,文学语言形式和思想内容具有高度的统一性,无论是抽象的技巧分析还是思想分析均无法涵盖由"社会性的杂语现象"和"独特的多声现象"构成的"语言的内在分野"。[①] 巴赫金还指出,话语是最纯粹、最典型的符号,话语符号是可以解码的,所谓解码主要是针对话语的理解而言的。这种解码包括四个过程:一是对词语的生理和心理上的感知;二是对词句概念意义的认知;三是对语境意义的认知;四是积极能动的对话。巴赫金的这一思想对韩礼德的功能语篇分析思想产生了重要启示。

20世纪60年代,英国语言学家韩礼德创立了系统功能语言学,它对世界范围内母语教学和外语教学的发展,尤其是交际教学法、情景教学法、语篇教学法

---

① [苏]巴赫金:《巴赫金全集》(第3卷),钱中文主编,李辉凡等译,石家庄:河北教育出版社1981年版,第43页。

等教学流派产生了重要影响。该理论的核心思想在于,语言研究不应以普遍的形式而应以意义为中心,语言的意义可以分三种,它们分别对应着某个元功能:一是概念意义,二是交际意义,三是语篇意义。概念意义侧重于概念功能,交际意义侧重于人际功能,语篇意义侧重于成篇功能。意义指向的是语言自身,而功能则指向语言之外。成篇功能根据情景语境将概念功能和人际功能组织在一起,进而构成语义系统。

后来美国学者卡罗尔(Carrell)提出了自己的语篇图式理论,该理论与韩礼德的语言功能三分法有相通之处。卡罗尔指出,阅读是对语篇进行心理加工的过程,它需要发展三类图式或知识:一是语言图式,包括词汇、句法、语义、语用等语言知识;二是内容图式,即关于世界的知识和信念;三是形式(修辞)图式,即关于语篇层次、结构组织或语篇体裁的知识。图式的发展不是一蹴而就的,它是一个从无到有、从简单到成熟、不断更新的进化过程。图式的建构与迁移具有整体性,阅读理解中三类语篇图式应综合协调发展。三种图式一旦被激活,它指向的不仅是语篇的语言、语篇的形式,还指向语篇的内容。在语篇解码的过程中,三种图式不存在主次先后轻重之分,它们是整体性运作的。根据卡罗尔的实验研究,在学校情境中,如果学生相关图式缺失的话,理解就变得十分困难,母语教师不应忽视文化知识的教学,因为它有助于内容图式的建构与发展。而后她又援引凯瑟琳(Kathleen)基于课堂观察所得出的结论:"母语教师既应该教给学生阅读的技能,也应该教给学生文化知识。"①

巴赫金的话语理论、韩礼德的语言功能理论与卡罗尔的语篇图式理论给语文阅读教学带来了重要启示。语文阅读教学是进行语篇解码进而获取意义的过程,它应全面关注三种"语码",即语篇的形式符码、内容符码和语言符码,三种符码存在内在的关联,我们不宜割裂而视之。过去,我们关于阅读教学目的的讨论主要是一元论或二元论的,最具代表性的当属:穆济波的内容中心说;胡适、叶圣陶、夏丏尊、阮真、吕叔湘等人的形式中心说;黎锦熙、杨贤江、王森然、吴研因、袁哲等人的形式内容并重说;陈启天、徐特立、朱自清、蒋伯潜等人的主副目的说。其实,一元论与二元论的目的观视野还不够阔大,我们可以从静态的形式内容二

---

① Carrell, P. L.. Reading in a Foreign Language: Research and Pedagogy. JALT Journal, 1990(12).

分世界中超脱出来,既注重形式目的,也不架空内容目的,尤其要将语言符码看作动静结合的中介。也就是说,我们既要关注语音、语形、词汇、语法等要素,又要关注语言的概念功能、成篇功能、人际功能是如何在语篇(话语)中得以实现的。所有的语篇都不是封闭的自足体,而是具有对话属性的开放性文本。孔子讲"言之无文,行而不远",其实高明的语篇创制者其立言的目的岂止"言之有文"? 而是"言以足志,文以足言"以至"其行也远"。所谓"行远"关涉的就是语篇的交际功能或对话功能。

下面结合特级教师冯为民的《赤壁赋》课例来阐述。[①] 冯老师这堂课立意高远,富有创意,其教学价值追求可概括为:力求"言文道合一"以及"实、活、美"的统一。该课最大的特点就是重点突出,教者聚焦三个宾语前置句中的语气词,以此为切入点,带动学生在高品质的对话中去挖掘文本的语言码、内容(情感)码和形式码,并在三重解码中实现语言形式学习和文化内涵学习的统一。

(1) 语言码。文中有三个宾语前置句,即"何为其然也"、"而今安在哉"、"而又何羡乎",其中的语气词"也"、"哉"、"乎"都是作者的情感纠结点,透过这些情结点,可以把握作者的气脉,而气脉即情脉。正是这几个不起眼的虚词透露出话语主体苏子从阵阵隐痛中走向超脱的复杂心迹。因此这里对"语言码"的解译不能拘囿于静态的、外围的语法分析,而应基于作者立场,从动态的、交际的、传意的角度去理解与把握,从而进入语境,建构学生主体、作者主体与文本主体的语用合作关系。为丰富与发展学生的认知经验,冯老师注意引导学生体验性地品读,并"通过比较,让学生感受语气词的不可或缺,在此基础上研究三个语气词的情结所在,从而很自然地走进文本,走近作者",实现话语主体间的对话。

(2) 内容码。作者在情感上存在复杂难言的纠葛,细读文本,可以梳理出这样一个情感脉动的过程:乐以忘忧—乐不忘忧—乐而忘忧。在探寻情感起伏与变化的过程中,大家能够品味到作品复杂的思想情感及深刻的文化内涵。

(3) 形式码。相对前两点而言,本堂课关于形式码并未作过多强调,只是顺势带出:一是作者借助语气词来酝酿感情和传递对人生的哲学思考;二是作者借用了一些对比性极强的句子,形象地抒发了人生短暂之感。

---

① 冯为民:《〈赤壁赋〉课例》,《中学语文教学参考》2015 年第 1 期。

三、语文阅读教学是语篇解码教学

语文阅读教学是语篇教学,语篇教学须围绕语篇的特性展开。关于语篇的特性上文已有涉及,这里重点围绕鲍格兰德和德雷斯勒于1981年提出的"语篇七性"展开。鲍格兰德和德雷斯勒认为,语篇特性包括:衔接性、连贯性、意向性、可接受性、信息度、情境性与篇际性。衔接性指形式的衔接,连贯性指意义的连贯,衔接与连贯是语篇结构方面的重要特征,也是语篇最本质的特征。意向性涉及作者生成语篇的目的或意图,目的不同,语类(语篇类型或语篇体裁)和语体往往也不同。可接受性指语篇的目的容易被读者接受,或者听者乐意参与对话。信息度指言说者借助"偏离"的信息结构来调整读者的预期或激发听者的兴趣。情境性指语篇同语境的关联。篇际性指语篇的生成与理解依赖先前所接触过的知识与话语。这七个特性比较全面地概括了完整的语篇所涉及的基本要素,也提示了语文教学过程中语篇解码和语篇编码的七个指标。

语篇视野下的语文阅读教学首先是语篇认知的过程,具体包括结构分析、体裁分析、语体分析、语境分析和语篇评价;其次,它还是语篇审美的过程,可以从语篇分析的视角进行鉴赏。因此我们可以初步形成这样的结论:语文阅读教学即是针对语篇展开认知解码和审美解码的过程。

(一) 结构分析

语篇结构是语篇学中很重要的研究领域,无论是西方语篇学学者还是中国的文章学家,于此都有精深的研究。韩礼德的贡献是系统地提出了自己的衔接理论。他认为衔接是个语义概念,当某个元素的解读依赖另一个元素时,就产生了衔接。衔接的方式有两种:一是语法衔接,比如照应、省略、替代和连接;二是词汇衔接。[①] 相对衔接理论而言,韩礼德关于连贯并未做系统深入的研究。龙格科里关于篇章结构分析的主要观点包括:辨认篇章的基本结构要素;分析各种句内、句间联系;为每一个篇章设定一个独特的宏观结构,概括篇章的中心思想。[②] 范戴克对语篇结构的贡献是他的"宏观结构"理论。如果说西方的语篇结构研究侧重于衔接与连贯的话,那么我国文章学关于文章的结构研究主要侧重

---

① 姜望琪:《语篇语言学研究》,北京:北京大学出版社2011年版,第54页。
② 姜望琪:《从句子语法到篇章语法》,《中国外语》2007年第5期。

于"宏观话语"。① 如南朝梁代刘勰《文心雕龙》提出了"总文理,统首尾,定与夺,合涯际,弥纶一篇,使杂而不越"的主张;元人乔梦符提出"凤头、猪肚、豹尾"的观点,其意即"起要美丽,中要浩荡,结要响亮";元代范德玑也有"起承转合"说。

对语文阅读教学而言,语篇结构即语脉分析是非常重要的组成部分。从结构意识的养成看,首先要关注语篇的衔接与连贯。衔接指形式的衔接,连贯指意义的连贯,衔接是连贯的必要条件。衔接与连贯是语篇结构方面的重要特征,也是语篇最本质的特征。但是在这一点上,我们以前关注不够。西方语言属于形式语言,更为注重语篇标记语或关联词的运用。语篇标记语是语篇衔接性的重要表征,是对语篇衔接起指示作用的词语或短句,像评论性、增补性、让步性、反驳性、对比性、阐发性、列举性、假设性、推测性、限度性、过渡性、省略性、建议性、总结性等都是常用的标记语。汉语属于意合语言,主要是通过位置关系对语言结构产生影响,偶尔也通过标记语来衔接。比如王羲之《兰亭集序》的起始段,我们可以对其衔接特点作如下分析:

> 永和九年,岁在癸丑,暮春之初,会于会稽山阴之兰亭,修禊事也。群贤毕至,少长咸集。此地有崇山峻岭,茂林修竹;又有清流激湍,映带左右,引以为流觞曲水,列坐其次。虽无丝竹管弦之盛,一觞一咏,亦足以畅叙幽情。……虽趣舍万殊,静躁不同,当其欣于所遇,暂得于己,快然自足,不知老之将至。及其所之既倦,情随事迁,感慨系之矣。

"此地"回指"会稽山阴之兰亭",形成照应。"会于会稽山阴之兰亭,修禊事也"前省略了集会者,仅描写了集会时间和地点。"又""虽""亦"均是连接,形成平行项的罗列。而"崇山峻岭,茂林修竹"、"清流激湍"、"丝竹管弦"、"一觞一咏"、"畅叙幽情"等,则分别与"会稽山"、"兰亭"、"群贤"、"少长"形成集合,通过词汇组织,取得衔接效果。②

连贯既是形式特征,也是语义特征。连贯的语义特征既取决于语篇内部的因素,也取决于语篇之外的因素。语篇连贯可以定义为:它是指小句以语篇意向

---

① 王福祥:《话语语言学的兴起与发展(续)》,《外语与外语教学》1994年第5期。
② 杜金榜:《语篇分析教程》,武汉:武汉大学出版社2013年版,第157页。

为主线相互连接,组成语义、逻辑连贯的语言片段的属性。① 连贯的主要特点就是,语篇是一个有意义的整体,而不是词句的简单叠加,连贯分局部连贯和整体连贯。连贯理论对阅读教学的启示在于,我们首先应分析作者如何紧紧围绕主题来组织篇章结构和材料的,其次应联系学生自己的作文,促其反思中心与结构、选材等要素的关系处置是否体现了一体性和一致性。

宏观结构与微观结构分析也是语篇阅读教学的重要内容。语篇的宏观结构体现于文章整体的结构框架。由于思维方式、语用特点、文化背景、认知心理等诸多方面的差异,中西语篇宏观结构有很大的差别。就汉语语篇而言,用金人王若虚的话讲就是:"定体则无,大体则有。"而在所谓的"大体"中,"起承转合"是最常见的结构模式。微观结构指句组中小句与小句之间的关系,它是从小句扩展为语篇的基本理据,体现着语篇的有序性。② 微观结构分析通常应关注三个方面:一是词语间的关系;二是句组中的句间关系;三是段落之间的关系。

(二) 体裁分析

在我国语文界,体裁通常也称作文体或体式,是个静态的概念。相应的,文体分析或文体教学大都局限于词汇特点和语篇的逻辑结构框架上,而关于语篇要素的功能分析关注甚少。但是在西方,语篇体裁既被视为静态的概念,也被当作动态的范畴,其体裁分析的理念与我们也迥异其趣。前者见巴赫金的体裁观,他认为,体裁是构成人物活动领域、语言运用领域的典型的表述形式,体裁具有"丰富的多样性",比如"日常对话"、"书信"、"各种事务文书"、"文学体裁"、"权威话语",等等。③ 后者见斯威尔斯学派以及悉尼学派的体裁观。斯威尔斯对体裁做出了如下界定:体裁是具有共同交际目的的一组交际事件,交际事件涉及语篇、交际主体、语篇功能、语境(含历史情境和文化情境)等因素。交际事件的分类标准是一整套由社团公认并集体遵守的交际目的,对语篇所做的体裁分析,不应局限于语篇的语言特点和文体特点,而应兼顾语篇功能和交际目的。语篇的内容和形式不是随意而为之的,它们应接受语篇体裁的制约。澳大利亚悉尼学派多将体裁看作一种有步骤的社会交往过程或交际事件。比如马丁(Martin)把

---

① 魏在江:《英汉语篇连贯认知对比研究》,上海:复旦大学出版社2007年版,第33页。
② 聂仁发:《现代汉语语篇研究》,杭州:浙江大学出版社2009年版,第22页。
③ 李军林:《浅析话语理论的基本内涵及作用》,《传媒观察》2008年第8期。

体裁看作"一种有步骤的、以交际目的为导向的社会交往过程";艾金斯（Eggins）把体裁看作语言使用中"有步骤、有目的的活动类型";而文托拉（Ventola）则认为体裁是一种具有可辨认步骤的交际过程。① 综合起来看，他们在体裁本质的认识上是一致的，即交际目的决定了体裁的图式结构，体裁在一定范围内具有常规性。

语文阅读教学主要是借助各类语篇来提高学生语用能力的，语篇（尤其是实用类语篇）不是一个静态的结果或成品，作者生成语篇的目的主要是为了传递自己的信息或者情感，以表明自己的立场和态度，而且他生成语篇之后总希望得到读者的反应和评价。因此，语篇体裁分析应关注语篇背后的文化因素、社会因素、认知因素，交际目的如何影响到体裁选择，语篇结构的组织，语用策略如何使用等问题，它们都是语文阅读教学的重要组成部分。本书将于第六章进一步探讨体裁分析的相关内容。

（三）语体分析

语体是适应不同交际功能、不同题旨情境需要而形成的运用语言特点的体系，是按功能风格对语篇的语言进行分类的。韩礼德系统功能语言学中的"语域"大致相当于语体，他试图通过语域研究搞清语言变异的一般原则，解释语篇特点与语境的内在关联，从而了解情景因素对语言特点的具体影响。语体有三个特点：一是民族性。语体是运用民族语言而形成的话语体式。二是时代性。语体是社会历史发展的产物。三是整体性。语体是适应不同的交际情境需要而形成的运用全民语言特点的综合体，是在一定交际情境中运用语言所产生的一系列特点有机组合而成的。语体的本质在于：根据特定的语境选择相应的语言手段来反映客体。语体可以分为口头语体和书面语体，书面语体则可再分为艺术语体和实用语体，实用语体可分为科学语体、事务语体、报道语体和政论语体。② 此外，语体还可以作如下区分：通俗语体和典雅语体，正式语体和非正式语体，文言语体和白话语体，独白语体和对话语体，说明语体、叙述语体、抒情语体和论述语体。

语篇体裁不同，其语体也有区别。因此语篇解码不仅要进行体裁分析，还要

---

① 秦秀白：《体裁教学法述评》，《外语教学与研究》2000年第1期。
② 王德春、陈瑞端：《语体学》，南宁：广西教育出版社2000年版，第43页。

进行语体分析;反之,依据语体的特征我们也可以区分出不同体裁的差异。语文阅读教材主要涉及书面语体,它包括文艺语体、实用语体等。各类语体都有自己的特点,因而都具有相对的独立性,如文艺作品有文艺作品的语言风格,科学作品有科学作品的语言风格,但有时也存在相互交叉和融合的现象,尤其是文学语篇,它通常并不局限于一种语体,而是灵活使用两种或多种语体。比如小说"创作者总是从社会性杂语中采撷各种言语体裁的话语,将它们组成统一的有序的杂语,使之成为艺术现实的存在形态"①。而在复调小说,诸如布洛赫的《梦游人》以及陀思妥耶夫斯基的《群魔》中,作者都是将文艺语体与非文艺语体融合在一起。

就语文阅读教学而言,应引导学生养成语体自觉,这方面我们以往用力不够。第一是白话语体自觉。在《叶圣陶先生二三事》中,作者张中行写道:"叶先生则主张写完文章后,可以自己试念试听,看像话不像话,不像话,坚决改。"这里反映了一个问题,叶老是非常顾及读者阅读感受的,他力拒传统文言语体的束缚,自觉地追求白话语体表述方式,这无疑是难能可贵的。第二是文言语体自觉。我们平时谈论文言文,大都局限于文言文体,却很少涉及文言语体。仍然结合《叶圣陶先生二三事》来谈,张中行在文末写道:"叶圣陶先生,人,往矣,我常常想到他的业绩。"这"往矣"二字绝非常规出牌,作者的语用选择是文言语体,读起来很有韵味,既凝练又雅致。第三是文白交融的语体自觉。文学语言具有语体交融的特质,文白相谐,往往能产生独特的语体张力和时空张力。难怪顾振彪曾如此感喟:所有现代白话文大师,如鲁迅、周作人、郁达夫、林语堂、梁实秋、钱锺书、沈从文等,都是文白融合的典范。② 第四是口语与书语交融的自觉。这方面朱自清给我们做了很好的示范,请看《匆匆》一文:"但是,聪明的,你告诉我,我们的日子为什么一去不复返呢?……过去的日子如轻烟,被微风吹散了,如薄雾,被初阳蒸融了。"这几句很有嚼头,读来既晓畅明白,又端庄典雅,左右顾盼,相得益彰。中小学生学习优秀古诗文,要用心体会文言语体之美。学习现代大家的名作,要用心体会其文白融合的语体之美。师生的表达也应养成文白交融以及口语书语交融的语体自觉。

---

① 陈桂华:《巴赫金超语言学思想及其话语理论》,《洛阳工学院学报》(社会科学版)2002年第3期。

② 顾振彪:《文言文教学的问题与对策》,《课程·教材·教法》2016年第5期。

（四）语境分析

阅读教学是关于语篇理解的教学。理解是一种认知方式或认知行为，因此它自然关涉到一门关于语篇认知的学问——认知语篇学。认知语篇学从性质上预设了两个基本观点：一是语篇组织的认知理据观。语篇生成不是任意的，它是语篇生产者认知活动的反映。二是语篇意义的互动观。语篇的意义不是客观存在物，它是语篇读解者的认知与语篇互动的结果，而这种互动又受到语境的调节。① 按照国内学者朱永生等人的研究，语境因素是纷繁复杂的，其中"最为复杂、最难以把握，但同时却又最为关键的是语篇参与者因素"。因为只有当语篇读解者主观上接受上下文语境、情景语境、文化语境时，它们才会被纳入语篇读解的认知范围，而这种被关注到的语境就是认知语境。② 语篇认知存在两个视角：一是采取语篇生成者视角，即站在语篇生成者的角度，考虑他是为何和如何生成语篇的。二是采取语篇接受者视角，即站在语篇读解者的角度，探讨语篇参与者与语篇意义的互动性。无论是哪个视角，都必须对对方的认知语境尤其是语篇态度做出假定和分析。下面以柳宗元《江雪》一诗为例加以阐述。

江　雪

千山鸟飞绝

万径人踪灭

孤舟蓑笠翁

独钓寒江雪

上下文语境分析。《江雪》整首诗笼罩着一种刻骨铭心的寂寥和孤独感，绝、灭、孤、独四个字写尽了自己的孤残境遇，这种感觉应"篇际（互文）"地结合文外语境——柳宗元所受的三重遭遇来认识。一是世态炎凉的孤寂感。起初身居要位时，"诸公要人，争欲令出我门下，交口荐誉之"；一旦遭贬，"交游解散，羞与为戚，生平乡慕，毁书灭迹"。二是文化上的疏离感。湖南永州在当时被视为荒蛮之地，久居此地，终究听不到中原的雅言与唐音，作者遂生出"意绪殆非中国人"

---

① 朱长河、朱永生：《认知语篇学》，《外语学刊》2011年第2期。
② 朱长河、朱永生：《认知语篇学》，《外语学刊》2011年第2期。

之感。三是血缘上的"茕茕孤立"之感。被贬之前,柳宗元遭遇丧偶,母随宗元同行,后也病故于客地。倘若续弦,一时也无适合之女子,待到每年祭祖时节,又生出"孑立捧奠,顾眄无后继者,惸惸然"之意。

情景语境分析。可以借助韩礼德的语篇分析框架,即概念意义、人际意义、语篇意义来分析。概念意义方面:作者以"蓑笠翁"自况,他不想与冰冷"绝灭"的世态妥协,而是以积极主动的"独钓"姿态来明志。人际意义方面:在说话人与受话人的对话上,作者先连用了三个陈述小句,这三个句子都是肯定句,透过"绝"和"灭"可以感受到作者语气之坚定,他想通过坚韧和不屈来打动当时之权贵,以及普通的读者。语篇意义:根据杨载《诗法家数》的起承转合之"章法"说,首句"千山鸟飞绝"乃对景兴起的定调句,"万径人踪灭"乃踵事增华的递进句,"孤舟蓑笠翁"为转折的书事句,尾句"独钓寒江雪"乃缴前联之意的作结句。四句虽篇幅狭小,但通篇聚焦于寒江独钓的蓑笠翁,再加上经由渲染铺垫之后,诗篇含蓄隽永,富有韵味。

文化语境分析。在中国文化中,"飞鸟"、"蓑笠翁"、"雪"都富有文化意义,它们都是孤独圣洁的原型意象,具有浓烈的暗示和象征意味。这一组意象群寄寓的是作者空寂之心境、超然之精神、不屈之品格。在中国文学史上,"渔""樵"常携手出场,而具体到柳诗中,隐逸之徒樵夫难觅踪迹,更可见蓑笠翁是何其孤独。还有这个"钓",它也是中国文学史上的人文母题,这里的独钓既不同于张志和《渔父歌》中"桃花流水鳜鱼肥"的春钓,也不同于《渔父》中"八月九日芦花飞,南溪老人垂钓归"的秋钓,而是寒意萧索中的"反季节垂钓"。作品表面写孤寒之景,实质上是映衬着作者悲凉的心境。

认知语境分析。柳宗元借助孤独的意象群,营造了一个人迹罕至、寂寥无边的情景,而后诗意地表达了自己的态度和立场,并试图影响别人的态度与判断。该语篇生成之后,许多后世读者都从自己的角度进行"个性化"的阐释,这正是作者(柳宗元)的认知方式对读者语篇态度的影响所致。像王云翼的自寓说,吴昌祺的傲然独往说,刘辰翁的得天趣说,金英的和谐说,李淼、朱国能的禅意说,诸如此类,无一不是基于认知语境进行读解的产物:一方面,语篇生成者柳宗元的价值观念、认知模式对语篇读解者的语篇态度产生了影响;另一方面,读者带着自己的认知模式"走进"了作者的精神世界。①

(五) 语篇评价

语文阅读教学承担着培养学生思维能力的重要使命。在诸种思维中,批判性思维是较高层级的,也是很难培养的一种思维品质,个中缘由很复杂,直接的有两条:一是考试评价的刚性机制与思维培养的多元性之间的矛盾;二是个性化阅读和文本阐释的边界之间的矛盾。考试评价有其内在的规律,它追求的是科学性和客观性,由此带来的单一性和局限性也在所难免,而短时间之内也无法找到更好的替代方案。关于个性化阅读的问题,我们以往理解得太狭隘,以致陷入非黑即白的认识论怪圈。其实,批判性阅读或者个性化阅读可以置换成一个更具包孕性的概念来替代:语篇评价。语篇评价是一个富有纵深感的概念,在国际阅读素养评估以及西方国家的语篇教学中,它都是备受重视的一种阅读方式。语篇评价属于较高层级的语篇读解方式,读者须反复推敲文本,以确定关键要素,诸如信息、假设、语言运用和价值观等。读者应根据文本呈现出来的要素或线索进行相应的解释,包括整体把握文章的言外之意,同时能对文本的不足提出质疑和批判。语篇评价通常分为三个步骤。第一步,读者应这样自问:我认同作者所说的吗?或者说,对于作者的观点,我做出反思了吗?第二步,读者应这样自问:文章提供例子了吗?或者说进行论证了吗?文章的内在逻辑一致吗?能否找到反例?第三步,读者应结合之前的分析进行整体性推断。实际上,这三个步骤可以通过三个问题贯穿起来:一是文章写了什么?二是文章是如何写的?三是作者的写作意图到底是什么?旨在培养阅读评鉴能力的检测通常会这样问学生:你是否认同作者的观点?你是否真正明白作者为何要这样表达?这类问题的答案通常无法在文中直接找到,它有赖于读者根据文章提供的线索或信息进行推断。比如要想了解作者的写作目的,读者须从作者的选材和语言表达方面去推断。再比如,要想了解作者的言外之意,读者须分析作者语汇的选择。要想了解作者的倾向,须对文本内容和语言形式进行分类解析。②

(六) 语篇审美

在语文教学这一特定的场域中,文学作品的本体属性是语篇。文学语篇首

---

① 黄小平:《〈江雪〉语篇元功能分析》,《安阳师范学院学报》2014 年第 1 期。
② 贡如云:《试论国际视野下阅读评鉴能力的养成》,《教育视界》2016 年第 3 期。

先是用来进行文学教学的,即借助文学语篇提高学生读写听说等语用能力的;文学语篇的高位教学目标才是文学教育,文学教育具有审美性,审美性不是文学语篇的第一性,而是第二性,因此我们有必要确立文学"语篇审美"的观念,并建构语篇分析的读解模型。质言之,关于文学语篇的审美,语篇分析具有优先性,现有的"文本解读"应重新定义其教学功能与疆域。

文学语篇审美的理论与实践探索应上溯至20世纪60年代。当时,语言学大师韩礼德创立了系统功能语言学,1969年,韩礼德运用该理论对戈尔丁的小说《继承者》进行了功能语篇分析。这之后,英国的功能语言学家利奇(Leech)借鉴韩礼德的系统功能语言学思想和雅各布森(Jacobson)的诗学功能理论,创造性地提出了"以目标为指向的多功能主义"的观点。① 他认为,多功能是常规,比如诗歌语篇,在通常情况下,其功能是诗学功能,但在许多情况下,它又具有其他的功能,比如表情功能和意动功能。伍尔芙的意识流小说《墙上的斑点》曾被选进人教版高中语文教材,围绕该语篇的读解,人们通常都是以文本细读的方式进入,去挖掘作品内在的美学价值,而利奇却独辟蹊径,他以功能语篇分析的方法进入文本:"在形式上,作者分析了书写/语音、词汇语法和语义三个层面的语言特征;在功能上,作者研究每个形式层面对应的三种元功能:建构语篇的成篇功能、表达现实的概念功能、表达参与者情感态度的人际功能。"②

探讨和引进语篇分析的鉴赏范式不是要将现有的"文本解读"范式逐出门外,相反,两者可以共存和互补。比如我国学者倪文尖曾在《诗学视野与语言学取径——细读文学语篇〈合欢树〉》中采用了"二合一"的方式进行读解:一方面,他采用语言学路径,研析了《合欢树》这一"文学语篇"的语言构成等诸多形式因素及其整体的文学效果;另一方面,又采用了文本细读的方式对作品的语言进行"诗学"意义上的分析。用他自己的话讲就是:"本文更着意于文学论文写法及研究方法论上的尝试,也更乐意于同语言学尤其语篇研究、认知研究尤其默会知识

---

① 吴显友:《文学语篇的文体学方法——〈文学语言——文体与前景化〉评介》,《外语教学与研究》2011年第5期。

② 吴显友:《文学语篇的文体学方法——〈文学语言——文体与前景化〉评介》,《外语教学与研究》2011年第5期。

论的跨学科对话,并期待听取各种批评反馈。"①应该说倪文尖的这种尝试,对语文阅读教学之文本解读来说,具有方法论层面的启迪意义。

将语文阅读教学的本质界定为"语篇解码"其意义在于,语文阅读教材的本体属性为语篇,传统的文选范式有待向语篇范式转向。阅读教学既要关注语篇的形式与内容,更要关注语篇的语言功能。语篇既是静态的成品,更是一个动态的事件,语篇解码包括结构分析、体裁分析、语境分析、语体分析、语篇评价和语篇审美。语篇分析范式是对文艺学的"文本分析"范式和文章学的"文章分析"范式的双重突破与超越,它们可以实现和谐共存。

本章小结

本章着重探讨了语文课程的性质与语文阅读教学的本质,共分两节。

第一节为语文课程性质之重思。语文课程性质问题是语文课程的基本问题。工具说、人文说以及统一说都不构成语文课程的本质属性,而消解说则是一种激进的、解构论的反本质主义性质观。从建构论的反本质主义出发,我们尝试提出一种全新的语文课程性质论:话语经验说。语文课程不是知识型课程,也不是活动型课程,而是经验型课程。语文经验是一种动态的过程,它具有内生性。语文课程具有经验的统整性,经验既具有发展性,也具有开放性。瑞士语言学家索绪尔创立了结构主义语言学,他对语言和言语进行了明确的区分,并指出语言(而非言语)才是语言学的研究对象。但语言和言语的二分法存在局限性,索绪尔之后语言学日益关注社会实践,先后出现了一些以话语为研究对象的语言学分支学科,这就是语言学世界的话语转向。在话语转向以及话语理论的建构中,巴赫金等人发挥了重要作用。话语理论是对索绪尔语言理论的一种历史性超越,21世纪的语文课程性质观重构需要索绪尔,但更需要巴赫金们。言语性相对于工具性或语言性而言是一种突破,但言语性是语言课程的共同属性,不是语文课程的本质属性。语文课程应致力于发展学生的话语经验,语文课程的基本

---

① 倪文尖:《诗学视野与语言学取径——细读文学语篇〈合欢树〉》,《思想与文化》2015年第6期。

特点是话语性。话语经验性质论具有双重意义：一是语文课程价值论意义，二是语文教学本体论意义。话语经验不等于话语智慧。就"话语经验"与"话语智慧"进行辨析，主要是吁请关注学生话语经验的个体性与差异性，以及实施语文差异教学之迫切性。

第二节为语文阅读教学的本质。语文课程的性质是话语经验，语文教学的本质是话语实践，语文阅读教学的本质乃是一种特殊的话语实践——语篇解码。语篇解码说内含三个呈层进关系的命题：语文阅读教学的媒介——语篇；语文阅读教学的目的——语篇之码（简称语码）；语文阅读教学的过程——语篇解码。语文阅读教学属语篇教学，语篇教学包括语篇读解教学和语篇生成教学。阅读教学具有综合性，它主要是发展学生的语篇读解能力。语文阅读教学是对语篇进行解码进而生成意义的过程，它应全面关注三种"语码"：形式码、内容码和语言码，三种符码存在内在的关联，我们不能割裂而视之。语篇视野下的语文阅读教学首先是个语篇认知的过程，具体包括结构分析、体裁分析、语体分析、语境分析和语篇评价；其次它还是个语篇审美的过程。语文阅读教学即是对语篇展开认知解码和审美解码的教学。

第三章 语篇学视野下阅读教学目的观重构

什么是语文阅读教学目的？我国语文阅读教学目的观念嬗变有何特点和规律？我国主流的语文阅读教学目的观存在哪些局限？西方语文阅读教学目的观的确立为何吸收了语篇学思想？中西语文阅读教学目的观比较给我们带来了何种启示？这是本章首先要回答的几个问题。

教学目的规范着教学方向和应达到的质量标准，它是教学工作的出发点和归宿。语文阅读教学目的是指为完成语文阅读教学特定任务所要达到的总体目的，它规定了学生最基本的语文学科素养。我国语文单独设科以来，关于阅读教学的目的，人们观念分歧，因此，本章首先对百多年来我国语文阅读教学目的观念嬗变作历时性考察。研究发现，在语文阅读教学目的的讨论中，围绕语言形式与思想内容（或文与道）的对立和统一派生出四种范式：形式派、内容派、形式内容并重派和文主道副派。通过对西方国家语文阅读教学目的观的比较与考察，我们发现，20世纪80年代以来，西方母语阅读教学日益重视语用能力的培养，它们吸收了语篇学的思想，进而确立了功能本位的阅读教学目的观。我国围绕语文阅读教学目的的讨论长期陷入了形式内容（或文道）之辩，对语篇的语言功能缺乏全面的观照，西方功能本位阅读教学目的观对我国阅读教学目的的观念重构带来了有益启示。

第一节 我国阅读教学目的观历时性考察

自1904年语文单独设科以来，与"教学目的"相近的概念有"教育要义""教授要旨""教学目标""课程目标"等。教育要义属于教育学门下的概念,它是高位概念。教学目的是教学论中的概念,它是教学目标的上位概念。课程目标是课程论领域的概念,课程目标对教学目标起着指引和制约作用。举凡语文教学大纲(课程标准)抑或语文教育学者,在规定或探讨语文教学目的的时候大都是整体论的,也就是涵括了诸种教学形态,个别时候也以"教学要求"等方式进行细化,就读写听说等领域作分项阐述。但一个不争的事实就是,人们在做出规定或探讨的时候,往往自觉或不自觉地向阅读教学倾斜,且习惯借"课文"教学来阐明事理。其原因在于阅读是诸种语言能力中最为重要的能力,而阅读教学又具有综合性。就语言能力培养而言,阅读教学主要培养阅读能力,但也适当兼顾写作、听说能力乃至思维的培养。正因为如此,若要将"阅读"教学目的从"语文"教学目的中完全剥离出来确实很难办到,读写听说等教学目的有时具有独立的意义,有时又难以截然分开。故此,笔者采用"有分有合"的办法,对百多年来我国语文(阅读)教学目的观的嬗变进行回顾与检视,尽量剔除写作教学和听说教学目的,相对客观地还原语文(阅读)教学目的观的发展概貌。

一、表述框架的三种范型

(一) 一元论的表述框架

从"五四"时期至改革开放初期,一些学者就语文(阅读)教学目的阐发自己的主张,整体上看,他们的立场可以归结为一元论的表述,具体有四种取向。

(1) 阅读能力论。1920 年,胡适指出,中学国文阅读教学应着力培养学生的"看书"能力:人人能看平易的古文书籍;人人有机会可懂得一点古文文学的大概。[1] 后二年,胡适察觉到这一标准较为理想化,便修正了先前的观点:在小学未受过充分的国语教育的,宜先求国语文的知识与能力;国语文已通畅的,方可添授古文,并宜注重国语文学与国语文法学。[2]

(2) 语言文字论。1978 年,语言学家吕叔湘指出:"语文"二字,不应理解成

---

[1] 顾黄初、李杏保:《二十世纪前期中国语文教育论集》,成都:四川教育出版社 1991 年版,第 117 页。

[2] 胡适:《胡适全集》(第 2 卷),合肥:安徽教育出版社 2003 年版,第 787 页。

"语言文学",而应理解为"语言文字"。①

（3）形式目的论。夏丏尊对语文阅读教学目的的论述影响很大，1923年，他指出，国文科的教学改革应"劝学生不要只将国文当国文学"，"如果学生只当作国文去读，必至徒记诵着外面的文字，而于重要的内容不去玩索，结果于思想推理方面毫无补益"。② 此时他的观点倾向于内容和形式的结合。30年代的时候，夏丏尊又发展和完善了自己的观点。1936年，夏丏尊指出："在国文科里，我们所要学习的是文字语言上的种种格式和方法，至于文字语言所含的内容，倒并不是十分重要的东西。""学习国文，应该着眼在文字的形式上，不应该着眼在内容上。"③所以总体上看，夏丏尊应归属于"形式派"。

（4）思想教育论。1923年，穆济波指出，关于初级中学必修国文科，其目的主要在于个人方面的教育、社会方面的教育及国家方面的教育。尽管穆氏在其后的"升级标准"中也指出应培养学生的阅读能力，但总体上看，穆氏对语言形式教学的重视程度远不及思想内容的"教育"。④

（二）二元论的表述框架

（1）主副目的论。1903年两广初级师范简易科馆编写的《教授法》及其《国语科教授法》规定：国文科之要旨（目的）为二，主要宗旨为形式目的，就阅读而言主要是"理会读方"；副二宗旨为内容目的，包括授予日常必需知识，陶冶道德的品性。⑤ 此外，徐特立、陈启天、宋文翰、朱自清、蒋伯潜都持类似的看法。

（2）双重目的论。1904年《奏定初等小学堂章程》"读经讲经"一科，其目的在授读经文，记诵要义。1912年《小学校教规及课程表》规定，国文要旨，"在使儿童学习普通语言文字，养成发表思想之能力，兼以启发其智德"⑥。（沈）仲九、

---

① 吕叔湘：《中小学语文教学问题》，《江苏师范学院学报》1978年第3期。
② 顾黄初、李杏保：《二十世纪前期中国语文教育论集》，成都：四川教育出版社1991年版，第289页。
③ 夏丏尊：《夏丏尊教育名篇》，北京：教育科学出版社2007年版，第152页。
④ 顾黄初、李杏保：《二十世纪前期中国语文教育论集》，成都：四川教育出版社1991年版，第265—268页。
⑤ 徐林祥、杨九俊：《关于语文课程目标百年嬗变的反思》，《课程·教材·教法》2012年第2期。
⑥ 课程教材研究所：《20世纪中国中小学课程标准·教学大纲汇编》，北京：人民教育出版社2001年版，第11页。

黎锦熙、王森然、董纯才也都持类似的主张。

（三）多元论的表述框架

叶圣陶的表述风格较为质朴。1945年，叶圣陶指出："训练思想，就学校课程方面说，是各科共同的任务；可是把思想语言文字三项一贯训练，却是国文专责。"①1948年，叶圣陶指出了语文科的两项目标：思想教育和语文教学。无论是初中还是高中，都应重视阅读能力的培养，高中还应培养"通解普通文言"和"文艺欣赏"能力。②

1936年，阮真指出，初中读文教学目的在于：养成优良的默读习惯，渐渐增加其速度；能读解普通国语文及国语文学；渐渐能读解浅易文言文；能运用语法文法分析文句，并能划分文中段落；能分析文中意义，评判是非；能抉出文中要点，复述大意；增进常识，开展思想；引起文学兴趣，养成读书为嗜好的习惯。③

1979年，张志公指出，"语文（阅读）教学既要提高学生的语文能力，又要向学生进行思想教育、文学教育和思维训练。"④同年，张老又指出，"忽视了语言教育，不仅仅是忽视了语言本身，而实际上是忽视了许多东西，诸如知识的传授、思想的熏陶、思维的训练等。"⑤

2001版《全日制义务教育语文课程标准（实验稿）》规定，语文（阅读）课程目标根据知识和能力、过程和方法、情感态度和价值观三个维度设计。三个方面相互渗透，融为一体，注重语文素养的整体提高。⑥《义务教育语文课程标准（2011年版）》关于语文课程总目标仍按三维目标设计，其表述与2001年版相比，有一定的变化。就阅读教学目标而言，最大的变化就是引进了非连续性文本，注意随文学习基本词汇和语法知识。

二、阅读教学目的的基本要素

回顾一个多世纪以来语文（阅读）教学目的观念嬗变的历史，梳理目的论的

---

① 叶圣陶：《叶圣陶语文教育论集》，北京：教育科学出版社1980年版，第77页。
② 叶圣陶：《叶圣陶语文教育论集》，北京：教育科学出版社1980年版，第199页。
③ 阮真：《中学国文教学法》，南京：正中书局1936年版，第3—4页。
④ 张志公：《张志公自选集》，北京：北京大学出版社1998年版，第231页。
⑤ 张志公：《张志公自选集》，北京：北京大学出版社1998年版，第351页。
⑥ 中华人民共和国教育部：《全日制义务教育语文课程标准（实验稿）》，北京：北京师范大学出版社2001年版，第3—4页。

主要观点,我们发现,不同的时间节点上,无论是课程与教学的官方文件还是知名学者的主要观点,其话语方式均带有较为浓厚的时代烙印。细予深究,这与不同历史时期的政治环境、经济基础、文化背景、科学水平、社会思潮、价值取向、话语方式以及学科基础的发展不无关联。尽管不同历史时期阅读教学目的观体现出时代特征,但是我们也发现,阅读教学目的有些较为稳定的、基本的要素,以下试作梳理。

首先,我们可以对语文知名教育学者的观点加以考察。徐特立认为,"国语要旨在使儿童知普通言语及日常须知之文字、文章,而养其表达思想之能力,兼启发其知德者也。"①黎锦熙在对国语要旨作出形式目的和实质目的二分的基础上,进一步指出,形式方面,包括理解与发表,理解指学习普通语言文字,掌握读法,能够自动地研究与欣赏;实质方面,包括能扩充智识与经验,启发想象与思想,涵养感情与德性,以辅助人格,养成个性与趣味。② 王森然指出,国文(阅读)教学首先要培养学生成熟的阅读技能,即运用语言文字取得思想之技能,包括朗读默读之技能;阅读教学还应注重培养学生自学的习惯与能力,这是国文教学的核心问题。③

其次,我们仍然结合不同历史时期的教学大纲和课程标准的相关表述予以分析。1929年《小学课程暂行标准小学国语》规定了国语(阅读)教学目的:养成阅读能力,增长阅读兴趣,扩充想象,启发思想,涵养情感。④ 1963年,《全日制中学语文教学大纲(草案)》指出,语文教学的目的应体现文道统一的原则,中学语文阅读能力的培养,不仅是语言文字问题,也是思想问题。有计划地讲读这些文章,就可以使学生不断提高觉悟,增长知识。⑤ 1981年,刘国正指出,语文阅读教学的目的可以概括为三条:第一,语文教育的作用,学生从中获得运用语言文字的能力。第二,思想教育的作用,学生从中得到思想品质道德情操的陶冶,提高

---

① 徐特立:《徐特立文存》(第1卷),广州:广东教育出版社1995年版,第160—161页。
② 顾黄初:《中国现代语文教育百年事典》,上海:上海教育出版社2001年版,第153页。
③ 顾黄初:《中国现代语文教育百年事典》,上海:上海教育出版社2001年版,第186—187页。
④ 课程教材研究所:《20世纪中国中小学课程标准·教学大纲汇编》,北京:人民教育出版社2001年版,第16页。
⑤ 课程教材研究所:《20世纪中国中小学课程标准·教学大纲汇编》,北京:人民教育出版社2001年版,第416页。

审美能力。第三,知识教育的作用,学生从中获得语言、文学知识和某些文化知识。① 1986 年《全日制中学语文教学大纲》规定,语文(阅读)教学目的强调双基训练。②《义务教育语文课程标准(2011 年版)》第四学段"阅读"课程目标,就阅读能力、阅读习惯、阅读方法以及语文知识等提出了具体的要求。

回顾百多年来语文(阅读)教学目的观的演变与发展历程,我们发现,语文教学目的的确立不单是国家意志、社会意志或个人意志的体现,而是多种要素合力影响的结果,这些基本要素包括:语言形式(文)、思想内容(道)、语文能力、智力、品德、审美、情感、思维、习惯与兴趣、知识与方法,等等。

在语文本质属性的讨论中,生成了三大基本的派别:工具派、思想(人文)派、工具性和人文性统一派。受此影响,在语文(阅读)教学目的的讨论中,围绕语言形式与思想内容(或文与道)的对立与统一也派生出四种范式:形式派、内容派、形式内容并重派和文主道副派。这种争论已持续了百年有余,可以预见,这种争论仍将持续下去。

语文能力(尤其是阅读能力)是阅读教学目的的核心要素,一个多世纪以来,培养各类阅读能力几乎成为人们的共识。2001 年之后,语文素养被引入课程标准,较之于阅读能力而言,素养的内涵更为丰富,但阅读能力仍是语文素养的重要组成部分。

作为教育的分支,语文教育包括语文智育、语文德育、语文美育,人们在探讨阅读教学目的的时候,自然会涉及智力、品德、审美等要素。20 世纪初,教学目的已注重学生的智德教育和审美教育。"五四"时期,国文教育注重培养学生健全的人格,帮助学生养成明晰的思考力。中华人民共和国成立初期,教学大纲强调,语文学科担负着思想政治教育的重要任务。20 世纪 50 年代,语文成了政治运动的工具,思想政治教育被过分夸大。1992 年颁布的大纲在思想教育上逐渐凸现出时代特色。至于文化意识和民族意识则一直是教学目的的重要组成部分。新世纪课程标准颁布之后,人文素养的养成成了新的亮点。但总体上看,百年语文教学目的论对德育的重视程度超过了智育和美育。

---

① 刘国正:《试谈中学语文教学改革的几个问题》,《课程·教材·教法》1981 年第 4 期。
② 课程教材研究所:《20 世纪中国中小学课程标准·教学大纲汇编》,北京:人民教育出版社 2001 年版,第 477 页。

语文(阅读)能力的养成不仅有赖于学生的智力状况,也有赖于非智力状况,包括学习习惯和兴趣的养成。1912年以后的教学目的大都注意到了学生学习习惯、兴趣以及健康个性的养成,但50年代汉语文学的分科强调系统学习汉语知识和文学知识的同时,忽视了学生的年龄特点和接受特点。六七十年代,叶圣陶与张志公已注意到智力的核心即思维训练的重要性,但显性的"思维"要素长期未进入标准或大纲,之后的1986年版大纲是个转折,在"教学原则"部分已涉及思维训练。2000年大纲旗帜鲜明地指出了"发展学生的思维"的教学目的。2001年之后,课程标准对个性化思维、批判性思维和创造性思维的重视程度日益增强。

知识学习是阅读教学目的的重要维度,清末,经义知识被认为是最有价值的知识,"五四"之后,真正符合学生需求的现代意义上的知识形态,诸如语法、修辞等语言知识日益受到重视。1935年,教学目的的价值取向上开始关注学科知识的逻辑序列,而叶老与夏老均指出学习方法的重要性。1978年之后,教学大纲注重基础知识和基本技能的"双基"训练。1996年之后,学习方法问题越来越受到重视。2001年课程标准有个重大变化,就是"不应刻意追求知识的系统和完整",这一"淡化知识"之举受到了广泛质疑,如何理性对待知识,如何重构知识体系成了摆在人们面前的新课题。

当然以上各种要素并非彼此割裂的,而是既相对独立又互相交融,共同构成完整的语文(阅读)教学目的体系。

第二节 国外当下阅读教学目的观考察

21世纪以来,东西方国家语文课程标准均将阅读教学置于非常突出的位置,关于阅读教学目的的观念的陈述,包括阅读教学目的的具体表述,都体现出较强的综合性。下面以西方国家,包括加拿大、美国、英国、澳大利亚,以及东方的新加坡为例,对其语文阅读教学目的观进行比较与考察。

一、部分其他国家阅读教学目的观述略

(一)加拿大安大略省语文阅读教学目的观

2006年,加拿大安大略省颁布了《1—8年级语文课程》,该文件指出,语文课

程致力于培养学生的四大能力：口语交际能力、阅读能力、写作能力和媒介素养。阅读教学应着力培养独立和高效的阅读者，阅读教学期望达成四项基本目标：

（1）阅读理解各种文学类、信息类、图片类语篇，能够运用各种阅读策略建构意义。

（2）能够辨别各种语篇形式、语篇特点，以及文体元素，明白各类语篇是怎样通过这些形式传递意义的。

（3）借助词汇知识和暗示系统流畅地阅读。

（4）反思自己的阅读水平以及取得进步的领域，反思阅读前、阅读中、阅读后的策略使用。

（二）美国语文阅读教学目的观

2010年美国颁布了语文《共同核心州立标准》。关于阅读教学的目的，《标准》指出，阅读标准应涉及阅读教学最核心的内容，即核心的知识和基本的技能，也就是应该知道和应该能做的，《标准》不可能也没必要罗列语文学科所有的知识和技能。学生关于语篇的认知应聚焦于观点和细节，知识和观点的整合，技巧和结构。

《标准》对情意目标持淡化的态度，因为他们认为，在崇尚民主、自由的美国社会，情意目标是无法统一，更是无法测量的，这应经由教师教学设计具体组织大家讨论，而不应在标准中体现和反映。从可测性角度而言，《标准》应聚焦于学生的学习结果，而非学习过程，只有知识和技能才是清晰的，便于测量的，所以《标准》不厌其烦地强调知识技能的核心地位。此外，共同标准还就"学生阅读范围和内容"做了补充说明：为择校与就业准备打下基础，学生必须广泛而深入地阅读大量高质量的、难度递增的文学类语篇和信息类语篇。通过广泛阅读不同文化和不同时期的小说、剧本、诗歌以及神话，学生要掌握文学和文化知识，并且能熟悉不同语篇的结构与要素。学生应养成独立、仔细的阅读习惯。

（三）英国语文阅读教学目的观

2013年9月，英国教育部颁布了《英国国家课程1—2学段框架文件·语文》，2014年12月，英国教育部又颁布了《英国国家课程3—4学段框架文件·语文》。英国的学制与我国不同，它将基础教育划分为四个学段：1—2年级；3—6年级；7—9年级；10—11年级。前两个学段相当于我国的小学，后两个学段分别相当于初中和高中。结合两份文件来看,英国语文课程标准关于阅读教学目的有以下几点值得注意:(1) 培养各种阅读能力。独立阅读越来越具有挑战性的材料,注重推断和猜测并指出根据,注重批判性阅读、个性化阅读和研究性阅读。(2) 引导学生关注语篇特性和语言的交际功能。比如小学阶段要求"理解语言、文本结构和表达对传达意义的作用";中学阶段则要求"了解文章的写作目的、读者对象以及写作的背景","理解语言表达,包括隐喻、词汇选择、语法、文本结构和组织结构的方式对传达意义的作用"。无论是小学还是中学,都要求根据细节和其他证据(实际上就是语境)进行推断。(3) 养成积极的阅读态度,发展阅读赏析能力和阅读兴趣。

(四) 澳大利亚语文阅读教学目的观

2015年9月,澳大利亚课程评价与报告局(ACARA)颁布了一份文件:《澳大利亚F—10课程变化跟踪》。澳大利亚的学制为F—10年级,F指学前阶段,1—6年级相当于小学,7—10年级相当于中学。其中学阅读教学目的包括语言类目的、文学类目的和综合素养类目的三大类。与其他欧美国家相比,澳大利亚的阅读教学目的深受韩礼德系统功能语言学思想的影响,具体阐述体现了浓厚的功能意识。概念功能方面,标准要求探究语篇与文化语境、社会语境、历史语境的关联,要求关注语篇的思想、人物和立场。成篇功能方面,标准要求分析语篇的目的意识和对象意识,就是说,写作目的和对象意识如何影响到了作者对结构、语言、话题、事件、场景、社会关系的选择与处理,作者如何传递自己的价值观、信仰和假设等。标准要求养成语篇体裁意识,要求明确诸类文学类体裁的特点,并弄清这些特点如何影响到语篇的情节、场景、人物塑造、语气和主题。此外,结构分析也是语篇分析的重要方式,这里的结构不同于我国文章学的结构,它的内涵非常宽泛。首先是宏观结构,包括分析语篇的体裁,把握语篇的整体意义,并对语篇的字词句、段落与层次、逻辑连接、推理进行微观结构分析。澳洲的标准要求学生基于语篇的结构、观点、特点模仿创作自己的语篇,而这种创作究其实质乃是语篇编码,语篇编码既是目的,更是一种手段——为更好地进行解码做准备。人际功能分析方面,标准要求对语篇的语气进行分析,注重对语篇进行评价性分析,要求分析与评价语言形式和结构特点怎样建构了意义,如何影响到了读者,多模态语篇视听效果的使用如何影响到了听众、观众。

(五)新加坡语文阅读教学目的观

2011年,新加坡颁布了《中学华文课程标准》,其阅读教学目的是从语言能力、人文素养和通用能力三个维度进行设计的。第一,语言能力(主要是阅读能力)是首要的教学目的。年级不同,阅读材料及应掌握的阅读知识和阅读技能也不同。比如对中一至中二华文(普通学术)和华文(快捷)的学生而言,应能初步阅读简单的实用性语料,能初步欣赏简单的文学性语料。对中四学生而言,应能阅读复杂的实用性语料,能较深入地欣赏文学性语料。第二,注重发展学生的人文素养。人文素养涉及价值观和态度、华族文化、关爱意识、审美情趣。第三,注重发展通用能力。阅读教学应致力于发展学生的思维能力,自学能力,使用资讯科技进行学习的能力,社交技能与情绪管理能力。2015年,新加坡颁布了《小学华文课程标准》,其阅读教学目的仍然是从语言能力、人文素养和通用能力三个维度进行设计的。

二、上述国家阅读教学目的观评述

以上就部分国家的阅读教学目的观举其荦荦大端,从有限的概述中我们不难发现,由于各国的历史、文化、教育有着各自不同的发展轨迹,它们在阅读教学目的上,都有个性化的追求。但是同为母语学科教学,大家在阅读教学的价值取向上,自然还存在共通之处。通过对上述国家阅读教学目的观的梳理和比较,我们初步形成以下几点认识:

第一,各国均注重综合发展多种阅读能力。各国均将阅读能力确定为阅读教学的首要目标。比如加拿大安大略省注重发展阅读分析能力和综合阅读能力,尤其是批判性阅读能力和创造性阅读能力。英国注重培养独立阅读、个性化阅读和研究性阅读的能力。澳大利亚注重培养功能语篇分析能力,注重发展语境分析能力。新加坡除强调发展批判性阅读和探究性阅读能力外,还注重阅读能力的分层教学,也就是说,不同阅读基础的学生,无论是阅读语料还是阅读水平,都有不同的要求。

第二,各国均注重将其他能力渗透至阅读能力教学之中。加拿大安大略省强调,应在阅读教学中渗透交际能力、写作能力和探究能力的教学。新加坡则注意渗透通用能力的教学,注重发展学生的思维能力和学习能力。相比较而言,西方阅读教学目的更加侧重于理性思维能力的培养,而对思想品德教育并不作特别的强调。比如美国语文共同标准并不主张对价值观目标进行限定,而只是对核心知识和能力做出了规定;而作为华语文化圈的新加坡华文教育,特别强调发展学生的人文素养,尤其包括华族文化素养。

第三,西方国家大都注重调动学生对阅读对象进行语篇分析。相对而言,西方国家更为注重实用文阅读和生活化阅读,即使是文学作品的阅读,仍注意引导学生培养语用意识。比如加拿大安大略省要求学生揣摩作者的写作目的和交际意图;英国注重引导学生关注语篇的交际功能,注重引导学生进行语境分析;澳大利亚则体现了浓厚的功能意识,注重调动学生对语篇的语言元功能进行整体分析。

第四,西方国家注重引导学生带着阅读目的去阅读。比如安大略省标准指出,独立的阅读者总是带着阅读目的去阅读,这些目的包括接受说明书的指导、获取建议、信息查找、娱乐需要、操作训练、建构词汇、满足好奇心、自主探究或者满足个人的兴趣。阅读教学目的有时由学生自己确定,有时需要教师的引导。澳大利亚则直接将阅读教学目的分成语言类目的、文学类目的和综合素养类目的三大类。

第五,西方国家大都注重发展学生的阅读策略。比如安大略省标准强调发展三类阅读策略:一是阅读前策略,应明确阅读的目的,能够调动相关的前知识;二是阅读中策略,应灵活运用猜测、推断和概括等策略;三是阅读后策略,能够分析、综合、联系、评价以及运用其他的批判性和创造性思维方法,以加深对阅读对象的理解。美国语文共同标准对阅读策略的发展也有详细的要求。

第六,西方国家阅读语料的类型更为丰富。相对我国而言,西方国家在语篇类型的选择上更为开放,它们既有短文阅读,也有整本书阅读;既有诗歌、传说、寓言故事、小说、图画书等文学语篇的阅读,也有地理、数学、历史、科学等跨课程信息类语篇阅读;既有传统的纸质文本的阅读,也有电子阅读和多模态阅读。近年来,新加坡在语篇类型的选择上加强与国际学生素养评估项目(PISA)和国际阅读素养进展研究(PIRLS)的接轨,文本的类型越来越丰富。

邻壁之光,堪借照焉。通过对上述国家语文阅读教学目的观的考察,我们能够获得有益启迪。

第三节 充实阅读教学的目的：语篇学之维

在对我国传统语文阅读教学目的观进行历时性考察的基础上，我们切换视角，对当下部分其他国家阅读教学目的观进行了比较研究，研究表明，我们的阅读教学目的观念亟待重构，我们须确立新的视角——语篇学视角。我国的语文阅读教学应致力于：

一、分析语篇的语言功能

近年来，世界母语学科教学正呈现出深刻的语用转向，这与其背后的基础学科——语言学由结构主义向功能主义转向密不可分。与结构主义语言学不同，功能主义语言学视语言为交际的形式，强调语言的工具属性乃至审美属性，它旨在揭示人们如何根据社会语境通过语言的选择来实现各种功能。

功能语言学流派众多。布拉格学派的穆卡罗夫斯基（Mukarovsky）提出了文学语言的美学功能。英国的文学评论家里查兹（I.A. Richards）提出了功能四分法：意义功能、情感功能、语气功能和意图功能。雅各布森则将语言的功能概括为以下六种：指涉功能、情感功能、意动功能、元语言功能、交际功能、诗性功能。后来，韩礼德从众多的功能类别中抽象概括出三大纯理功能，进而创立了系统功能语言学，而韩礼德也被公认为功能语言学理论的集大成者。韩礼德认为，语言是社会交往的工具，语言研究不应以普遍的形式而应以意义为中心，语言的意义可以分三种，它们分别对应着某个元功能：一是概念意义，指作者所表达的社会经验和心理体验以及事物之间的各种逻辑关系，它对应着概念功能；二是交际意义，即用自己的观点或态度影响别人，以实现人际交往的目的，它对应着人际功能；三是语篇意义，即通过特定的语言结构生成连贯的语篇，它对应着成篇功能。意义指向的是语言自身，而功能则指向语言之外。成篇功能基于情景语境将概念功能和人际功能组织在一起，进而构成语义系统。韩礼德称，这种"以意义为中心"的语言研究方法论师承于王力。① 王力的语言研究,以"体会中国人的心理"为原则,注意将语言的意义和功能联系起来。② 1943年,朱自清为王力《中国现代语法》作序时征引了陈望道的一段话:"国内学者还多徘徊于形态中心说与意义中心说之间,两说都有不能自圆其说之处。鄙见颇思以功能中心说救其偏缺。"③这可视作对王力功能思想的呼应。但遗憾的是,我国的功能语言学研究长期未能形成气候,我国语文教学语用学转向的姗姗来迟,这是条重要原因。

前已述明,在讨论语文教学目的(尤其是语篇之码)的过程中,人们经常持文与质/道、言与意或形式与内容的二分思维。在2011年前后的"语用"转向过程中,类似的观点仍不绝于耳:"语文有别于其他学科,语文不是用来教思想内容的,而是用来教语言形式的。"照实说,这种思维方式仍未从过去的结构主义中走出来,以至于人为地将思想内容与语言形式进行对立。事实上,无论是作品的内容还是形式都是以语言为媒介的,借用哥本哈根学派的代表人物叶尔姆斯列夫(Hjelmslev)的话讲就是,语言内部表现为"内容"与"表达"的关系。而语言不仅呈现"内容"与"表达"的关系,还指向语言之外,换言之,语言不仅具有概念功能和成篇功能,还具有交际功能。

语用背景下的语文阅读教学目的亟待实现观念的重构,它不应视形式与内容为二元对立的概念,而应立足于语言,以语言为原点,去分析语言的三大功能如何得以实现。这便意味着,语文教学需确立功能本位的目的观,即从"一分为二"的思维模式中超脱出来,以"一分为三""合三为一"的哲学思维构建一个三维一体的语言功能框架(见图3-1)。该功能框架融合了功能语言学家的思想,尤其是韩礼德的纯理功能理论。概念功能对应于语篇的情理世界,意指语文阅读教学应注重对语篇的情思事理进行分析;成篇功能对应于语篇的形式世界,意指语文阅读教学应注重对语篇的语言形式进行分析;人际功能对应于语篇的人际世界,意指语文阅读教学应注重对语篇的传意特点进行分析。在语文教学中,概念功能、成篇功能与人际功能的地位呈逐层递增的态势。在韩礼德的纯理功能

---

① Halliday, MA.K. Systemic Background. in J.D. Benson & W.S. Greaves [eds] Systemic Perspectives on Discourse, Vol. 1. New Jersey: Ablex, 1985, p.4.
② 王力:《中国文法学初探》,北京:商务印书馆2000年版,第332页。
③ 王力:《中国现代语法》,北京:商务印书馆1985年版,第13页。

理论中,功能分析有一套较为成熟的分析工具或方法,但在我们的语文阅读教学中,既可选择性地运用这些工具,又不能局限于这些工具,而应开发新的分析框架。本书第六章将就此进一步展开论述。

$$语篇的语言功能\begin{cases}概念功能 & 情理世界\\成篇功能 & 形式世界\\交际功能 & 人际世界\end{cases}$$

图 3-1 语篇的语言功能框架

二、提升学生的语篇阅读素养

从阅读心理学的角度看,语篇阅读是一种整体性的"阅读投入"过程。自从威尔本 1991 年首次提出"投入"概念,并借此研究学生学习行为中的活动投入以来,西方关于投入,包括阅读投入的研究,已成为阅读心理学界的重要议题。关于阅读投入,大家的观点不尽一致。古特律与维格菲尔德认为,所谓阅读投入,实指学生与文本之间的动机与策略层面的互动。PISA 的研究者科斯奇等人则将阅读投入界定为"与阅读素养成绩有最大相关的学习特征"。综合各方的定义,我们可以将阅读投入概括为:影响阅读过程、阅读素养和阅读绩效的重要因素,具体包括认知投入、情感投入与行为投入。认知投入指乐意付出精神上的努力面对富有挑战性的任务,同时能使用阅读策略和规则。情感投入包括对某些活动或对教师与学生所产生的积极或消极反应(兴趣、疲惫、焦虑、挫折)。行为投入是直接投入一系列活动中,具体包括积极的行为、努力和持久的特性。阅读投入是学生发展阅读技能和提高阅读绩效的关键,因此语篇阅读素养应由三大要素构成:语篇阅读知识、语篇阅读能力、语篇阅读情意。它们互相渗透,共同影响与制约着阅读的过程(见图 3-2)。以下分项阐述。

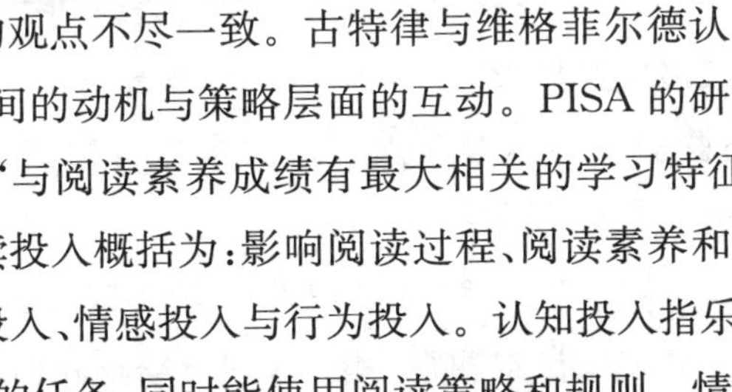

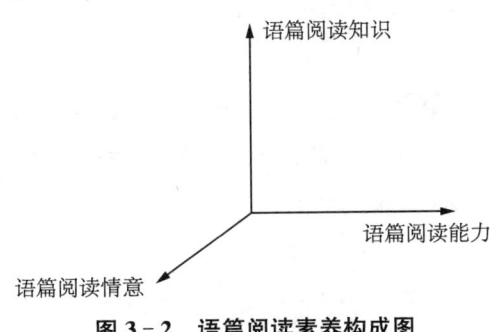

图 3-2 语篇阅读素养构成图

(一) 语篇阅读知识

语篇阅读知识是语篇阅读所需要的知识。学生学习语篇阅读知识,目的在于增强对阅读对象以及阅读规律的认识,以帮助提高阅读能力。语篇阅读知识可分成三类:

1. 语篇学科知识

语篇学科知识非常丰富,其中部分知识对语篇阅读教学具有重要的启示,这些知识我们又可进一步细分。根据现代认知心理学关于知识的分类理论,广义的知识概念包含三类,即陈述性知识、对外办事的程序性知识和对内调控的策略性知识。[①] 因此,我们可以将语篇学科知识分为如下三类:

(1) 陈述性语篇知识

陈述性知识是关于事物特征及其关系的知识,它主要回答"是什么"的问题。陈述性语篇知识是关于语篇本体、要素与属性的知识,如语篇、篇章、话语、语义、语形、语境、语体、语气、语调、语篇类型、语篇体裁、语篇图式、篇章语法、功能、衔接与连贯、宏观结构、微观结构、篇际性、信息度、语篇复杂度等知识。这类知识属对象性知识,学习此类知识可以深化对语文课程与教学的认识,提高语篇分析、鉴赏和评价的能力。例示之:

① 语气。语气是一种句法范畴,也是一种功能范畴,王力将语气看作"语言对于各种情绪的表达方式",吕叔湘则将语气视为"语意和语势"。语气词则是讲话人主观态度的表达标记和交际意向的表现手段,它具有完句功能、成篇功能、交际功能和语用功能。透过语气词,我们能察觉到作(说)者的立场、主张、看法、观点、情感、态度、倾向。语气词常用在句尾或句中停顿处,在文言文中有时也用在句首。文言语气词主要有:也(陈述);矣(陈述);乎(疑问、感叹、舒缓);哉(感叹、感慨);者(停顿、疑问);耶(疑问、反问、感叹);邪(疑问、感叹)。白话语气词主要有:啊、呀、呢、了、吗、嘛、呗、吧。白话语气词一般采用"四分"法,即陈述、疑问、祈使、感叹。若予细分,又可分出陈述语气、疑问语气、反问语气、祈使语气、赞叹语气、惊讶语气、命令语气、假设语气、拟测语气、肯定语气、否定语气或婉商语气,等等。在吕叔湘看来,广义的语气词甚至包括一些副词(如"难道""也许"等)和叹词。不妨看老舍《济南的冬天》:"最妙的是下点小雪呀。看吧,山上的矮

---

① 皮连生:《学与教的心理学》,上海:华东师范大学出版社2009年版,第95页。

松越发的青黑,树尖上顶着一髻儿白花,好像日本看护妇。"句中这两个语气词"呀""吧",自然地传递出作者对第二故乡(济南)冬天由衷的喜爱,读起来饶有情味,同时也能领略到老舍那独具魅力的语体风格。

② 语调。指语句的音调,具体涉及语句的字数、句式、音节、声韵,等等。语篇阅读固应揣摩篇章之神、理、气、味,但也不应轻忽其格、律、声、色,用韩愈的话讲即"言之短长,声之高下",用夏丏尊和叶圣陶的话讲即"文句的调子",用汪曾祺的话讲即"长句与短句的搭配"这类"声音之道"。读起来谐于音律,气韵流动,乃为佳句。反之,读起来阻塞不畅,气韵板滞,则尚未脱疵境也。如朱自清的《春》:"可别恼,看,像牛毛,像花针,像细丝。"作者用了五个短句,读起来简捷明快,高低起伏。尤其是,中间衬一"看"字,虽曰变化,但丝毫未影响到整体的气韵和节律。

③ 语篇体裁。从语篇分析的视角看,(语篇)体裁既是静态的概念,也是动态的概念。静态意义的体裁定义以及体裁分类,本书第一章已做过较详细的阐述。动态意义上的体裁,通常被定义为"一种有步骤的、以交际目的为导向的社会交往过程"①。这是悉尼学派所下的定义,在他们看来,体裁并非个人行为,而是一种社会交往行为。悉尼学派的体裁分析与体裁教学既重语篇的解码,也重语篇的编码,这两种活动目的是一致的,即培养体裁思维与体裁意识,发展体裁分析能力和体裁运用能力。体裁教学中,它们还经常用到不同体裁的比较,或组织学生进行体裁变换的训练,其目的就是,在这种比较中,让学生更好地养成辨别与使用相关体裁的能力。②

④ 结构。从结构意识的养成看,首先要关注语篇的衔接与连贯。衔接指形式的衔接,连贯指意义的连贯,衔接与连贯是语篇结构方面的重要特征,也是语篇最本质的特征,衔接与连贯是语篇分析的重要内容。其次要关注宏观结构与微观结构。语篇的宏观结构体现文章整体的结构框架。由于思维方式、语用特点、文化背景、认知心理等诸多方面的差异,中西语篇宏观结构有很大的差异。就汉语语篇而言,用金人王若虚的话讲就是:"定体则无,大体则有。"而在所谓的

---

① Martin, J. R. Language, register, and genre. In F. Christie(ed.). Language Studies: Children's Writing, Reader. Victoria: Deakin University Press, 1984, p.25.

② Mark Hancock. Claire Acevedo on literacy via genre awareness. (2013-03-12) [2016-12-29]. http: //hancock mcdonald. com/blog/claire-acevedo-literacy-genre-awareness.

"大体"中,"起承转合"是最常见的结构模式。微观结构是从小句扩展为语篇的基本理据,它体现语篇的有序性。① 微观结构包括词语间、句子间以及段落间的关系。

⑤ 信息度。信息度指言说者借助"偏离"的信息结构来传达自己的情意,调整读者的预期,激发听者的兴趣。无论何种体裁的语篇,虑及交际目的和表达需要,作者都会对原始或常规素材进行"信息加工"与优化,而非不加选择地客观还原与摹写,尤其是文学创作,作者在信息的多寡与显隐、常态与变形上都是颇费思量。这方面最极端的例子当属回文璇玑图,此图作者乃前秦才女苏蕙,当她听闻在外任职的夫君窦滔与歌姬有染,悔恨自伤,短时间内拟就几百篇形式勾连的诗章,并对其进行绝妙的编排,后用五色丝线在八寸见方的锦缎上绣下了 841 字的回文诗。由于信息呈现的方式极其独特,且用情至深,窦滔阅之,感其妙绝,深为自责,二人终重归于好。此外,在人物的对白中,言说者的话语也可以用信息度理论来解释。如《红楼梦》第四十八回"香菱学诗",起初,香菱想跟宝钗学诗,未曾想吃了闭门羹,后求助于黛玉:"我这一进来了,也得了空儿,好歹教给我作诗,就是我的造化了!"按黛玉的敏感性格,她应该会问香菱,为何不跟主人宝钗学诗,可黛玉一点都没含糊:"既要作诗,你就拜我作师。我虽不通,大略也还教得起你。"显然,这是情感而不是理智占了上风,或者讲是诗心、诗性的力量主宰了黛玉。可以说,在黛玉心里,诗意生活、诗意生命才是至上的、压倒一切的。透过这段对白,我们不难察觉,为凸显林黛玉脱俗的诗性人格,作者曹雪芹对其言行做了"非常态"的描绘。

语篇图式。综合现代语篇图式理论,语篇图式包括内容图式、形式图式和语言图式。语篇图式理论最有影响力的贡献之一就是,对语篇解读以及阅读教学的指导。

篇际性。指语篇的理解与生成依赖先前所接触过的知识与话语。两个文本只要存在涵义上的相通,就构成篇际关系。篇际性知识的教学价值在于,读写教学就是"相互对照",即建立与相邻、相近、相关、相对语篇的关联,并在新的语境中重作思考。

在阅读教学中,以上知识都是陈述性知识,但是这类知识运用于写作教学中

---

① 聂仁发:《现代汉语语篇研究》,杭州:浙江大学出版社 2009 年版,第 22 页。

时，它们的性质又会发生变化，比如语篇图式转变成了程序性知识，而语体、衔接与连贯则转变成了策略性知识。

（2）程序性语篇知识

程序性知识是指行事的方法或步骤，本质上由概念和规则构成，它主要回答"怎么做"的问题。程序性语篇知识是关于如何读解和构造语篇的知识，由达成语用目标的方法与手段构成。这类知识是语用主体的操作性知识，主要包括语境分析、功能分析、结构分析与运用、体裁分析与运用、语体分析与运用、语篇审美、语篇评价等方面的知识。对学生进行语用训练时，应注重程序性语篇知识的传授，以使之进入学生的命题网络，而后设计变式练习，让学生在多种问题情境中熟练地运用并内化这些知识。例示之：

① 功能分析的知识。功能是功能语言学的核心范畴，它是指语言在社会行为中所体现的价值或功效。功能分析知识为语篇分析提供了理论基础，最常用的是韩礼德的功能语篇分析框架，即对各类语篇作语义功能、成篇功能和交际功能进行分析，进而与作者及文本展开对话。

② 语体运用的知识。语体是适应不同交际功能、不同题旨情境需要而形成的运用语言的特征体系，它涉及语词、语法、语气、语调等方面的语用选择。语体运用的知识包括：根据文体选择相应的语体；文学写作在语体使用上可以交叉和跨界；抒情语体有时遵循的是语体语法规则而非句子语法规则。语体运用知识适用于语文读写听说教学。

（3）策略性语篇知识

策略性知识是指调节、控制学习活动的知识，它是指如何确定"做什么"和"怎么做"的知识。策略性语篇知识是指对语篇读解与构造等活动进行自我定向、反思和调控的知识，主要包括主题意识、目的意识、作（说）者意识、读（听）者意识、可接受性意识。这类知识是内隐的，难以自动化，需受意识控制，它们一旦被掌握，将大大提高语篇读解和生成的效率。例示之：

① 目的意识。作者创建语篇都是处于具体的社会文化语境中的，因而总是带有一定的生成目的和意图。语篇解读不仅是个认知事件，还是一种交际事件。换言之，语篇理解是社会语境中的功能性行为，范戴克和金斯基称之为社会功能假设，或者叫语用假设。读解者不仅建构语篇的理解，而且建构社会语境，而这两种建构活动互为影响。比如，当读者阅读一个叙述性语篇时，他不仅应设法理

解故事的内容,还应试图揣摩作者的表达目的和意图。而语篇教学不仅注重引导学生去理解信息,还注重调动学生去猜测作者的表达意图,推断语篇言外之意,评价语篇功能是否得到有效实现,语篇特点是否与语境条件相契合。

② 作者意识。阅读是读者与作者之间的"交往"行为,也是双方参与的交际事件,阅读应关注交往的对象,即作者的出身、性别、民族、宗教信仰、阶级、社会地位、人生经历、思想倾向、审美取向、创作风格、时代环境、写作背景等诸种因素。就写作教学而言,也应引导学生养成独立的作者意识,即自我意识或身份意识。在美国写作教学中,教者会经常提及"voice"这个单词,译成中文即指"自己的腔调",所谓自己的腔调就是指措辞要有自己的角色感、身份感,要有自己的言说"风格"。在自叙文教学中,我们经常把表达真情实感作为一种写作策略和评价标准,实际上,相对"表达真情实感"或"写真实"而言,作者意识或自我意识其意蕴要深广得多。

③ 读者意识。作为积极的阅读者,他不是简单地接收信息,而是综合运用自上而下和自下而上两种阅读模式,根据作品所营造的语境,去预测未知信息,并调动自己的想象,进行合理的推断。就文学语篇解读而论,为揭示语篇的概念意义,须调动自己的认知图式和情感经验,否则作者的情感表达和情绪流露将很难把捉得到。另外,作为读者,学生本人应该清楚语篇分析的读者变量涉及的基本因素:词语知识、言语能力、受教育的年限、知识面、价值观、阅读专长、工作记忆容量、风格、兴趣等。这些因素,有些是不受个人意志主宰的,有些则是可以通过自己的努力进行提高、改变和完善的。就写作教学而言,也应引导学生养成读者意识,易言之,写作得"目中有人",包括主观预设的读者和客观的读者,显在读者与潜在读者,共时性读者和历时性读者,个体读者与群体读者,一般意义上的读者和特殊的读者——作者自己。养成读者意识能改善言说主体的思维方式。

④ 可接受性意识。可接受性是语篇特性的一条重要指标,也是语篇分析的一个重要变量。国际上的阅读评估无论是 PISA、PIRLS 还是美国国家教育进展评价(NAEP),均严格参照可接受性(可读性)技术指标,选择契合不同年段读者阅读水平的语料。而爱尔兰、芬兰、新西兰、澳大利亚、英国、加拿大、新加坡等国,其语文课程标准普遍关注语篇复杂度即语篇的可接受性问题。美国语文共同标准研制者甚至专门开发了语篇复杂度评量工具,该国许多中小学语文教师就借助该工具灵活地挑选适合不同年段的各类语篇,供学生课内外阅读。对教

师而言,在推荐阅读语料的时候,应从如下方面粗略判断阅读语料的可接受性:语篇结构、话题内容和词语的使用率、提示语、衔接性、结构层级数目、细节的数量和类型、句长、体裁等。

近年来,我们已深刻地意识到,写作教学应培养读者意识、作者意识,这是语篇意识的觉醒。但是,语篇意识的培养绝非写作教学独当之任,阅读教学一样要培养语篇思维,努力促成学生养成语篇自觉。

2. 语篇要素知识

语篇阅读还涉及语篇生成要素的分析,因而它也包括语篇要素知识。结合我国的语篇阅读教学而论,拟构建如下语篇要素知识系统:

(1) 语言知识。① 汉字知识。字形、字音、字义,形体(甲骨文、小篆、隶书、草书、楷书、行书),六书(象形、指事、会意、形声、假借、转注)。② 词语知识。词语的感情色彩(褒贬义),词类(如副词、介词、助词),古汉语词汇的特点(如多用单音词及通假、一字多音、一词多义、古今词义的关系、词类活用、常用文言虚词)。③ 短语知识。短语的结构,如并列式、偏正式、主谓式、动宾式、补充式。④ 句子知识。语句间的关系、常见复句类型(并列、递进、选择、因果、假设、条件、转折)、常见文言句式(如被动句、判断句、疑问句、否定句、宾语前置、句子成分省略)。⑤ 标点符号(逗号、冒号、引号、顿号、分号、句号、破折号、括号)。⑥ 常用工具书。⑦ 各体书法代表作品与名家碑帖。⑧ 逻辑知识(准确用词、准确的概念、严密的判断与推理、常见的逻辑错误)。

(2) 形式知识。① 各类语篇的基本要素和艺术技巧。比如诗歌,包括诗歌分类,诗歌的特点,如意象、意境、抒情、象征、含蓄、节奏、语言等。小说包括虚构、场景、扁平人物、圆形人物、人物描写、主题(单主题和多主题)、故事、情节、情感结构、情感错位、反转、变形、细节、语言、暗示和伏笔、内心独白、自由联想、现实与虚幻交错、时间空间的蒙太奇、诗化和音乐化、夸张、叙述者、叙事视角、艺术的真实、象征、反讽等特点。散文包括人、事、情、景、理等要素及其关系,形散神聚、迂回铺垫、欲扬先抑、卒章显志、文辞、节奏、色彩、气势、线索、文脉等特点或要素。戏剧包括分类与特点、冲突、台词、对白、独白、旁白、潜台词、幕、场、舞台说明、戏剧语言。记叙文的六要素、托物言志、借物喻人、情景交融等写法、记叙顺序、记叙线索。说明文的类别、说明方法、说明顺序。议论文的论题与论点、论据、论证方法、论证结构、观点与材料之间的联系。其他从略。② 常用修辞格。

比如比喻、排比、对偶、拟人、夸张、反复、反问、设问、引用等。③ 表达方式(记叙、描写、说明、抒情、议论)。

(3)内容知识。① 文化知识,包括:第一,物质方面。指人类创造的种种文明,例如饮食、器物、服饰、建筑、科学技术、名胜古迹等。第二,制度方面。指人类社会中的各种制度、规范,例如民俗、礼仪、宗法、姓氏、名号、交通、经济、政治、军事等。第三,精神方面。指物质和制度文化形成时产生的精神活动与结果,例如哲学、宗教、伦理道德、教育、文学、艺术等。① ② 文学常识,包括主要作品与作家,文学史基本知识,文学理论基本知识(作品中的人物、文章的情和理、作品的思想内容、形象和典型、文学流派等),各类文学体裁的基本特点,等等。

3. 语篇阅读策略

阅读不仅对语言技能有一定的要求,还需要阅读策略的支持。高效的语篇读解更加离不开阅读策略的支持,而且往往是频繁、灵活地运用多种策略。一般来说,阅读理解涉及四种要素:语篇、读者、阅读任务和阅读策略,而最重要的因素就是阅读策略。

阅读策略系指在特定的阅读情境中,面对具体的阅读任务,读解者旨在提高自己的阅读成效,自觉运用且灵活多变的心智技能。阅读策略的定义还有很多,但它们大都涉及以下特点:技术,战术,有意识的计划,有意识的操作,学习技能,基本技能,功能技能,认知能力,语言加工策略和解决问题的程序。

在诸种阅读策略中,与阅读最为相关的是认知策略和元认知策略。认知策略与具体的阅读语境和阅读任务相关,元认知策略关涉到监控、观察和评估阅读的成效。低效的阅读者通常不善于运用相关策略,具体包括如下几种情形:他们不懂得如何概括主要观点和语篇的整体结构;他们不熟悉语篇的结构;前知识贫乏,或者不知道如何运用前知识促进阅读理解;他们在进行推断以及深度理解方面有困难;他们缺乏元认知能力,他们没意识到阅读中自身存在的问题,也不知道如何监控自己的阅读过程。

国际上无论是 PISA、PIRLS 还是 NAEP 均注重语篇策略的考查,西方国家的阅读课也极为注重阅读策略的教学。我国的阅读教学注重方法的指导由来已

---

① 香港特别行政区政府教育局:《中学中国语文建议学习重点(试用)》,香港:政府印务局,2007年,第17页。

久,而所谓的阅读方法与语篇阅读策略有很多相似之处,但不完全相同。在阅读教学的过程中,我们应培养学生的策略意识,比如:确定阅读目的;多种阅读方法相结合;浏览文章获取主要观点;扫描文章以获取具体信息;试着记背许多细节;将新信息与学过的内容相联系;与个人经验联结;进行猜测和有根据地推断;区别表层意和深层意。

(二) 语篇阅读能力

语篇阅读知识的教学是为了养成学生的语篇阅读能力。语篇阅读能力包括以下几种类型。

1. **语篇理解能力**

(1) 提取信息的能力。是对文章直接提取信息的能力,主要涉及事实性知识和概念性知识,这两类知识类型的抽象化程度较低,对学生认知水平的要求也较低。例如:找出特定信息;搜寻特定的概念;理解字词特定的意思;理解关键句或主旨句的意思。

(2) 概要理解的能力。是指对篇章的内容进行综合和概括性理解的能力,它超越了表层信息的感知,需要对篇章进行整体把握。例如:概括篇章的主题;梳理文章的脉络;归纳篇章的重点;总结和概括阅读的内容;为篇章陈述的故事设置标题;描述人物间的关系;掌握故事的场景;推论出某事件所导致的另一事件;指出篇章的结论。

(3) 深入理解的能力。是对篇章整体或某部分(或重要的)的内容作深入的理解,例如:就篇章内容进行推论,理解并指出作者的观点或篇章内所支持的论点;简单推论作者的写作意图,并为自己的推论提出证据;对从篇章中获取的新信息与原有知识进行整合;诠释一个隐含的信息;思考人物行为的取舍;利用抽象思维进行比较和对照,从而形成新的理解;推测故事中的情绪或气氛;用文章中的一些思想观点解决生活中的问题。

2. **语篇评价能力**

(1) 篇章内容的评价能力。主要从篇章的整体价值、可信性或与读者的相关性等几个角度来进行。[①] 例如:就篇章的标题与主题表达支持或反对的理据;

[①] 孟显香:《国际阅读素养进步研究简介——以 PIRLS2011 为例》,《语文建设》2011 年第 6 期。

比较作者或主人公看法与个人看法的异同;评价篇章某些论点的适切性,以及所提供的解释是否充分;推测作者如何想出让人出乎意料的结局;评判篇章中信息的清晰性和完整性;应用文本的一些准则判断篇章以外的个案;评估篇章所描述事件实际发生的可能性;判断作者的写作意图。

(2) 篇章形式的评价能力。篇章形式的评价主要从完整性、有效性和表达效果等角度进行。例如:评价篇章的结构、风格特点及其适切性;评析作者在人物描写或论证方面的充分性;评析语言与修辞的表达效果;评价作者的写作技巧以及对整个篇章的作用等;评判特定部分的作用;评估作者使用特殊文体的意义;评定整个篇章的质量。

(3) 人际功能的评价能力。人际功能的评价主要从以下几个角度进行:语言表达、语篇结构对传达意义的作用如何;作者的写作目的、读者对象以及写作的背景如何影响到文意的表达,表达的效果到底如何;人物的人际关系如何影响语气的选择,语气的选择是否达到预期的表达效果。

3. 语篇审美能力

(1) 诗歌语篇审美能力。诗歌语篇审美主要从信息维度、结构形式维度、人际功能维度展开。信息维度涉及题目、作者、语境、二级诗歌体裁、题材(如自然风物、战争、情感等)。结构形式维度涉及以下内容:总体布局;诗行数目;诗行长度;规则格律;韵脚;语言的字面义和比喻义;标点的特殊用法;互文性参照;语域;语言的诗性功能;常规偏离。① 人际功能维度涉及作者的写作目的或意图;作者的情绪和情感流露;作者语用选择上的细节。

(2) 小说语篇审美能力。利奇和肖特在《小说的文体》一书中指出,小说语篇审美涉及四大层次:词汇层、语法层、修辞层以及衔接和语境层。② 在几种要素中,前三种都是语言层面的要素。小说语篇审美能力的培养,可以从以下诸方面着手:字词用法;语篇组织模式;风格变异模式;多种类型的话语模式;叙述视角模式;叙述风格;作家的风格;作品的风格。③

(3) 戏剧语篇审美能力。戏剧与诗歌一样,也关注语音和格律。戏剧还具有小说的特点,也包含人物和情节这两类要素。但是戏剧与小说最大的不同在

---

① 刘世生:《文体学的跨学科特点》,《外国语言文学研究》2003年第6期。
② 申丹:《叙述学与小说文体学研究》,北京:北京大学出版社1998年版,第79页。
③ 刘世生:《文体学的跨学科特点》,《外国语言文学研究》2003年第6期。

于,它缺少叙述者。正因为戏剧具有诗歌和小说的某些特点,所以部分诗歌与小说分析的方法也适用于戏剧审美。戏剧语篇审美的理论模式有很多,诸如:话轮的数量和长度;话语交换序列、毗邻应对与会话分析;产出错误;合作原则;言语行为理论;前提理论;语言标记身份;语域;言语与沉默——戏剧中的女性人物,等等。戏剧语篇可以选择上述理论方法进行审美性解读。[1]

(4) 散文语篇审美能力。在我国,广义的散文指韵文以外的一切文类,狭义的散文则指文学文类的一种,本章讨论的散文是指狭义的散文。散文是国内中学语文教材的主导文类,散文语篇审美可以考虑下列诸要素:写作意图、目的,篇章的结构,段落的过渡与扩展,词句的选择与运用,词语的分析与比较,语气与态度,文体与修辞,节奏与韵律,引语、隐含与典故等。[2]

(三) 语篇阅读情意

语篇阅读情意涉及情感因素和行为习惯,具体包括正确的阅读态度,纯正的阅读动机,阅读自信心和阅读兴趣,对阅读充满乐趣,能在文学阅读中产生情感共鸣,阅读各类语篇的行为习惯。

根据传统的观点,人的左右脑被区分为认知脑与情感脑,两者相互独立,人们对认知活动与情感活动的研究也是人为分离的。但据认知神经科学新近的研究,当学生阅读时,脑部的几大网络是协调产生作用的,人的认知网络、理解文本与调控进程的策略网络和情感网络(负责驱动兴趣、动机、焦虑)互为影响。具体地讲,情感是通过一种叫杏仁核的东西影响人的注意力、知觉、思维,进而影响人的阅读的。另外,根据最新的研究,情感不仅间接地影响着阅读,它本身也具备学习功能和记忆功能,即使信息没有显著地达到引起注意的程度并让陈述性记忆系统参与操作,人的大脑中情绪系统的操作也能知觉和储存信息。情感记忆的某些方面或类型是由一个独特的脑系统来完成的,这个系统与陈述性记忆系统是平行的。[3]

那么,情感又是怎样影响到阅读的呢?据研究,情感能促使符号系统的发

---

[1] 刘世生:《文体学的跨学科特点》,《外国语言文学研究》2003年第6期。
[2] 刘世生:《文体学的跨学科特点》,《外国语言文学研究》2003年第6期。
[3] Howard Eichenbaum:《记忆的认知神经科学——导论》,周仁来、郭秀艳、叶茂林译,北京:北京师范大学出版社2008年版,第277—278页。

展,建构意义,引起注意,它具有自己的记忆通道。所谓符号系统是指形成阅读能力的基础,包括形象、词语、标点等要素,多元的符号系统能发展学生的潜能与智力。格林斯潘将智力的基本单元命名为情感与符号之间的连接,没有情感的作用,这些符号都将失去固有的意义。因为情感的参与,学生的脑部对符号进行了解码,并赋予符号以意义。同时,在与文本的社会——历史交往中,学生又学会了使用这些符号。

情感的参与不是刻意的,而是一个自然而然的过程。当学生阅读时,情感是一种重要的评价工具,因为它们提供价值、意义、问题解决的策略。所以,阅读素养的提高与教师创设的教学环境,与积极情感状态的激发密不可分。

总之,阅读素养高的学生,往往就是成功的阅读投入者,具备内部阅读动机,具有建构文本意义的知识基础与阅读策略,有社会交往特质,充满好奇心,乐意接受挑战。阅读投入能够发展学生脑部的认知功能和情感功能,而这些功能一旦得到强化,又能反过来影响阅读投入,进一步提高阅读的成效。

本章小结

本章着重探讨了语篇学视野下阅读教学目的观重构的问题,共分三节。

第一节为我国阅读教学目的观历时性考察。我国语文(阅读)教学目的观嬗变历程表明,在表述框架上,存在三种范型:一元论范型,二元论范型,多元论范型。语文(阅读)教学目的观念嬗替与不同历史时期的政治环境、经济基础、文化背景、科学水平、社会思潮、价值取向、话语方式以及学科基础的发展存在重要关联。阅读教学目的观的确立不单是国家意志、社会意志或个人意志的体现,而是多种要素合力影响的结果,这些基本要素包括:语言形式(文)、思想内容(道)、语文能力、智力、品德、审美、情感、思维、习惯与兴趣、知识与方法,等等。以上各种要素既相对独立又互相交融,共同构成完整的阅读教学目的体系。

第二节为境外当下阅读教学目的观考察。阅读教学目的是语文课程标准重要的组成部分,世界上各经济体的标准围绕阅读教学均有较详细的规定,这些规定既不乏各自的个性,也存在普遍的共性,但最大的特点就是综合性。美国阅读内容标准涉及阅读教学最核心的知识和技能。英国语文课程标准关于阅读教学的目的有以下几点值得注意：培养各种阅读能力；引导学生关注语篇特性和语言的交际功能；养成积极的阅读态度，发展阅读赏析能力和阅读兴趣。澳大利亚阅读教学目的包括三大类：语言类教学目的、文学类教学目的和综合素养类目的。总体上看，西方国家阅读教学目的观的阐述注意渗透语篇学的理念。新加坡阅读教学目的是从语言能力、人文素养和通用能力三个维度进行设计的。

  第三节为充实阅读教学的目的：语篇学之维。语用背景下我国语文阅读教学目的亟待实现观念的重构。首先阅读教学应引导学生分析语篇的语言功能，语篇读解不应将语篇形式视为与内容相对的概念，而应立足于语言，以语言为原点，去分析语言的概念功能、成篇功能和人际功能是如何得以实现的。其次阅读教学应着力培养学生的语篇阅读素养，语篇阅读素养由三大要素构成：语篇阅读知识、语篇阅读能力、语篇阅读情意，它们彼此关联，共同制约着阅读的过程。语篇阅读知识由语篇学科知识、语篇要素知识、语篇阅读策略构成。语篇阅读能力包括语篇理解能力、语篇评价能力和语篇审美能力。语篇阅读情意涉及情感因素与行为习惯。

第四章　语篇学视野下阅读教材范式的重构

什么是阅读教材的范式？我国现行阅读教材的主流范式是什么？它存在哪些问题？西方阅读教材范式能给我们带来什么启示？这是本章首先要回答的几个问题。

语文教材有广狭之分。广义的语文教材包括语文教科书、配套的教学参考书、练习册以及其他教学辅助材料；狭义的语文教材仅指语文教科书。我国的语文教科书大都是混编教材，它承担着读写听说能力综合训练的职能，因此专门的阅读教材比较少见。本章所要讨论的阅读教材并非独立的或显性的阅读教科书或分编的阅读教材，而是所有用于指导阅读教学的材料，即广义的阅读教材，它内含混编教科书中的阅读教学板块，以及教科书之外的阅读教学材料。所谓阅读教材范式，就是指阅读教材编制的一种共同的信念、方法与价值标准。长期以来，我国语文阅读教材主要为具有综合功能的文选教材，但文选教材已经难以满足当今学生的实际阅读需要，其科学性也备受质疑，因此文选教材有待实现范式的更替。在西方国家，语文阅读教材是个很宽泛的概念，它既指教科书中的课文和相关系统，也指教科书之外所有的阅读教学材料。20世纪80年代以来，西方阅读教材改革引进了语篇学的思想，尤其是语篇分类的理念，进而确立了阅读教材的语篇范式。西方阅读教材语篇范式的确立对我们具有借鉴意义。

第一节　国外阅读教材语篇范式的确立

20世纪80年代以来，加拿大、美国、英国、澳大利亚、新西兰等国阅读教材改革引进了语篇分类的理念,进而确立了阅读教材的语篇范式。所谓范式,按库恩的一种解释就是一定的科学共同体共同的信念与价值观。① 语篇范式则是指许多国家语文阅读教材编制的一种共同的信念、方法与价值标准,它们对阅读教材做出了语篇分类。

2007年,加拿大安大略省颁布《9—10年级语文课程》,《课程》规定:阅读项目应该包括各种各样的文学类、信息类、图表类语篇,这些语篇旨在激发学生的兴趣和想象力,例如小说、诗歌、神话、寓言、民间故事、短故事;教科书和图书的主题涉及科学、历史、数学、地理和其他科目;传记、自传、回忆录和期刊;戏剧、广播、电影或电视脚本;百科全书条目;教科书中的图形、图表和杂志文章;说明和手册;漫画小说、滑稽类图书、漫画;报纸上的文章和社论;数据库和网站;论文和报告。②

2010年,加拿大英属哥伦比亚省颁布的《10—11年级语文课程》将语篇分成三类:一是原住民语篇。包括来自地方社区和北美其他地区甚至世界各地的作品。二是原住民文学类语篇。包括小说、短篇散文、剧本、诗歌。三是信息语篇和劝说类语篇。作品应涉及原住民关心的主题,具体包括文章和报告,传记和自传,杂志和报纸,印刷和电子参考资料,广告和宣传材料,鉴定材料,学生自己提供的材料。四是视觉类语篇。包括代表当地原住民文化和其他原住民文化的语篇,包括电影、视频、照片、油画、雕刻、图腾、岩画、象形文字、纺织品、徽章、面具、舞蹈、戏剧、图画小说、插图文学、广播媒体、网站、学生自己提供的材料。③

2010年,美国颁布语文《共同核心州立标准》,目前美国绝大多数的州都采用该标准。标准在制定过程中参照了美国国家教育进展评价(NAEP)2009阅读评估框架,标准规定,教材选文应包括文学类语篇与信息类语篇,文学类语篇含故事、小说、剧本、诗歌,以及演讲辞、自传和传记等纪实文学。信息类语篇含说明文、论说文和劝说文、程序性语篇和文档。另外,共同标准拟定了4、8、12年

---

① [美]库恩:《科学革命的结构》,金吾伦、胡新和译,北京:北京大学出版社2003年版,第157页。

② Ministry of Education. The Ontario Curriculum Grades 9 and 10. [2016 - 11 - 12]. http://www.edu.gov.on.ca/eng/curriculum/secondary/english910currb.pdf.

③ Ministry of Education,British Columbia. English 10 and 11 First Peoples Curriculum. [2016 - 04 - 29]. http://www.bced.gov.bc.ca/irp/pdfs/english...arts/2010efp1011.pdf.

级结束时阅读语篇类型分配比重,也即到 4 年级结束时,文学类语篇阅读与信息类语篇阅读各占 50%;8 年级结束时,前者占 45%,后者占 55%;12 年级结束时,前者占 30%,后者占 70%。其次,标准鼓励阅读图书类语篇,标准附录中所提供的节选类语篇在相关教育网站都有相应的链接。[①] 无论是短文类语篇还是图书类语篇,美国标准对具体篇目都不作强制的限定,只是提供一些参考样例,鼓励大家自由选择,所以传统意义上的教科书正渐渐淡出人们的视野。结合美国惠利公司(Wheatley)于 2014 年出版的《共同核心课程·语文》教学参考书(第二版)来看,其阅读选文包括大量的文学类语篇和信息类语篇,此外选文并不局限于印刷类语篇,还包括电子类语篇;既有文字类语篇,也有绘画艺术品和电影、音乐等视听类语篇或多模态语篇。[②]

2014 年,英国颁布了《英国国家课程框架文件》(3—4 学段),框架规定:第三学段,学生须阅读各种虚构类与非虚构类语篇,尤其包括整本书,短篇故事,各个历史时期、不同作家、风格形式各异的剧本。这些优质的作品来源于英国文学,包括 1914 年之前以及当代的散文、诗歌和戏剧,2 部莎士比亚的戏剧,世界文学巨著等。整本书的选择应考虑以下标准:具有挑战性,符合兴趣,带来阅读快乐。第四学段,学生须阅读各种优质的、具有挑战性的古典文学和纪实文学,以及学术论文、评论和新闻报道。这些作品应包括完整的语篇,范围应包括:莎士比亚的剧本至少 1 部;1789 年以来,尤其是 19 世纪、20 世纪、21 世纪的诗歌,包括浪漫主义代表作。整本书的选择标准与第三学段相同。[③]

2012 年,澳大利亚颁布的《高中语文课程标准》指出,语篇为我们提供了交流的手段,语篇的形式和特点在不断发展,借助语篇我们能够进行有效交流,包括体现读者意识和目的意识。语篇既包括书面的和多模态的,也包括印刷类和电子类的。多模态语篇会运用到语言和其他手段,包括印刷类语篇和视觉形象、

---

① CCSSO, NGA, Achieve.Common Core State Standards for English Language Arts & Literacy in History/Social Studies, Science, and Technical Subjects. [2016 - 04 - 19]. http//. www.corestandards.org/assets/CCSSI_ELA%20Standards.pdf.

② The Wheatley Portfolio. Common Core Curriculum English(grades 6 - 8)(2 Edition). San Francisco: Jossey-Bass, 2014.

③ Department for Education in England. The national curriculum in England. framework document. [2016 - 04 - 19]. http://www.gov.uk/.../system/.../NC framework_document_-_FINAL.pdf.

音响,电影中的台词,电脑上呈现的交流媒介等。语篇为我们提供了学习的机会,包括人性的体验和审美的体验。许多学生无论是在校内还是校外,都要面对文学类语篇、信息类语篇、媒体语篇、日常生活语篇以及工作场所语篇。文学指的是在一系列文化背景中的作品,其形式和风格被公认为具有持久的艺术价值。文学语篇的本质是动态的、不断发展的,文学包括小说、诗歌、戏剧等多种形式。①

2012年,新西兰颁布的《国家语文课程》指出:语篇是包含思想或信息的作品,它包括虚构的和非虚构的语料。语篇的设计都有其特定目的,都得考虑读者对象。语篇可分为口头语篇、书面语篇和视觉语篇,如果将口头叙述、口述历史这类口头语篇去掉的话,与阅读相关的语篇则包括:剧本、社论、通讯报道、体育比赛、游戏脚本、诗歌、演讲、书信、小论文、评论、纪录片、CG动画、漫画小说、哑剧、博客、纪录形式的节目、视频日记、电子期刊、抒情诗、小说、电影和复合类语篇,等等。此外该《课程》还规定,从4年级开始,学生就要阅读表格、地图、索引、词汇表等非连续性语篇。从7年级开始,学生就要分析非连续性语篇的结构,并接触混合类语篇类型。②

西方国家阅读教材语篇范式的确立对东方的新加坡也产生了一定的影响。2011年,新加坡颁布的《中学华文课程标准》规定,中学华文课程的总目标有三条,其中第一条为语言交际能力,第二条为人文素养,第三条为通用能力。中学华文课程包括五项课程,每项课程的阅读能力目标都不相同,它们对记叙性、说明性、议论性或实用性"语料"有着具体的阅读要求。③《小学华文课程标准》(2015年版)则规定,选材须文质兼美,体裁丰富多样,富有时代气息,并能体现本土特色。教材的题材、体裁、风格应多样化,各类别配置适当,并体现年级特点。小学低年级教材可适当采用韵文,中、高年级教材则以记叙文和实用文为主。阅读材料类型具体包括:儿歌、故事、童话、寓言、传说、通知、海报、广告、图

---

① ACARA. Senior Secondary Curriculum:English.(2012 - 12)[2016 - 04 - 29]. http://www.acara.edu.au/curriculum/senior_secondary.htm.l.

② Department for Education in England. English in the National Curriculum.(2012 - 07 - 30)[2016 - 04 - 27].http://www.nzcurriculum.tki.org.nz/The-New-Zealand-Curriculum.

③ 新加坡教育部课程规划与发展司:《中学华文课程标准》,2011年,第21页。

表、传单、菜单、报章、说明书等。①

　　由于教育文化与传统等因素的客观差异，各国教材体系建设体现了各自的特色。但是，由于同属英联邦国家，再加上全球化等因素的影响，加、美、英、澳、新（西兰）等国之间也加强了融合，某些方面也彰显出趋同化的特点：比如美国直接采用 NAEP 的分类标准，即文学类语篇与信息类语篇。加拿大安大略省在文学类语篇、信息类语篇的基础上增加了图表类语篇；加拿大英属哥伦比亚省在文学类语篇、信息类语篇的基础上增加了劝说类语篇、视觉类语篇、原住民语篇。澳大利亚则在二分法的基础上，结合语篇的实用功能，进而分成文学类语篇、信息类语篇、媒体语篇、日常生活语篇以及工作场所语篇。英国与新西兰则将教材分成虚构类语篇与非虚构类语篇，尽管名称与其他几国不统一，但与美国的二分法并无本质的区别。有的国家还从交际功能出发进行划分，比如新西兰教材又分为口头语篇、书面语篇和视觉语篇；澳大利亚将语篇分成书面语篇和多模态语篇，也包括印刷类语篇和电子类语篇。由于实用主义的根深蒂固，美国信息类语篇占比较高。而英国由于历史的悠久与经典情结的浓厚，它们更加注重文学名著的传承与守护。最后，美国与英国均注重图书类语篇的阅读，而且此类阅读都是必修的课程内容。新加坡在华语阅读教材建设方面，受到西方语篇分类理论以及中国传统文章分类的双重影响。新加坡标准虽然没有采用"语篇"这一术语，但透过"语料"一词以及海报、说明书、图表等要素，可以察觉到国际学生素养评估项目（PISA）与国际阅读素养进展研究（PIRLS）等国际阅读素养评估对其产生的影响。而记叙性语料、说明性语料、议论性语料及实用性语料这一分类，则反映出东西语篇（文章）分类上所体现出的共通性。

第二节　我国阅读教材语篇范式的建构

　　我国古代语文教材大致可分为三类：一是以"三百千"为代表的蒙养教材；二是以"四书""五经"为主的经学教材；三是以《文选》《唐诗三百首》等为代表的文选教材。20 世纪初以来，语文教材范围收窄，它主要指具有综合功能的文选教

---

① 新加坡教育部课程规划与发展司：《小学华文课程标准》，2015 年，第 14 页。

材(教科书),而文选范式一旦确立,其体制竟坚如磐石,牢不可破。2000年,资深语文教材专家周正逵指出:"几十年来,中小学语文教材,内容不断更迭,花样不断翻新,主要围绕着选文内容、分量增减和编写体例这三个方面变来变去。"①周正逵这里所言的教材即狭义的教材——教科书。周正逵认为,这样的教材体系缺乏科学性,他主张从语文教材体系上动大手术,变选文系统为训练系统。2017年初,周正逵在接受《语文学习》访谈的时候指出:"新(课改)时期最大的问题是空喊口号,不抓教材","语文教改的核心是教材改革",但是,"语文教材如何成体系是个大问题"。② 刘占泉则指出:"建构科学的语文教材体系,这是20世纪几代语文教育工作者努力追求的宏大目标。""建构语文实验教材,一定要把探索新的语文教材观的体系放在第一位,从而创建出新的语文教材体系。"③我们认为,语文阅读教材体系亟待改革,它不应拘囿于教科书层面,而应确立广义的语文阅读教材观。根据国际上阅读教材发展的新趋势,基于培养未来社会合格公民语用能力的现实需要,阅读教材的建设应基于并超越现行的"文选"范式,进而确立预示着国际阅读教材发展方向的"语篇"范式。

语篇学视域下的阅读教材包括教科书中的阅读教学板块和教科书之外所有相关的阅读教学语料。阅读教材中的这些语料,从本质上讲都属于"语篇"。相对"文本"而言,"语篇"这一称谓更能凸显语料的交际特性与功能;同时,作为语用的对象与产物,"语篇"范畴具有更为鲜明的课程价值导向,即将阅读教学的核心价值引向语用能力的培养。在我国现行国情之下,教科书的主体地位不容动摇,一般而论,教科书由知识系统、练习系统、导读系统和选文系统构成,语篇学的思想应自然渗透至几大系统的设置中。关于知识的呈现,应增添语篇阅读知识,具体包括语篇学科知识、语篇要素知识、语篇阅读策略。语篇学科知识可细分为如下三类:陈述性语篇知识(语篇、语境、语体、语气、语调、体裁、功能、衔接与连贯等)、程序性语篇知识(语境分析、功能分析、体裁分析与运用、语体分析与运用的知识等)和策略性语篇知识(目的意识、主题意识、作者意识、读者意识、可接受性意识等)。语篇要素知识可细分为语言知识、形式知识和内容知识。语篇

---

① 周正逵:《问题与对策:中小学语文教育改革》,北京:人民教育出版社2000年版,第168页。
② 周正逵:《语文教改的核心是教材改革》,《语文学习》2017年第2期。
③ 刘占泉:《汉语文教材概论》,北京:北京大学出版社2004年版,第248—249页。

阅读策略主要指认知策略与元认知策略。练习设计应确立语境学习的观念，注意语用情境的创设，在各级各类话语实践中培养语篇理解能力、语篇评价能力和语篇审美能力。语篇理解能力包括提取信息的能力、概要理解的能力和深入理解的能力。语篇评价能力包括篇章内容的评价能力、篇章形式的评价能力和人际功能的评价能力。语篇审美能力包括诗歌语篇审美能力、小说语篇审美能力、戏剧语篇审美能力和散文语篇审美能力。导读设计上也应有意识地引导学生进行语篇解码训练。"选文系统"这一概念可能要进行调整，我们建议以"语篇系统"取代之。语篇的选择与配置可以适当借鉴上述国家语篇分类的实践经验，教科书可以专题（或主题）单元的方式组织语篇。根据语篇分类的不同标准，我们初拟出一套语篇分类体系：从篇幅长短分，包括短文类语篇和整本书语篇；从语言的功能分，包括文学类语篇和信息类语篇；从连贯的紧密度分，包括连续性语篇和非连续性语篇；从媒介手段分，包括纸质类语篇与电子类语篇；从语篇构造的方式分，包括文字类语篇和图文类语篇。以下就这五对语篇的配置展开论述。

一、短文类语篇与整本书语篇

（一）整本书语篇应成为课内阅读教材

保留短文类语篇不存在任何争议，问题是，整本书语篇是否应该作为课内阅读教材呢？我们不妨先从史的视角予以分析。根据张志公的研究，中国古代语文教材始终是双线并行的：一条是以"四书""五经"为主的"整本（书）"，一条是以《文选》《古文观止》《唐诗三百首》等为主的"选本"。[1] 1904年语文单独设科，彼时《奏定初等小学堂章程》与《奏定高等小学堂章程》均强调读经讲经，这经书的阅读自然是"整本书"阅读。像高小学堂，"每周需读经六点钟，挑背及讲解六点钟"[2]。如此看来，经书阅读至少是课内外阅读相结合。"五四"时期是大家辈出的时代，围绕阅读教材的讨论，学者们是各抒己见。部分学者不赞成将整本书用作教材，但是胡适、何仲英、林轶西、朱自清、夏丏尊、叶圣陶、浦江清等为代表的学者都主张用整本书做教材。

---

[1] 张志公：《传统语文教育教材论》，上海：上海教育出版社1992年版，第120页。
[2] 课程教材研究所：《20世纪中国中小学课程标准·教学大纲汇编（语文卷）》，北京：人民教育出版社2001年版，第8页。

胡适认为,就国文阅读指导而言,教师不应过度地干预学生的思考,学生应投入到"大剂量的阅读"中,应以"看书代替讲读"。在胡适看来,中学国文教材的内容分三种:"(1)看小说,至少二十部以上五十部以下。例《儒林外史》《官场现形记》《红楼梦》《西游记》《水浒传》……(2)白话的戏剧——现在虽然很少,将来一定可以渐渐增加。(3)长篇的议论文和学术文。"①"小说与戏剧都由教员指定分量,由学生自修。课堂内只有讨论,不必讲解,因为讲解是教授文言不得已的方法。指定分量,不必限定一回,可以一段一段分。譬如《西游记》前八回说孙悟空的历史为一次,因为你就不指定八回,他们学生也自然看完了八回才止的。"②这样看来,尽管整本书的自修是在课外,但是课堂讨论的却包含了《红楼梦》《西游记》这些大部头的书;长篇的议论文、学术文则包括《老子》《中国哲学史大纲》《四书》《清代学术概要》等。③ 也就是说,整本书的阅读已经不是简单的课外阅读了,它已经由课外延伸到课内;相应的,整本书已经不是一般的课外读物,而是横跨课内外的教材了。

胡适之后,何仲英更是坚定地拥护以整本书作为教材。何仲英在《国语文底教材与小说》一文中,详细论述了以白话小说作为国语文主要教材的"必要性和可得性",并选择了10部古代白话小说一一作了分析。他认为,白话小说的教授法当不限于课外,课前先由教师规定分量,让学生自主阅读,课堂上应做的事则是,提出问题,大家共同讨论。最后是练习应用,包括登台表演、演说辩论、抒发感想,等等。在何氏看来,"所以我敢说白话(小说)在现在,虽不能说是国语文底唯一教材,也当占国语文教材底大部分。"照此办法,预料学生得的益处,至少有三件:语言上有帮助;引起研究人生和社会的种种问题;得了许多作文的资料。④当然,胡适、何仲英强调读整本书,还有一层考量,那就是以白话代文言。与二人不同,1941年,叶圣陶就教材选文抑或选书的问题作了详细的论述,现引文

---

① 顾黄初、李杏保:《二十世纪前期中国语文教育论集》,成都:四川教育出版社1990年版,第119页。
② 顾黄初、李杏保:《二十世纪前期中国语文教育论集》,成都:四川教育出版社1990年版,第119页。
③ 姜义华:《胡适学术文集·教育》,北京:中华书局1998年版,第81页。
④ 顾黄初、李杏保:《二十世纪前期中国语文教育论集》,成都:四川教育出版社1990年版,第151—153页。

如下：①

> 现在的国文教学，成绩不能算好，一部分的原因，大概就在选读单篇短章，没有收到好的方面的效果，却受到了坏的方面的影响。……以上的话如果不错，那么，国文教材似乎该用整本的书，而不该用单篇短篇，象以往和现在的办法。退一步说，也该把整本的书作主体，把单篇短章作辅佐。……如此说来，改用整本的书作为教材，对于"养成读书习惯"，似乎切实有效得多。

叶老的观点很明确，语文阅读教材应将"整本的书作主体"，用"单篇短章作辅佐"。1948年，《修订高级中学国文课程标准》颁布，教材的选用很大程度上受到了叶老这一思想的影响："阅读教材可采用长篇"，"精读教材宜以选用短篇"。②但是联系教材编撰的历史来看，多数时候整本书或用作课外教材，或只是作为略读教材。

总体上看，胡适、何仲英与叶圣陶的论述都未上升至学理的高度，但无论是胡适的"通解普通语言文字，能自觉发表思想"，还是何仲英的"注重应用""语言上有帮助"，以及叶圣陶朴素的"养成读书习惯"观，在注重语文能力的养成上，与语篇学重语用的思想还是有许多共通之处。

中华人民共和国成立以后，整本书阅读也大都作为"点缀"。1963年《全日制小学语文教学大纲》颁布，其"选材标准"部分规定，课文必须是范文，长篇作品采用节选的办法，此外还应加强课外阅读指导。③但是课外阅读的对象到底是什么，大纲未予细述。1978年颁行的《全日制十年制学校小学语文教学大纲》指出，要加强课外阅读的指导，要选择适合学生阅读的有益读物。要组织读书活动，检查阅读效果。④改革开放初期，情况也未发生根本的改变。1986年，《全日

---

① 叶圣陶：《叶圣陶集》（第16卷），南京：江苏教育出版社2004年版，第57—58页。
② 课程教材研究所：《20世纪中国中小学课程标准·教学大纲汇编（语文卷）》，北京：人民教育出版社2001年版，第321页。
③ 课程教材研究所：《20世纪中国中小学课程标准·教学大纲汇编（语文卷）》，北京：人民教育出版社2001年版，第155—156页。
④ 课程教材研究所：《20世纪中国中小学课程标准·教学大纲汇编（语文卷）》，北京：人民教育出版社2001年版，第179—180页。

制中学语文教学大纲》颁布,其"教材内容"部分指出,"课文要选取文质兼美、适合教学的典范文章",而"课外阅读指导",主要是"推荐有益读物,提示阅读方法",而阅读效果需不需要检查,大纲甚至都未提及。①

回眸语文单独设科以来的一个多世纪,语文教学大纲与语文课程标准关于"整本书"的阅读大都轻描淡写,多数时候只是被当作课外读物或略读教材、补充教材,其地位还是无法与选文或课文相提并论。相对而言,现行的《义务教育语文课程标准(2011年版)》更为重视"整本书"阅读。《标准》首先提出如下建议:"提倡少做题,多读书,好读书,读好书,读整本的书。"②显然,《标准》所提及的读物中,"整本书"所占分量不小,而这样的导向无疑具有积极的意义。《普通高中语文课程标准(2017年版)》也非常重视整本书阅读,在必修阶段设置了"整本书阅读与研讨"学习任务群,且要求选择性必修和选修阶段继续落实"整本书阅读与研讨"的学习任务。

但是,由于应试文化的根深蒂固,今天的学生课外已很难挤出多少时间看书,倘若再简单地固守"得法于课内,得益于课外",似已不合时宜。联系部分西方国家阅读教材改革及使用来看,它们也在进行类似的探索,这方面美国的步子迈得最大,它们的做法应引起我们的反思。

关注美国语文教材的同志都知道,美国有一套影响力较大的教科书——《美国语文》,该教科书后由国内学者马浩岚于2008年编译出版。但必须提醒的是,这部教科书目前在美国使用的教师已经很少了,因为,美国各州、各校教师在教材使用上自由度很高,灵活性太强,而且根据最新的发展趋势,美国多数教师已经不再固守教科书,乃至不用教科书,取而代之的是布置学生选读课外书籍。2010年,美国颁布了语文《共同核心州立标准》,这套标准尽管名义上不强制执行,但是由于联邦政府规定,执行共同标准的州可以获得财政资助,这样许多州迫于财政压力,便纷纷响应。《标准》指出,学生阅读的对象应不限于短文类语篇,它还包括整本书语篇,而其"附录"部分提供的样本既包括文章,也包括图书。2013年,由于不满共同标准,著名课程标准专家斯托斯基自主开发了《美国公立

---

① 课程教材研究所:《20世纪中国中小学课程标准·教学大纲汇编(语文卷)》,北京:人民教育出版社2001年版,第478—480页。
② 中华人民共和国教育部:《义务教育语文课程标准(2011年版)》,北京:北京师范大学出版社2012年版,第23页。

学校语文课程框架:一种模型》,作为各州、学区公立学校实施共同标准的"辅助材料"。斯托斯基开发的框架,尽管没有排斥短文类语篇,但它更为强调的还是整本书的选择和阅读。另据笔者的朋友董蓉蓉女士反映,在美国佛罗里达州立大学读文学博士的这三年中,她参观了一些公立小学以及中学,第一件让她感到赞叹又困惑的事情是,"语文课没有课本。任课老师会在学期开始之前,给学生们选择 4—5 本文学书籍,其中既有经典著作,也有最新的儿童文学作者写的小说。这几本书将一学期的课程划分为几个阶段,每个阶段都会有围绕现阶段的文学读本进行的写作训练。"尽管我们国内无须完全下放教材的使用权,但是整本书语篇进入课堂的问题,我们当认真对待。

(二) 平衡短文类语篇与整本书语篇的比例关系

鉴于课内阅读时间资源的有限性,教科书的篇目或应作相应的调整。建议缩减必读篇目,以腾出时间开展整本书阅读,这方面香港地区做出了有益探索,且已初见成效。

2002 年以前,香港的语文课均以"指定篇章"作为范文教学的依据,2002 年之后,香港语文教材使用建立了自由选择的机制,范文的选择权直接下放给教师,教育局课程发展处也提供了初中 600 篇和高中 300 篇参考篇章,供教师参考选用,以照顾学生的不同需求。这样,教师可以选用某个出版社的教材,也可以从必读篇目中自选一些篇章进行教学,而学校也鼓励教师自主开发校本教材。作为教材出版方而言,为顺应形势的变化,它们在教材编写上也有别于过去,对篇章的数目进行了精简。根据学者的研究,启思出版社出版的教科书《中国语文》(2005 年版),其篇章容量已经减少,全套书六册共 133 篇文章,其中讲读篇章 38 篇、导读篇章 57 篇、自习篇章 38 篇。[①] 必读篇目降下来之后,师生就获得了更多的时间,进而实现"课外阅读课内化",即直接阅读课外优质的文学作品(含书籍)。

2014 年香港修订颁行《中国语文课程及评估指引》(中四至中六),《指引》明确要求,学校必须确保在中国语文课中安排阅读活动,包括举行读书会,鼓励学生分享阅读心得。在语文课堂上,应引进不同类型的阅读材料,以照顾不同学生的阅读兴趣,例如图画书、桥梁书、小说、剧本、报纸、杂志等,使文艺性及信息性

---

① 傅建明、徐敏娟:《香港语文教科书编排研究》,《全球教育展望》2007 年第 4 期。

阅读兼备,以拓宽学生的阅读面。图4-1反映了香港童书角色的变化过程,先前它只是课外阅读材料,但现在,已"晋升"为课堂学习材料。《指引》指出,男生较喜欢科普作品,女生较喜欢文艺类书籍,应让他(她)们都能选读喜爱的作品类型。应安排多元化的课内阅读活动,例如组织班级读书会。此外,各教室应有存放语文书籍的资源角,以方便取用。语文教师可在上课时带学生到学校图书馆去,或与学校图书馆主任协作教学,或让学生使用相关的资源,以便安排更有意义的学习活动。①

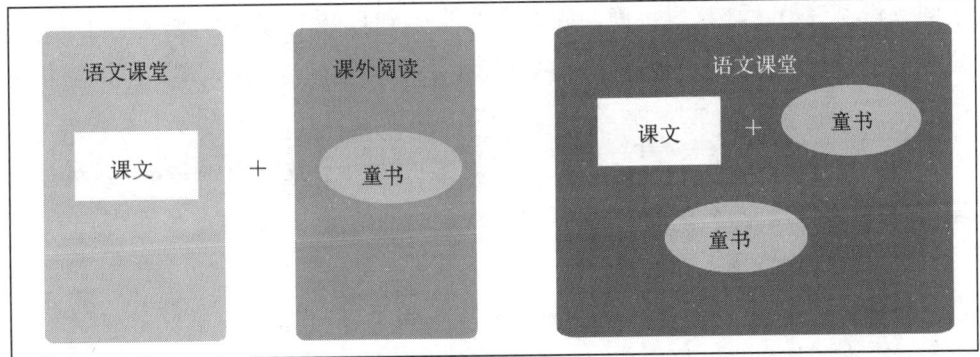

图 4-1　童书在香港"中国语文"课程中的角色变化②

显然,香港地区语文教材的使用与美国的举措非常接近。斯托斯基在《美国公立学校语文课程框架:一种模型》一书中"书籍选择"部分指出,各年级学生的阅读都要有一定的宽度和深度,语文教师应提供经典的文学作品,它们应体现共同的文学传统(参考"附录"A),应提供高质量的当代文学作品(参考"附录"B),应提供其他国家的、体现异域文化的杰作(参考"附录"B),文学阅读多数应围绕"附录"提供的作品展开,教师应根据多种因素判断语篇是否适合学生学习。另外,美国惠利公司(Wheatley)于2014年出版了自己的《共同核心课程·语文》教学参考书(第二版),八年级第六单元为"未选择的路"专题,该单元学习时间为六

---

① 香港特别行政区政府教育局:《中国语文课程及评估指引(中四至中六)》,香港:政府印务局,2015年,第10—13页。
② 张永德:《跨课程阅读童书教学工作坊》,[2012-04-17].http://www.edb.gov.hk/.../tc/.../series8_Dr.Cheung_20120417.ppt.

周,教材编者要求学生围绕坚强的角色进行探究性阅读,其推荐的选文既有文学类语篇《未选择的路》,也有信息类语篇詹姆斯·迈克布里奇·戴碧思(James McBride Dabbs)的诗评《罗伯特·弗罗斯特:行动诗人》;既有17世纪维拉斯奎兹的绘画作品《圣德帕约》,也有不同时期的同名电影《小妇人》《老人与海》,还有整本书:斯威夫特的《格列佛游记》,海明威的《老人与海》,奥尔科特的《小妇人》等。[1]

其实,在国内语文教改实践中,许多一线教师在这方面也做出了有益探索,并积累了成功经验。比如,李希贵当年在山东高密一中时,曾开展过"语文实验室计划",该计划在课程安排上有一大特点:2+4。"2"是指每周两课时用于教科书阅读指导教学,"4"是指每周四课时组织学生到自修室读书。显然,这里的自修室已不是一般意义上的自修室,它已经拓展了教室的空间;同样,自修室的书籍也不是一般意义的课外书,李老师也赋予其以教材或学材的身份了。另外,PIRLS2016阅读框架显示,世界上许多国家正致力于教室图书室的建设,[2]这样,学生们阅读图书又多了一条选择的渠道,此种情形之下,图书是否课内教材的界限就更加模糊了。

与李希贵相比,广东深圳的特级教师吴泓开放的力度更大,吴泓老师颠覆了传统意义上的教科书。自2001年以来,吴泓就大胆突破一学期一本教科书的藩篱,用专题教学代替课文教学,以经典阅读贯穿全过程。由于每个专题都要读整本书,每完成一个专题,学生的阅读量都在10万字以上。这样,每周6节课,4节用于阅读与整理(含电子阅读),2节用于师生讨论交流。按此进度,三年下来,每位学生的阅读量将近300万字。其他如吉林毓文中学(高中)的"名著阅读与人文素养形成"实验,山东潍坊市韩兴娥老师的小学语文"课内海量阅读"实验,也都涉及课内"整本书"阅读的问题。

举李希贵们的例子并非建议大家简单效仿,毕竟不是每所学校都能提供充足的图书资源和读书教室,各所学校面临的实际情况也各自有别,制定一个统一的读书课表并无必要。不过一般而论,如果每周以6课时计,至少应有2课时的

---

[1] The Wheatley Portfolio. Common Core Curriculum English(grades 6-8)(2 Edition). San Francisco:Jossey-Bass,2014.

[2] IEA. PIRLS 2016 Assessment Framework. [2016-04-09]. http://timssandpirls.bc.edu/pirls2016/downloads/P16_Framework_2ndEd.pdf.

图书阅读与讨论时间。同时，与短文阅读一样，文学图书阅读当为主体，但是文学语篇阅读并不意味着全部，其他人文社科类图书（包括哲学类图书）与科普类图书，都有推荐阅读的价值。

二、文学类语篇与信息类语篇

（一）教科书选文之"大别"：文学类语篇与信息类语篇

教科书选文大类划分（即"大别"）历来是个难题，现行《普通高中语文课程标准（2017年版）》与《义务教育语文课程标准（2011年版）》在选文分类标准上存在不统一的问题。前者采用的是"语篇三分法"：文学类语篇、论述类语篇、实用类语篇。但其最大的局限就是，简单地套用日本国语教学大纲的"文类三分法"，令文体的、表达的、功能的视角交织在一个层面，这便造成了分类标准的不统一。而后者基于各个学段的实际情况，在选文概念使用上存在着较大的"灵活性"，具体包括课文、作品、文本、文章、文学等。至于如何对选文进行文体分类，《标准》语焉不详。"五四"时期，蔡元培曾于《国文之将来》中提出，中小学的白话文可分为"美术文（即文学文）与应用文"。蔡氏这一"白话文二分法"可视作功能分类，它与PIRLS、NAEP的"语篇二分法"可谓名异而实同，因此，教科书选文之大类划分或可弃"三"返"二"，倘以文学类语篇与信息类语篇称之也未尝不可。如此划分教科书，另外还有两点理由：

一是语用的层级。信息类语篇诉诸知性或理性，此类阅读重在获取信息，追求的是实用层面的语用，体现的是基础层级的语用。这类阅读对学生的学习、生涯规划与全人发展来讲至关重要。PISA为何向此类语篇充分倾斜？因为它一直坚持这样一种认识，学校阅读教学应着力培养实用阅读技能。实用阅读技能是一项基础性技能，身处这样一个日新月异的时代，书面材料的数量和类型都在不断增加，越来越多的人希望以不同的方式运用这些材料，无论是个人发展、经济生活还是公民活动，都得运用实用阅读技能。对于重在培养学生阅读能力的语文课程而言，信息类语篇应作为重要的阅读对象。与信息类语篇不同的是，文学类语篇不是直接地传知与说理，它诉诸感性与诗性，往往借助意象、修辞、变形、想象等艺术手段间接地表情与达意。文学类语篇既追求实用功能，即培养学生读写听说的语用能力，还追求超实用功能，即审美语用功能。因此此类阅读追求的是发展层级的语用，用朱光潜的话讲就是，文学"起于实用，要把自己所知所感的说给旁人知道;但是它超过实用,要找好话说,要把话说得好,使旁人在话的内容和形式上同时得到愉快。文学所以高贵,值得我们费力探讨,也就在此"①。

二是交际的方式。信息类语篇交际的方式比较直接,它的意图是便捷、高效、准确地传递信息,追求的是科学性、简洁性、逻辑性。学生阅读这类作品既能获取专业的知识,还能训练逻辑思维能力,以及如何清晰准确地表达自己的思想。这样一种阅读能力养成之后,将有助于其他科目的学习,平时我们讲语文是工具性学科,其中就包含这层意思。与信息类语篇不同,文学类语篇的共性在于,它们并非不与外界和读者"交际",而是以一种更为艺术的、隐秘的方式进行交际,这正是文学交际性的独特之处。当然还有一种情况,作者构造文学语篇,并无强烈的与他者对话的意图,它更多的是与自己的心灵对话,这样一种独特的对话活动,我们仍视为"交际"。

总之,对中小学生而言,阅读的对象包括文学类语篇与信息类语篇,两类语篇的阅读都不可或缺,它们具有很强的互补性。

(二) 确立文学类语篇与信息类语篇的比例关系

文学类语篇与信息类语篇有着不同的存在价值,但是两者的比例关系又该如何确定?下面仍从史的视角作简要梳理,看看前人的探索是否能给我们带来一些启示。

1908年,吴曾祺所编的《国文教科书》出版,该教材是我国语文独立设科以来第一套教材。在安排全书结构时,它采用的是按文学史逆推选文的办法。该教材尽管取材范围较宽,但五册选文700余篇尽皆文学作品。② 到了1927年,张文昌独树一帜,提出了在当时看来颇为新异的观点。张文昌认为,教材的选择须因目的而定,因了这目的,就发生三个不同的主见:国文须注重文学而艺术化,以实施人文教育;国文须注重思想而学术化,以实施文化教育;国文须注重实用而社会化,以实施实利教育。不过在初中应多注重欣赏,高中多注重学术,文牍皆宜注重,"可现在一般的国文教师,对于实用方面,太不注意,据我的意思定标准如下:初中——文艺文50%,思想文30%,实用文20%;高中——文艺文

---

① 朱光潜:《朱光潜全集》(第6卷),北京:中华书局2012年版,第159—160页。
② 顾黄初:《中国现代语文教育百年事典》,上海:上海教育出版社2001年版,第26页。

30%,思想文50%,实用文20%"①。1935年,叶圣陶与夏丏尊合编的《国文百八课》问世,尽管编者强调,"本书选文力求各体匀称,不偏于某一种类",但据吕叔湘的统计,4册72课有选文144篇,除了应用文10多篇,说明文有20来篇,文选中篇数最多的还是记叙文,包括有抒情或议论的成分在内的。而这里的记叙文包括日记、游记和随笔、韵文、抒情散文、散文诗、小说等。②中华人民共和国成立以后,情况依旧没有改变。1952—1955年,小学语文界围绕教材建设曾进行过一场大讨论,吴研因在《人民教育》上发文指出,"课文应以儿童能懂的文艺作品为主","课本以美为贵"。③ 1978年,章熊曾从语言训练的角度出发,提出一个公式:语文教学的科学化=名家名篇+科学训练方法。所谓名家名篇,多数应该为文学经典。④ 1980年,曾祥芹对这种语文教材与教学的文学化倾向进行了批判。他说,中华人民共和国成立30多年来,语文教学一大偏向就是把语文课上成文学课;语文教材实际上是优秀文章的集锦,语文课的文学教学应服务于文章教学。⑤ 在笔者看来,什么是文学课,文学课到底是对应于文学教学还是文学教育?这有待进一步审议。此外,文学教材过高固然不对,但是将文章类教材提升到高于文学类教材的地步,是否就合乎语文教学的规律呢?

笔者曾对2014年修订过的苏教版高中语文必修教材(共5册)文学类语篇与信息类语篇进行了分类统计(见表4-1)。文学类语篇主要包括诗歌、戏剧、小说、散文等;信息类语篇包括说明文、议论文(含杂文、学术论文)和应用文(书信、新闻、演讲、调查报告、以非连续性语篇形态出现的图片)。文言文中,有些是议论性和文学性兼备的,比如《六国论》《阿房宫赋》。我们视前者为议论文,后者因是辞赋,我们视为文学类文体。总体上看,苏教版高中语文必修教材偏重于文学类语篇,个人认为,其方向正确,但是苏教版72.8%的占比可能略高。

---

① 顾黄初、李杏保:《20世纪前期中国语文教育论集》,成都:四川教育出版社1990年版,第413—414页。
② 刘国正:《叶圣陶教育文集》(第5册),北京:人民教育出版社1994年版,第410页。
③ 顾黄初:《中国现代语文教育百年事典》,上海:上海教育出版社2001年版,第340页。
④ 顾黄初、李杏保:《20世纪后期中国语文教育论集》,成都:四川教育出版社2000年版,第1199页。
⑤ 刘国正:《叶圣陶教育文集》(第5册),北京:人民教育出版社1994年版,第410页。

表 4-1 苏教版高中语文教材选文语篇体裁统计

册数	课文	文学类语篇	占比	信息类语篇	占比
1	22	19	86.4%	3	13.6%
2	17	13	76.5%	4	23.5%
3	18	10	55.6%	8	44.4%
4	19	15	78.9%	4	21.1%
5	16	10	62.5%	6	37.5%
合计 5	92	67	72.8%	25	27.2%

再看国外和我国港台地区，它们的相关研究也能给我们带来启发，以下谈几点认识：

第一，PISA、PIRLS、NAEP 的语篇分类比例不宜直接照搬。因为三大评估一致认为，阅读是跨课程的学习内容，阅读活动贯穿于校内外，故信息类语篇（非叙事类）并非专门针对语文课程而言。NAEP 在框架中强调，框架旨在为教育系统了解学生阅读素养状况提供参考数据，并促进学生提高阅读成绩，但它"无意提供具体的教学法和特别的阅读课程"，一线的课程与教材建设没有必要完全采用这一分配方案。[①]

第二，关于文学类语篇的比例，我们必须高于美国。与上述内容相关，美国的共同标准规定，除了语文学科，其他各科都有教读写的义务，而且这并非仅仅停留在理念层面，它们出台的《共同核心州立标准》就包括两大块："语文语言艺术"部分与"历史/社会研究、科学、技术学科的读写素养"部分。比如拿高中来讲，70%的信息类选文包含了其他学科的选文，这些选文的教学部分由非语文学科教师承担。至于70%当中，多少由语文教师负责，标准并未明确。

第三，应对中国香港，以及日本、韩国、新加坡的阅读教材语篇比例作深入研究。在国际阅读素养测试中，以上地区和国家成绩比较优异，它们的阅读教育改革相对较为成功，而且亚洲地区或国家的文化传统存在较高的相似度。2005、2006 年左右，香港的几套教材文学类语篇占比情况与 2014 年内地苏教版高中

---

① National Assessment Governing Board. U. S. Department of Education. Reading Framework for the 2015 National Assessment of Educational Progress. [2016-04-08]. https://www.edpubs.gov/document/ed005558p.pdf?ck=18.pdf.

语文教材相近,但是受到 PIRLS、PISA 评估结果等因素的影响,2007 年之后,香港初中开始实施基于新课程的会考,教材使用上出现变革,教科书由师生自由选择,阅读评估向生活化的语料适当倾斜,侧重个性化阅读和应用性阅读的考查,[①]但是文学类语篇的主体地位并没有变化。

第四,应对中国台湾阅读教材过于偏重传统文学经典的取向进行反思。我国台湾地区在前几届 PISA 和 PIRLS 的测试中,成绩不尽如人意,这很大程度上就是过于侧重传统文学经典阅读,以至于忽视了信息类语篇的阅读。根据台南市语文辅导团的王秀梗老师观察,台湾学生转换图表讯息的能力不强,也不善于对问题作重点性回答。更令大家感到窘迫的是,以前经常到台湾取经的香港,在前几届阅读素养评估中,均将台湾甩在了身后。对此,台湾许多学者进行了深刻的反思,他们已经意识到:语文教学并不等于'国文'教学;语文的基本能力,也不能和文学的基本素养绑在一起。台湾师范大学洪俪瑜更是不无忧虑地指出,"台湾的教育不但和国际趋势背道而驰,语文教育也和语言学习的理论背道而驰","中国的语文教育,台湾地区最有包袱,生怕我们的文化不见了。初中的语文课程花很多时间背诵文言文的修辞语意和解释,把学生对语文的兴趣都消磨殆尽。不能为了保留文化,把全体的语文能力都降低了"。成功大学中文系教授陈昌明也提醒道:"欣赏文章固然重要,但更重要的是,培养透过语言去生活的能力。""我们要有改变的决心,否则未来十年会看到苦果,因为一年比一年清楚。"[②]联系大陆语文阅读教材改革来看,适度增加经典诗文的比重是复兴优秀传统文化的战略需要,也符合语文教材编制的基本规律,语文教育离不开文学经典,文学经典在教材中的主体地位不能动摇,但这一切不能以削弱信息类语篇的比重为代价,合理配置两者的比重显得至关重要。

另外,小学与中学的语篇权重分配应有区别。PIRLS2016 框架指出,对多数学生而言,早期阅读主要出于消遣、娱乐等原因,他们会阅读故事类图书、绘本或者关于周围世界的信息类语篇。随着年龄的增长,学生的阅读能力也相应地在提高,为学习各类课程,从各类书籍以及印刷类材料中获取信息显得越来越重

---

① 刘洁玲:《从香港学生在 PISA2006 的表现看课程、教学与学生阅读能力的发展》,(2008 - 09 - 11)[2009 - 03 - 01].http://www.fed.cuhk.edu.hk/iso/calender/2008 - 2009/Chinese/research-institute&.html.

② 宾静荪:《PISA 启示录:走错方向的语文教育》,《亲子天下》2010 年第 19 期。

要。NAEP 和美国语文教材也考虑到了这种年段上的差异。

基于以上考虑,笔者提出一个不成熟的框架(见表 4-2),以供讨论。

表 4-2 教科书语篇类型比例分配表

年级	文学类语篇	信息类语篇
1—6 年级	约 65%	约 35%
7—9 年级	约 60%	约 40%
普通高中	约 55%	约 45%

当然在文学语篇的内部,可能还要做些结构的调整。第一,散文的比重是否应适当下浮？2011 年,王荣生教授曾以人教版的课程标准初中语文教科书为例,进行了统计:第一册语体文 24 课,诗歌 5 课,散文 19 课;第二册语体文 24 课,诗歌 3 课,小说 2 课,散文 19 课;第三册语体文 20 课,新闻报道 1 课,小说 2 课,散文 17 课;第四册语体文 20 课,小说 1 课,戏剧节选 1 课,散文 18 课。结果发现前四册语体文共 88 课,散文 73 课,计 83%。[①] 当然,这里的散文包括记叙文在内。尽管这样,散文占据过高的比例,这不符合国际语文教材发展的规律。第二,戏剧的比例是否应该适当提升？在西方国家,戏剧表演是重要的阅读活动课型。语篇教学的传统之一就是,将小说等有情节的文体改成戏剧,而后让学生在表演当中去揣摩角色、理解主题、分析内容、体验情感。而香港 2015 年版《指引》在教学方式上也推荐读者剧场、戏剧工作坊等学习方式。

三、连续性语篇与非连续性语篇

自萧统的《文选》问世以后,我国语文阅读教材走的主要是文选型的路子。语文单独设科之初,阅读教材主要还是文章的汇编,后来叶圣陶与夏丏尊合编的《国文百八课》出版,按单元组织选文的体例正式确立。但时过境迁,这种单一的文选型教材模式与国际阅读素养评估以及国际阅读教材改革已经脱节。

《义务教育语文课程标准(2011 年版)》出现了重要的转向,那就是引入了"非连续性文本"的概念,并对非连续性文本的教学提出了明确要求。非连续性文本的阅读是一种生活化的阅读,它更容易反映阅读主体的实用阅读水平。当

[①] 王荣生:《中小学散文教学的问题及对策》,《课程·教材·教法》2011 年第 9 期。

然,所谓非连续性文本(text)也即非连续性语篇(text),之所以将 text 译作语篇,因为它更能体现语用的导向。

标准这一变化的主因就是 PISA 考试的影响。2009 年中国上海考生首次代表大陆参加 PISA 考试,阅读成绩在参加评估的国家和地区中位居第一,其中"连续性语篇"平均得分 564 分,但是"非连续性语篇"平均得分 539 分,两者的成绩差距为 25 分,这在所有参赛的国家和地区中,落差是最大的(见表 4-3)。该评估结果反映,上海地区两类文本的教学存在严重的失衡。这之后,中国掀起了一股 PISA 研究热,语文界的专家也加快了非连续性文本(语篇)研究的步伐。2011 年颁布的语文课程标准引入"非连续性文本",实际上就反映了大家在这一问题上基本达成共识:非连续性文本必须予以重视。但是,语文教材如何引入以及多大程度上引入非连续性语篇,有待进一步研究,目前国际上还处于探索阶段,许多国家的经验也不完全适合我国国情。在这个问题上,笔者有个基本的观点,那就是语文教材应以连续性语篇为主、非连续性语篇为辅,这一基本格局不能变。

表 4-3　PISA2009 部分国家(地区)不同语篇类型的标准分数

国家(地区)	阅读评估总排名	语篇类型	
		连续性语篇	非连续性语篇
中国上海	1	564	539
韩国	2	538	542
芬兰	3	535	535
中国香港	4	538	522
新加坡	5	522	539
加拿大	6	524	527
新西兰	7	518	532
日本	8	520	518
澳洲	9	513	524
荷兰	10	506	514
中国台湾	23	496	500
中国澳门	28	488	481

资料来源:柯华葳,《由 PISA 看阅读策略》。

我国传统的语文教材建设并无"非连续性文本（语篇）"这一说，但古今教材中不乏目录、附录、图表、图片等类似于非连续性语篇的元素，可它们只是以辅助系统的方式出现的，并未取得与选文系统、知识系统、练习系统、导读系统等同等的地位。新标准引入了非连续性文本的概念，意味着目录、附录、图表、图片等语料的性质和功能已发生了根本改变，未来教材的选文系统需进行结构重组，换言之，读图已不是观文的辅助手段，这些图表、目录本身已经成为阅读的对象，读图与读文从课程功能和地位上讲，具有同等的意义。但是在权重分配上，孰主孰次，必须明确。在最近几届国际阅读素养评估中，非连续性语篇与连续性语篇阅读成绩均衡的国家和地区有芬兰、中国香港等，了解它们的一些举措和经验，或将带来裨益。

芬兰近几届 PISA 阅读评估的成绩均比较优异，2001 年，芬兰排名第一；2003 年，芬兰蝉联冠军；2006 年，芬兰仅次于韩国，位居第二；2009 年，芬兰位于中国上海和韩国之后，列第三；2012 年，芬兰略有下滑，掉至第六位。以 2009PISA 为例，较之于其他参赛主体，芬兰的连续性语篇与非连续性语篇阅读水平最为均衡。根据芬兰全国教育委员会 2012 年提供的研究报告，在芬兰，语文课程的名称为"母语和文学"，学生日常的阅读除了文学类连续性语篇之外，还广涉各类非连续性语篇，而语文教师、图书馆教师、家长也为学生提供获取各类语篇的渠道，以培养学生的综合阅读能力。[①] 2016 年秋季，芬兰新一轮课程改革启动，其"最实质的变化就是加强课程的融合，培养学生的多元读写素养"。所谓多元读写素养，就是跨课程读写素养。[②] 以非连续性语篇为例，它既是语文课程的阅读对象，也是其他课程的阅读对象，所以语文课程无须独自肩此重任。而连续性语篇，尤其是文学经典，仍然是芬兰语文教师优先推荐的读物。

再看中国香港。就香港参加三届国际阅读素养评估的成绩来看（见表 4 - 4），PIRLS 成绩进步明显，最近一届排名第一，而参加 PISA 的成绩基本稳居前

---

① 林秀贞：《阅读能力帮助学生提高竞争力之研究》，(2008 - 04 - 03)［2016 - 10 - 17］. http://report.nat.gov.tw/Report Front/report_download.jspx? sysId＝C09700369&fileNo＝004.

② Carita, Sirpa. Digital Literacies in the New Finnish National Core Curriculum.. ［2016 - 04 - 29］. http://www.literacyworldwide.org/blog/literacy-daily/2015/08/28/digital-literacies-in-the-new-finnish-national-core-curriculum.

四位,应该说这一成绩也是相当优异的。但根据香港学者陈瑞端2015年所做的研究,相对于连续性语篇的阅读而言,香港学生非连续性语篇阅读水平还是偏弱,"中三学生并不善于阅读非连续文本"。因此,她建议:"为应付日后千变万化的生活和工作需要,学生应同时拥有阅读连续性和非连续性文本的能力。"一方面,"语文教学及考评应涵盖多元文本,以反映现实生活的需要";另一方面,"跨课程阅读也是一条值得开拓的道路",这也是国际阅读教育改革的重要趋向。[①]这就意味着,语文阅读教材不能固守连续性语篇,它应拓展至非连续性语篇;非连续性语篇并非语文阅读教材的专利,其他学科教材也应予以呼应,共同承担相应的教学任务。2014年,香港地区颁布了《基础教育课程指引》(小一至小六),《基础教育课程指引》指明了加强多元阅读(含非连续性语篇)以及跨课程阅读的方向。但是香港教材使用比较灵活,它们借鉴了欧美许多国家的经验,语文教材没有固定的教科书,这种情况下,教师如何选择教材显得格外重要,而香港政府教育局也非常注重这方面的培训和指导。就香港语文教师对连续性语篇与非连续性语篇的实际选择来看,无疑还是以前者为主、后者为辅。

表4-4 中国香港参加三届国际阅读素养评估的成绩

项目名称	年级/年龄	年份	参与国家(地区)数目	中国香港排名
国际阅读素养进展研究(PIRLS)	小学4年级	2011	45	1
		2006	45	2
		2001	35	14
国际学生评价项目(PISA)	15岁学生	2012	65	2
		2009	65	4
		2006	57	3

资料来源:根据三届PISA技术报告整理而成。

四、纸质类语篇与电子类语篇

平衡好纸质类语篇与电子类语篇的关系,这对我们来讲也非常重要。以往我们更重视纸质阅读,电子阅读重视程度不够,但台湾学者柯华葳指出,"阅读是

---

① 陈瑞端:《由"从阅读中学习"迈向"自主学习"》,(2015-11-28)[2016-10-19].http://www.ate.gov.hk/tchinese/doc/2015_Showcase_plenary_Prof_Chan.pdf.

新世纪必要的学习管道",阅读应包括传统的阅读和电子类阅读。① 香港参加 PISA 测试之后的一条重要经验就是,语篇分类应反映现实生活的需要,阅读应涉及:语文科+其他学科;课内+课外;文学+非文学类的阅读材料;印刷版+电子版的阅读材料。而男生尤其要培养文学语篇、生活化语篇和电子类语篇的阅读兴趣。② 所谓电子类语篇,也称作电子文件,在因特网问世之前,已经有专门的电子图书阅读硬件。罗伯特·布萨(Roberto Busa)于 20 世纪 40 年代首先开发了电子版的《阿奎那斯》,而大规模的电子语篇编辑、超文本、在线阅读平台在 60 年代左右才问世,当时,这些阅读平台已开始运用到格式化、标记、自动图表、超链接等技术手段。

就国际上三大阅读素养评估来看,总体上还是重视电子类语篇阅读的。PISA2009、PISA2012 的测试语料分成印刷类和电子类两类,但是 PISA2015 新测试框架做出了调整,取消电子类阅读检测,主要原因就是不同国家电子阅读状况存在差异,电子阅读测试会影响到测试结果的效度。不过新框架提出了"语篇呈现空间"的概念,它取消了纸质方式,所有检测都是通过计算机屏幕方式(包括 PDF 和"电子阅读者"格式)进行。基于此,框架又提出了固定语篇和动态语篇的新概念。而 PIRLS2016 出现一大变化,它增加了"电子 PIRLS",也就是在原纸质语篇阅读测试的基础上增加了电子语篇阅读测试。PIRLS2016 指出:处于 21 世纪的今天,因特网已成为学生学习各类科目时搜集资料的重要来源,全世界的阅读课程已越来越强调搜集电子资源的重要性,因而 PIRLS2016 将进行书面阅读和在线阅读测试,以检测书面语用能力与电子语用能力。NAEP2015 暂时取消了电子阅读方式,因为纸质阅读避免了学生使用语篇阅读的导航工具,但纸质阅读过程中也有一些类似的要求,这相当于间接地用到了部分"导航"功能。

PISA2012 评估结果显示,中国上海考生阅读素养总分排名第一,但是基于电脑的问题解决评量中,排名第六,整体排名情况另见表 4-5。③ 这便反映出,

---

① 吴韵宇:《国际素养评量》,(2012—2015)[2016-04-26]. HTTP://www.education.ntu.edu.tw/activity/1030517/08.pdf.

② 陈昌勇:《PISA 为教育局在规划课程发展服务及政策带来的启示》,(2014-12-17)[2016-04-26]. www.hkedcity.net/ttv/mod/ttvvideo/view.php?id=1797.

③ Institute of Education Sciences. National Center for Education Statistics [2016-04-27]. https://nces.ed.gov.

上海考生的电子语篇阅读水平不尽如人意。倘使跟其他许多参赛国那样,抽样面铺开的话,测试结果又会怎样呢？PISA 2015 评估结果已于 2017 年底公布,中国考生阅读素养排名优势不再。另据 PISA2012 评估报告反映,新加坡考生的问题解决评量均分排名第一,优秀率与及格率也是第一,而这一结果也基本符合新加坡的预期,他们在阅读、数学和科学等学科的解决问题素养方面总体比较均衡。问题解决评量要借助电子语篇的阅读,完成评估只需要最基本的电子阅读技能；另外在问卷部分,会对学生的信息运用和交流技术进行调查。[1]

表 4-5 PISA2012 国际教育体系基于电脑的阅读素养评量均分表

教育体系	均分	教育体系	均分
国际经合组织均分	497		
新加坡	567	瑞典	498
韩国	555	丹麦	495
中国香港	550	德国	494
日本	545	葡萄牙	486
加拿大	532	奥地利	480
中国上海	531	波兰	477
爱沙尼亚	523	斯洛伐克	474
澳洲	521	斯洛文尼亚	471
爱尔兰	520	西班牙	466
中国台湾	519	俄罗斯	466
中国澳门	515	以色列	461
美国	511	智利	452
法国	511	匈牙利	450
意大利	504	巴西	436
比利时	502	阿联酋	407
挪威	500	哥伦比亚	396

资料来源：国际经济合作组织（OECD）的"PISA2012 数据统计"。

---

[1] OECD. PISA Results from PISA Problem Solving.(2014-04-01)[2016-04-27]. https://www.oecd.org/.../PISA-2012-PS-results-eng-SINGAPORE.pdf.

为提升学生电子阅读的水平,国际阅读界一些专家甚至提出了一个新概念——新素养。所谓新素养,就是指读者通过因特网、多媒体、搜索引擎等进行在线阅读、电子阅读或超文本阅读,以达学习或问题解决的目的。因此,电子类语篇的阅读乃大势所趋,显然应引起我们足够的重视。

五、文字类语篇与图文类语篇

在西方国家,它们根据语篇构造的方式将其分为文字类语篇(Verbal Text)与视觉类语篇(Visual Text)。文字类语篇,也称书写类语篇(Written Text),就是仅以或主要以文字作为传播方式的语篇,世界各国语文教材的主体均为文字类语篇。但是,随着信息时代的到来,各种新的交流媒介,包括视觉类语篇不断涌现,在儿童文学作品中,视觉类语篇更是重要的组成部分。所谓视觉类语篇,就是以各种视觉元素为主体,以语言元素为辅助,进而有效组织和传递信息的语篇。视觉元素主要包括:摄像角度、灯光、特技、布景、形象、色彩、图像、反复、对比;语言元素则包括:隐喻性问题、反复、暗示、短句子、对话、语调、声音、抒情歌曲等。因为视觉类语篇与文字类语篇的"阅读"方式有别,所以欧美英语国家通常称之为view,翻译成中文就是"视"或"观"。这些国家的语文教师经常会将传统的文字类语篇和视觉类语篇组合使用,这些视觉语篇包括:网页、CD封面、电影、电视节目、音乐视频、纪录片、海报、广告、宣传册、明信片、照片、绘画作品、图标、标志、(运动会、公司或机构的)标识、徽章、证章、动漫作品、图像小说、多媒体语篇等。图4-2所提供的一张为巴西里约奥运会会徽,一张为公益广告,它们都运用了图像元素与文字元素。

图4-2 视觉类语篇示例

在西方许多专家看来,传统的文字类语篇运用的媒介是书面语言,而视觉类语篇运用的也是书面语言——一种特殊的"语言"或符号,这种语言一样能传递信息,有时甚至传递的效果要强于单一的文字媒介,所谓"一图胜千言"讲的就是这个意思。阿里斯普(Arizpe)和斯塔尔思(Styles)认为,对视觉语篇的探究能帮助学生加深对文字语篇的理解。① 刘易斯(Lewis)则认为,图像与文字构成了一种生态上的互动关系。②

随着视觉语篇的日益普及,国际语文教育界提出了一个新概念——视觉素养。所谓视觉素养,就是针对用视觉图像和文字媒介进行交流的语篇进行解码、解释、创建、质疑、挑战、评价的能力。视觉素养高的学生能够读懂视觉语篇隐含的意思,能够解释其交际目的,能够评价其形式、结构和组成要素。比如美国就非常注重视觉素养的培养。在美国语文教师看来,所谓阅读,不仅指印刷媒介的阅读,还包括观察与视听。美国语文共同标准出台之前,科罗拉多州、明尼苏达州的语文课程标准中,"视"已经与"听、说、读、写"并举成为第五种语文能力,视觉类语篇的学习是语文课程的重要内容。与此相似,语文共同标准也强调了视觉类语篇的重要性。《标准》指出,身处技术时代的学生,必须为入学和生涯做好准备,这就需要养成搜集、理解、评价、综合、报告各种信息和思想的能力,需要开展原创性研究来回答问题或解决一些具体的问题,需要分析和创建大量的印刷类语篇、非印刷类语篇(即以各种新旧媒体形式呈现的语篇);此外,各门课程的学习都会嵌入研究性学习和媒体消费的元素。③ 其他西方国家语文课程标准也普遍重视视觉类语篇在教材中的地位。比如,加拿大安大略省将图表类语篇提到了与文学类语篇、信息类语篇同等的地位,像电影或电视脚本这类语篇也都要求引入语文教材。加拿大英属哥伦比亚省的语篇分类中,第四类就是视觉类语篇,其中的油画、雕刻、图腾、岩画、纺织品、徽章、面具、舞蹈似乎与语文距离很远,但它们确实被要求引入语文教材。澳大利亚1—5年级的语文课程标准也要求:学生能根据交际目的、交际情境、交际对象,合理运用语言要素与视听要素去

---

① Arizpe, Evelyn, & Styles, Morag. Children reading pictures: Interpreting visual texts. London: Routledge Falmer, 2003, p.138.
② Lewis, David. Reading contemporary picture books: Picturing text. London: Routledge Falmer, 2001, p.48.
③ NGA, CCSSO, Achieve .Common Core State Standards for English Language Arts & Literac in History/Social Studie, Science and Technical Subjects. [2016-04-13]. http://www.corestandards.org/wp-content/up loads/ ELA_Standards.pdf.

创建各类视觉语篇或多模态语篇。① 澳大利亚提出的多模态语篇中，具体包括印刷类语篇和视觉形象、音响，以及电影中的台词，或电脑上呈现的交流媒介等，这也给我们带来了耳目一新之感。而新西兰则将视觉语篇与口头语篇、书面语篇并置，像体育比赛、纪录片、CG 动画、哑剧、纪录形式的节目、视频日记、电子期刊、电影和复合类语篇都是常用的视觉语篇。与此相应，西方国家的语文阅读课经常要求学生"重构"视觉媒体，比如在阅读文字类语篇之后，运用视觉类语篇对文意进行概括、转述；或者相反，在看完视觉类语篇之后，运用文字类语篇进行汇报交流。

　　鉴于中外语境上的差异，本书将视觉类语篇改称图文（结合）类语篇。在我国，语文教材引入一定量的图文类语篇首先容易引起观念上的斗争。新课程改革推进过程中，曾出现过多媒体的泛滥，这无疑是对语文本体的背离，稍后出现的"真语文"大讨论，正是对语文本体归属的集体反思。2011 年修订版课程标准出台之后，"语言文字的运用"被扶正，这进一步确立了语言文字的本体地位。但是我们的思维方式往往总是陷入两极对立，语言文字的运用不应作狭隘的理解，面对图像媒体，我们应持理性的态度，应结合国际语文阅读教材发展的新趋势，分析其内涵与本质、优长与局限，探讨如何重构我们的教材新秩序。既然现实世界的"语言文字运用"已不限于纯文字形式，既然图文类语篇有助于实现交际目的，那么真实的阅读就不应简单地排斥这一特殊语言。因此，语文阅读教材的重构，已经不是要不要图文类语篇的问题，而是在多大程度上引入图文类语篇的问题。

　　综上，我们不能片面狭隘地理解阅读教材。综观国际语文阅读教材的发展，多元阅读乃大势所趋，对我们的语文阅读教材体系建设而言，图文类语篇的观念有待确立；图文类语篇、整本书语篇如何进入阅读教材，需要进行深入研究；电子类阅读教材有其不可替代的优势，但利用不好又会产生负面影响，我们要妥善配置。当然，上面论及的语篇类型具有交叉与重叠的关系，比如图文类语篇就是非连续性语篇与连续性语篇的混合，有时图文类语篇就是非连续性语篇。而无论是文学类语篇还是信息类语篇，它们往往都有可能是连续性语篇、非连续性语篇

---

　　① ACARA. Tracked Changes to F-10 Australian Curriculum.[2016-04-15]. http://www.acara.edu.au/verve/_resources/Changes_to_the_F-10_Australian_Curriculum.pdf.

和图文类语篇的混合。

最后提醒大家注意的是,随着时代的发展,各种多模态现象正充斥着我们的生活,在西方语文阅读教材的建设中,多模态语篇已成为不可回避的话题,在教材语篇体系中也占据一席之地。所谓多模态语篇,就是由若干单模态语篇构成的复合语篇,它往往会涉及不同的符号系统,如文字、图像、颜色、声音等。狭义的多模态语篇包括非连续性语篇、图文类语篇,广义的多模态语篇会涉及视听符号与文字符号的融合。正如前文所提及的,在加拿大、美国、澳大利亚、新西兰的语文阅读教材中,电影、电视、视频、音像这类多模态语篇都是不可或缺的组成部分。PISA考试中的语料也会涉及简单的多模态语篇——混合语篇。韩礼德认为,在社会交流中,多模态语篇具有与文字类语篇同等的交际功能和价值,韩礼德甚至已经把语言的意义潜势扩展至符号的意义潜势。在我国的语文学科话语情境中,多媒体是较有争议的教学媒介,它往往被贴上"非语文"的标签,而国际上多模态语篇的勃兴对我们的观念无疑形成了极大的冲击。

本章小结

本章主要探讨了语篇学视野下阅读教材范式的重构问题。共分两节:

第一节为国外阅读教材语篇范式的确立。20世纪80年代以来,西方许多国家阅读教材引入了语篇分类的理念,进而确立了语篇范式。美国教材选文包括文学类语篇与信息类语篇。加拿大安大略省阅读教材包括文学类、信息类、图表类语篇。英国阅读教材分为虚构类与非虚构类语篇。澳大利亚阅读教材主要包括书面语篇和多模态语篇;印刷类语篇和电子类语篇;文学类语篇、信息类语篇、媒体语篇、日常生活语篇及工作场所语篇。新西兰教材包括虚构和非虚构类语篇;口头语篇、书面语篇和视觉语篇。新加坡在华语阅读教材建设方面,受到了西方语篇分类思想以及中国传统文章分类的双重影响。综观国际语文阅读教材的发展趋势,多元阅读乃大势所趋。

第二节为我国阅读教材语篇范式的建构。根据国际上阅读教材发展的新趋势,基于培养未来社会合格公民语用能力的现实需要,我国语文阅读教材体系亟待革新,它不应拘囿于教科书层面,而应确立广义的语文阅读教材观。我国阅读教材的建设应基于并超越现行的"文选"范式,进而确立预示着国际阅读教材发展方向的"语篇"范式。根据语篇分类的不同标准,我们初拟出一套语篇分类体系:从篇幅长短分,包括短文类语篇和整本书语篇;从语言的功能分,包括文学类语篇和信息类语篇;从连贯的紧密度分,包括连续性语篇和非连续性语篇;从媒介手段分,包括纸质类语篇和电子类语篇;从语篇构造的方式分,包括文字类语篇和图文类语篇。

第五章 语篇学视野下阅读教学内容的选择与创生

为什么要研究阅读教学内容？现有的阅读教学内容选择存在哪些问题？从语篇学视角研究阅读教学内容的选择有何意义？这是本章首先要回答的三个问题。

语文教学与数学教学不同，语文教学的一大特性乃是混沌性。就语文阅读教学内容的选择而言，它具有很强的主观性和差异性，拿到一篇课文，教者不清楚教什么，这在语文界是常见的事情。因此，对阅读教学内容的选择进行研究具有重要的实践意义。以往阅读教学内容的选择主要是从语言学、文学、文艺学、文章学、阅读学、写作学等学科切入的，比如我们会结合教材所提供的文本，教一些语法修辞知识、文学知识、文学理论知识、文章知识、阅读知识、写作知识，但是，现有的知识教学、能力训练与活动组织并不足以用来发展学生的语用能力，语用背景下阅读教学内容的选择还应确立语篇学视角，或者说，我们应基于语篇学重新审议阅读教学内容的选择。本章主要探讨语篇学视野下阅读教学内容的选择与创生问题，可以从预设与生成两个视角去认识。所谓预设就是教学内容须与教学目标相统一，具体可从语篇知识教学和语篇能力教学两个维度去确定。所谓生成就是根据学生语篇阅读经验选择教学内容，具体包括根据学生的选点生成阅读教学内容，根据学生的问题生成阅读教学内容。

第一节　参照语篇阅读教学目标选择教学内容

一、语篇知识教学内容的选择

语篇知识分为三类：一是陈述性语篇知识，主要包括语篇、篇章、话语、语义、语形、语境、语体、语气、语调、语篇类型、语篇体裁、语篇图式、篇章语法、功能、衔接与连贯、宏观结构、微观结构、篇际性、信息结构等知识。二是程序性语篇知识，主要包括语境分析、功能分析、结构分析与运用、体裁分析与运用、语体分析与运用、语篇审美、语篇评价等方面的知识。三是策略性语篇知识，主要包括目的意识、主题意识、作（说）者意识、读（听）者意识、可接受性意识。语篇知识教学内容的选择主要围绕以上类型展开，这里以语篇图式、作者意识与读者意识教学为例，谈谈语篇知识教学内容的确定。

（一）语篇图式的教学

语篇图式是一种认知结构，语篇图式的养成与发展贯穿于读写教学之中。在阅读教学中，学生的语篇解码须借助语篇图式，在解码的过程中，学习者需提取语言图式、内容图式、形式图式与作者展开积极的语用合作。反之，学生的语篇解码又有助于发展自己的语篇图式，这样，语篇图式与语篇解码就构成了一种共生互惠的关系。在写作教学中，语篇编码也要借助语篇图式。比如完成叙事性语篇的写作任务，就要提取相应的体裁图式——故事图式，完成议论性语篇和说明性语篇也都得借助各自对应的体裁图式——修辞结构。与语篇解码类似，语篇编码也有助于发展学生的语篇图式。当然，语篇的解码与编码都要调动思维，而语篇解码与编码的训练又将促进思维的发展。发展语篇图式意义重大：一方面，语篇图式与读写能力具有双向建构作用；另一方面，语篇图式又是读写能力互相转化的心理枢纽，因此阅读教学内容的选择应聚焦语篇图式的建构。

在语篇图式理论中，"语篇宏观结构"论有着较大的影响力。语篇宏观结构是语篇的整体结构，有两种表征类型：故事图式和修辞结构。故事图式也叫故事语法，它具有固定的模式结构，由固定的元素集组成。故事图式中的这些元素集实际上就是故事单元，而归约结构也就是一套重写规则。故事图式通常适用于叙事性语篇，其他类型的语篇采用的图式通常称作修辞结构。修辞结构是一种次语篇标记或称语篇功能范畴，1977年，范戴克曾经描述过议论性语篇（话语）的修辞结构，而1980年，保尔和西里洛（Bower & Cirilo）描述了说明类语篇的修辞结构。鉴于中西语篇模式的差异，这类修辞结构对我国议论文教学和说明文教学解释力较弱，此处不予展开。

在平时的阅读教学中，读写结合的意识几乎成为一种集体无意识。阅读教学内容的选择往往更为关注微观层面的语言形式，以及微观层面的写作迁移训练，而语篇图式的整体养成却未引起足够的重视。显然，这既不利于阅读能力的发展，也不利于写作能力的提高。宏观结构语篇图式理论给我们的启示在于，阅读教学既要关注语篇微观层面的语言形式，更要重视宏观结构即篇章的"体制"，注重篇章整体的揣摩与模仿，这样才能更高效地发展学生的读写迁移能力。

（二）作者意识与读者意识的教学

在探讨写作教学的时候，我们通常会谈到读者意识和作者意识的问题。所谓读者意识，就是写作得目中有人，心中有读者，不能全然凭了自己的兴趣和感觉写。所谓作者意识，也称自我意识，就是用语造句和思想，都得符合自己的学生身份，提倡写真文章，不作无病呻吟之文，不拿"文艺腔"唬人。其实在阅读教学中，我们仍然要培养学生的这两种意识。

先谈作者意识。朱自清在《荷塘月色》中，有一段文字是写荷塘周围的树的，尽管景物是那样的朦胧幽美，可是淡淡的哀愁不免袭上心头："这时候最热闹的，要数树上的蝉声与水里的蛙声；但热闹是它们的，我什么也没有。"不过，作者自有缓解之术，他通过联想的审美心理找到了派遣愁绪的办法，他说，自己"忽然想起采莲的事情来了"，而后就吟咏起梁元帝《采莲赋》与南朝乐府诗《西洲曲》来。这是典型的朱自清式的独白，尽管他是一位学者，但他首先是位有才情的文学家。倘若换成朱光潜，面对清华园里边的荷塘，他多半会由着文艺学家的性情对莲荷类诗歌作番引证与评述。诚如朱光潜所言，对于一棵古松，我们通常有三种态度：一是实用的态度；二是科学的态度；三是美感的态度。①"这是什么缘故呢？这就由于知觉不完全是客观的，各人所见到的物的形象都带有几分主观的

---

① 此观点受到笔者朋友冯为民老师的影响。

色彩。"①因此,尽管朱自清和朱光潜对于周围世界同样具有美感的态度,但是前者惯用文艺的笔法创造美,而后者则好用文艺学家的眼光去鉴赏美;前者的思维方式是诗性的,而后者的思维方式则是理性与诗性融通的。或者说,朱自清喜欢作诗,而朱光潜喜欢论诗;朱自清是创造之中寓有欣赏,而朱光潜是欣赏之中寓有创意。

不妨比照着读一下朱光潜《咬文嚼字》中的这段话:②

> 从前做诗文的人都依靠《文料触机》《幼学琼林》《事类统编》之类书籍,要找辞藻典故,都到那里去乞灵。美人都是"柳腰桃面"、"王嫱、西施",才子都是"学富五车,才高八斗";谈风景必是"春花秋月",叙离别不离"柳岸灞桥";做买卖都有"端木遗风",到现在用铅字排印书籍还是"付梓"、"杀青"。像这样例子举不胜举,它们是从前人所谓"套语",我们所谓"滥调"。

所以我们在鉴赏一段文字的时候,应联系作者的身份、性格、思维习惯、审美心理和创作风格,从而与作者展开立体多维的对话。

再谈读者意识。在教学应用文的时候,我们都能明显地感受到作者的读者意识。应用文通常分为上行文、平行文、下行文,选择以上三种文体的任何一种,作者首先考虑的就是读者的身份。比如,我们在阅读申请书的时候,就能真切地感受到作者面对上级用语选择上的谦恭和尊重;在学习书信的时候,也能形象地感受到作者在用语上的情感针对性。苏霍姆林斯基曾经给女儿苏霍姆林斯卡娅写了一封《致女儿的信》,意在告诉女儿一个敏感而深刻的话题——早恋。由于女儿涉世未深,苏霍姆林斯基讲了一则童话故事,这则童话是他祖母曾经讲过的故事,因此作者用语非常平和亲切,也非常容易打动孩子,进而达到润物细无声的教育目的。在阅读演讲辞的时候,我们也能体验到作者(演讲者)是如何打动读者(听者)的。比如《我有一个梦想》,作者马丁·路德·金主要运用了两种技巧:一是以情动人。面对25万名听众,为鼓动大家反对种族歧视,争取平等,他

---

① 朱光潜:《朱光潜全集·谈美》,北京:中华书局2012年版,第9—10页。
② 朱光潜:《朱光潜全集·谈文学》,北京:中华书局2012年版,第218页。《咬文嚼字》曾作为朱光潜的文艺随笔代表作被选入高中语文教材。

饱含深情,满怀悲愤,并巧妙地吸收了梦幻、心曲和圣歌的元素,这对到场的听众产生了强烈的震撼,听众的情绪被点燃了。二是个性化的语言运用。该演讲词文采斐然,作者充分调动了比喻、排比、呼告和反复等修辞手段,产生了排山倒海的气势和一泻千里的效果,这无疑增强了演讲的感染力。在阅读论辩文的时候,我们也能感受到作者的读者意识。在所有的论辩文读者群体中,最高明的当属审辨型阅读者,而作为以理服人的论辩文,作者往往格外重视逻辑推理的严密,用词造句上都是反复斟酌和推敲,力求准确、科学和严谨,以免招致论敌的反驳和批判。鉴于此类读者的特殊性,我们称这种读者意识为论敌意识。比如鲁迅的杂文《拿来主义》,文中有这么几句话:①

> 我在这里也并不想对于"送去"再说什么,否则太不"摩登"了。我只想鼓吹我们再吝啬一点,"送去"之外,还得"拿来",是为"拿来主义"。

按照习惯思维和常规套路,第一句或许应这样表达:我在这里也并不想对于"送去"再说什么,否则太不大方了。但是鲁迅作了艺术的处理,他灵活地借用了"摩登"一词,而且加了引号,其用意在于,一方面对许多鼓吹发扬国光的穷大方者予以回击,另一方面对这种迂阔之举予以嘲讽和否定,并呼吁人们,我们不仅不应盲目摆阔追时髦,而且应于"送去"之外,坚持"拿来"。通过后面这句的补充论述,鲁迅将论敌可能的出招挡在了门外。这里还有一种情况需引起注意,论辩文的作者本身也是虚拟读者,因为自己的文章完成后首先要接受自己的审视、质疑和评判,只有先说服自己,才有可能说服别人。

以上都是信息类语篇,那么文学类语篇是否涉及读者意识的问题呢?这是一个颇为复杂的问题。按照胡壮麟的意见,文学类语篇通常没有明确的读者意识,显然,这与克罗齐的观点很为切近。而朱光潜却认为,克罗齐派偏重直觉,把艺术家看成"自言自语者",这只是看到艺术之于个人的意义与价值,而托尔斯泰却不这样认为,托翁看中情感的传染,看到的是艺术之于人群的意义与价值。其实,克氏与托氏两说并不相悖,合起来理解可能更为全面。② 朱光潜说,艺术也

---

① 鲁迅:《鲁迅散文》,北京:人民文学出版社2005年版,第213—214页。
② 朱光潜:《朱光潜全集·谈文学》,北京:中华书局2012年版,第254页。

是一种语言,语言有说者必有听者,而说者之所以要说,就存心要得到人听。作者之于读者,正如说者之于听者,要话说得中听,眼睛不得不望着听众。说的目的在于作者与读者之间成立一种情感思想上的交流默契;此目的是否能达到,就看作者之所给是否为读者之所能接受或所愿接受。① 朱光潜说,文学语言也是社会交往的工具,文学具有社会性。比如,"小说、戏剧常布疑阵,突出惊人之笔,作者自己对于全局一目了然,本无须如此,他所以出此,大半为着要在读者心中产生所希望的效果。由此类推,文艺上许多技巧都是为打动读者而设"②。朱光潜指出,感动和说服的希冀起于人类最原始而普遍的同情心,人与人之间有交感共鸣的需要,世间也许有不立文字的释迦牟尼,不制乐谱的贝多芬,或是不写作品的杜甫,我们也只能把他们归入自私的怪物或心理变态者一类,和我们的文艺不起因缘。③ 传达技巧的效果取决于作者的态度,清刘熙载《艺概》将作者的态度分为仰视、俯视与平视,而朱光潜则于此基础上分出不视、仰视、俯视与平视四种。不视即无视读者,不视既可产生最坏的作品,也可产生最好的作品。莎士比亚的戏剧就是这种不视,或者严格地讲,它是一种"普视"。普视是不朽者所特有的本领,我们凡人需取一个容易捉摸的态度。朱光潜举例说,犹太人的《旧约》一书,《颂诗》属仰视,《先知书》属俯视;其他叙述史事诸书都是取平视的态度,而朱本人最为推崇的态度乃是平视。他说,举凡一流的大家,大都持平易近人的态度,读其作品,倍感诚恳亲切。但是作者常处于两难境遇,"如果一味迎合读者,揣摩风气,他的艺术就难超过当时已达到的水准;如果一味立异为高,孤高自赏,他的艺术至少在当时找不着读者。""所以聪明的艺术家在应因袭时因袭,在应反抗时反抗,诸如曹植、陶潜、阮籍、杜甫、韩愈、苏轼、莎士比亚、歌德、易卜生、托尔斯泰,哪一个大家不是如此?"④朱光潜说,从文艺史看,一种新兴作风在社会上能占势力,固然由于大胆的作者,也由于有同情的读者。唐代诗人卢同、李贺未尝不各独树一帜,却未能造成风气。"作者与读者携手,一种风气才能养成,才能因袭;作者与读者携手,一种风气也才能破坏,才能转变。"⑤辛弃疾《贺新郎》有

---

① 朱光潜:《朱光潜全集·谈文学》,北京:中华书局2012年版,第255页。
② 朱光潜:《朱光潜全集·谈文学》,北京:中华书局2012年版,第253页。
③ 朱光潜:《朱光潜全集·谈文学》,北京:中华书局2012年版,第254页。
④ 朱光潜:《朱光潜全集·谈文学》,北京:中华书局2012年版,第259页。
⑤ 朱光潜:《朱光潜全集·谈文学》,北京:中华书局2012年版,第259页。

词云:"我见青山多妩媚,料青山,见我应如是。"就文学作品的解码与编码而言,道理也相仿:一方面,我们在"阅读"与领略青山之鬼斧神工;另一方面,大自然的杰作何尝不是造物主为我们而设?我在桥上看风景,看风景的人亦在楼上看我;明月装饰了我的窗子,我也装饰了别人的梦。

以上论述对文学语篇阅读教学内容选择的启示在于,我们应细心推敲,作品的态度有多种,哪些属于俯视、仰视、平视,哪些可视为普视?作品中哪些地方更像自言自语?哪些地方意在传递情感,引起共鸣?哪些地方在迎合读者?哪些地方又试图引领读者?哪些技巧属于布疑阵?哪些技巧容易引起读者的赞赏?哪些技巧难以引起读者的认同?

二、语篇能力教学内容的选择

语篇阅读着重发展三种能力:一是语篇理解能力;二是语篇评价能力;三是语篇审美能力。语篇学视野下阅读教学内容的选择主要是基于以上三种能力教学的选择。语篇理解能力包括体裁分析能力、结构分析能力、语境分析能力、语体分析能力。鉴于第二章已对这四种能力展开过专门论述,此处不赘。相对语篇理解能力而言,语篇评价能力与语篇审美能力属于更高层级的能力。但是,三种能力并非简单的线性关系,个别时候,语篇理解能力与语篇评价能力、语篇审美能力并不存在先后高低之分。以下就后两种语篇能力教学内容的选择加以分述。

(一)语篇评价能力的教学

根据韩礼德的观点,语篇读解有两个不同层次的目标,较低层次的目标是"解释"语篇旨在表达什么意义,它是通过哪些技巧表达该意义的。较高层次的目标是对语篇做出评价,包括语篇想要达到什么目的、有没有达到目的。关于语篇的评价能力,具体包括:篇章内容的评价能力;篇章形式的评价能力;人际功能的评价能力。鉴于第三章已作了详细的分解,此处不再赘述。例示之:

2014年,美国惠利公司出版了语文《共同核心课程》教学参考书(第二版),这里以八年级第六单元诗歌《未选择的路》(作者弗罗斯特)为例,探讨如何进行内容与形式评价能力的教学。首先,该教学设计的第一条目标为:探究言说者想传递什么信息;第二条为:对该语篇进行深入的"解读",而非简单的"说明"。设计者要求,在教学过程中,不能仅限于自己所做的解读,还应选读其他读者的解读,并对其作出评价,探究这些解读有没有真正揭示出作者的表达意图。同时,设计者还要求学生从当下出发,对该语篇进行创造性的、时代性的解读,并通过多模态语篇(微电影或幻灯片)的方式与同学进行交流。其次,该教学设计除了要求学生对其他的文本解读进行再分析,尤其是对戴碧思的诗评进行评价外,还要求选读作者弗罗斯特的其他诗作,要求对几个语篇的意义与技巧进行比较或对比。该教学设计的第二课时,要求学生结合诗作的上下文语境探讨作者的观点,探究作者对人生的抉择,包括这种抉择是随意的还是经过审慎思考的。[①]

该套参考书还有一篇选文《葛底斯堡演说》(作者林肯),它被收录在九年级第六单元教学设计中,该设计共4课时。在阅读教学内容的选择上,它注重培养多种语篇评价能力,既有整体的评价,比如对"林肯和葛底斯堡觉醒"作出评价。又有篇章内容方面的评价,比如林肯在第二次总统就职演说中,留下这样一段警句:"勿以怨恨对待任何人,请以慈悲为怀,坚持正义……实现各国之间的持久和平。"请对此作出评价。也有篇章形式方面的评价,比如一旦学生掌握了演讲词的内容,即组织其对该语篇的结构以及修辞效果进行评价。重点应聚焦于这几处:第一段的美国的承诺;第二段的"战争的目的",以及"我们"为何要来到这样一个战士的"最后安息之所";第三段中,为什么说,我们不能圣化这块土地?为什么说,战死在这里的烈士圣化了这块土地?为何说不让这些死者白白牺牲?为何说要让国家在上帝的护佑之下获得自由的新生?还有人际功能方面的评价,比如要求将林肯的话置于历史语境中去评价;就演讲是否对历史产生了影响作出评价;对"葛底斯堡觉醒"承诺的实现状况作出评价。[②]

(二) 语篇审美能力的教学

语篇阅读教学不仅培养学生的认知能力,还承担着发展学生语篇审美能力的任务。当我们从审美的视角解读语篇的时候,就不经意地步入了文学文体学的界面,因为两者存在显著的交叉关系。狭义的文体学是一门用语言学方法研究文体风格的学科,而文学文体学则是以语言学方法和语篇学方法对文学语篇

---

① The Wheatley Portfolio. Common Core Curriculum English(grades 6-8)(2 Edition). San Francisco:Jossey-Bass,2014,pp.210-213.

② The Wheatley Portfolio. Common Core Curriculum English(grades 6-8)(2 Edition). San Francisco:Jossey-Bass,2014,pp.66-68.

进行描述和解释的学科。文学文体学与文艺学的区别在于，文艺学重在揭示文学的审美意义和社会道德意义，而文学文体学则把作品当作语篇，当成一种交际形式，它着力探讨文学语言的特色，以及文本内部各种要素是如何组织在一起，进而达到表情和传意的目的。因而，文学文体学的许多理论与方法完全适用于语篇审美，语篇审美与文艺学的文本解读形成了互补。

语篇审美能力教学重点应聚焦于文本的如下要素：修辞、形式、功能、前景化（突出）、变异、偏离、结构的对等、结构的转换、意义潜势等。

这里以文学语篇审美中最重要的前景化解读为例进行阐述。1964年，穆卡罗夫斯基正式提出前景化（也译成突出）这一概念。穆卡罗夫斯基认为，前景化是一种语言的非自动化，是对常规的违背。标准语言为诗学语言提供了背景或衬托，诗学语言的功能在于最大限度地前景化或突出，诗学语言通过有意识的变异将读者的注意力吸引过来，以凸显主题和写作目的，并达到审美效果。比如在小说《老人与海》中，作者海明威用大量的短句构成常规语言，而在渔夫与鲨鱼搏斗达到高潮时，则用了复杂长句进而构成了前景化。在短句的衬托下，这些长句产生了强烈的文体效果。再比如，英国诗人济慈有六大颂诗，在这些颂诗中，诗人运用了大量的通感，其通感意象数量繁多，种类各异。有学者曾对济慈的通感意象群作了如下归类：视觉听觉通感；视觉嗅觉通感；视觉感觉通感；视觉触觉通感；听觉触觉通感；感觉味觉通感；触觉感觉通感；听觉感觉通感；视觉味觉通感；困觉感觉通感；困觉触觉通感；听觉味觉通感；视觉味觉嗅觉通感。这些通感意象因量的叠加和使用的频繁出现了量的偏离，进而体现了一种别致的感性美，而这正符合济慈的诗学观："对美的感觉压倒了一切其他的考虑。""前景化的形成既依赖于通感群的构造，又反过来为通感群的文体学功能起到突出和强化作用。它不但实现了由认知到感受的转变，而且完成了由认知到功能的转变。"①

雅各布森曾对文学语言的诗性功能做过专门的研究，他强调了前景化的一个侧面：平行结构。他认为，诗之为诗就在于两种基本的语言组织方式：选择和组合。"选择是在等价的基础上，即相似和相反、同义和反义的基础上产生的，而组合即句子的构成则是在相邻的基础上产生的。诗的功能把等价原则从选择轴

---

① 张鑫：《通感群·前景化·陌生化——济慈颂诗的文体学研究》，《成都教育学院学报》2006年第8期。

投向组合轴。"①杜甫《秋兴》第八首有名句"香稻啄馀鹦鹉粒,碧梧栖老凤凰枝"。王力说,按常规似应写作"鹦鹉啄馀香稻粒,凤凰栖老碧梧枝",但杜甫在这里作了顺序的调整,其旨并非单纯为适应声律的要求,"它还有积极的意义,那就是增加诗味,使句子成为诗的语言"②。北京师范大学王宁教授在论语文核心素养时也举了杜甫这两句诗,在她看来,"具有汉语语感的人鉴赏诗,懂得唐代律诗句法的人来鉴赏诗,不论是从事理与心理,还是从字理与义理,都能很快理解这两句诗的意思。"③这一观点颇类似于古人"语反而意奇"之论。其实,若借鉴雅各布森的诗学理论,从平行结构对该诗做创造性的解读,或将深化我们固有的认识。尽管"香稻啄馀鹦鹉粒,碧梧栖老凤凰枝"语序颠倒,但是它符合"对等原则",因而具有更强的诗性功能。"鹦鹉啄馀香稻粒,凤凰栖老碧梧枝"虽也符合对仗的特点,但是前后两句都是按事理线性展开,在组合轴上并非完全由聚合关系组成。而"香稻啄馀鹦鹉粒,碧梧栖老凤凰枝",香稻和碧梧都是静态的客体,但它们形成了句际对应,这便意味着,对等要素从选择轴投射到了组合轴,上下句各自打破了固有的线性语言链,进而构成了上下平行关系,强化了空间审美效果。由于意象的空间叠加,该诗摆脱了线性的束缚,进而构成了视觉的和弦。

基于穆卡罗夫斯基的变异论和雅氏的平行论,利奇于1966年提出了比较完整的前景化理论,他将前景化区分为两种,即组合前景化和聚合前景化。"前者主要依靠常规范围之外的语言成分来实现,而后者主要依赖组合原则,在组合关系的先行组织的不同位置上重复使用同一语言成分,而在通常的情况下,人们往往期待的是不同的成分,有所变化。"④

1971年,韩礼德对两个概念进行了区分:前景化和显著。所谓显著就是具有显著效果的语言现象,包括否定显著(失协)和肯定显著(失衡),前者是质的偏离,后者是量的偏离。比如莎士比亚的《哈姆雷特》,尽管该剧被公认为戏剧文学的典范,但是它又不纯粹是戏剧,吸收了诗体元素,作品以无韵诗为主,中间夹杂着散文与歌谣,而这种文体上的交响产生了质的偏离,进而使整个作品显得摇曳

---

① 转引自杨永明《左翼文学叙事范式的延展和深化——以"伤痕""反思"小说为例》,《甘肃社会科学》2015年第12期。
② 王力:《诗词格律》,北京:中华书局2000年版,第144页。
③ 王宁:《语文核心素养与语文课程的特质》,《中学语文教学》2016年第11期。
④ 刘世生、朱瑞青:《文体学概论》,北京:北京大学出版社2006年版,第39页。

多姿、五彩斑斓。再比如英国戈尔丁的小说《继承者》中有这样两个句子:"一根树枝在他的脸旁长了出来""洛克的胃告诉他不能吃这根树枝",显然这都是违反常规经验的表达,其目的就在于构成质的偏离,进而生动地再现原始人看世界的不同眼光。①

前景化理论对文学语篇的解读和教学具有重要的指导价值,它为我们更好地理解作者语言的选择提供了可靠的解释路径。

第二节　根据学生语篇阅读经验创生教学内容

语篇教学既是一种技术方法,还是一种教学观念。就阅读教学内容的选择而言,语篇学的引入,不仅丰富了语文知识教学和能力教学,还对内容选择的观念产生了重要影响。

语篇读解经验是话语经验的重要组成部分。关于语篇与话语的关系,本书第二章已做了较为详细的分析。总体上讲,话语与语篇存在区别,但是在很多场合两者是可以通用的。根据北京大学姜望琪教授的研究,20世纪七八十年代的俄罗斯,语篇已不限于静态封闭的对象,其内涵获得了扩充,语篇概念逐渐演变为话语这个概念。在雅尔彩娃主编的《语言学百科词典》中,她将话语定义为"情节丰富的语篇"②。这里,我们不妨将话语引入语篇阅读经验的讨论。

在语文阅读教学中,师生交往的基本方式是话语,而师生之间话语交流的产品则可视为教学语篇。低品质的教学语篇多表现为教师话语的霸权,进而形成主人话语—奴隶话语的对峙关系;高品质的教学语篇离不开师生之间良性的话语交往,从而构成自主话语—他者话语的共生关系。

主人话语—奴隶话语这对话语关系可依据拉康的话语理论做出解释。1991年,拉康的女婿米勒将拉康于1969—1970年所做的讲座编订成册,并取名为《精神分析的背面》。在讲座中,拉康主张"回到弗洛伊德",试图通过话语分析让精神分析对象完成其主体性的建构。为此,他提出了四种不同的话语方式,而其中

---

① 申丹:《叙述学与小说文体学研究》,北京:北京大学出版社1998年版,第90页。
② 姜望琪:《语篇语言学研究》,北京:北京大学出版社2011年版,第127页。

最经典的是主人话语模式。在主人话语模式下,主人是决定性力量,他可以随心所欲地占据自己的对象,话语的运作是由主人这一行动者来决定的。相应地,主人的对象物——奴隶则是不完满的存在,他无法主宰自己的命运和话语,他通过自己的劳动生产产品,但遗憾的是,他自己无法真正消费这些产品。这便意味着,奴隶只是一种失去自我控制力的客体,或者说是一个被"阉割"了的伪主体。表面上看,主人获得了话语的完满性和自为性,但实际上,这只是虚假幻象遮蔽着的完满性和自为性。[①] 在传统的阅读教学中,我们也能看到类似的主人话语—奴隶话语的对峙:教师(主人)话语对课堂强力控制,学生话语只是一种受控的存在,学生并未真正拥有自己的话语权。

自我话语—他者话语关系则可以用巴赫金话语理论和朱光潜对话观进行解释。巴赫金认为,任何交际,包括口头的现实交际和书面的话语交际,都不可避免地体现着自我与他者的对话关系。自我与他者不是孤立的存在,自我意识的形成,只有结合"他者眼中之我"才能实现。自我的存在有两种确证的方式:一是通过他者确证自我,这是"他人眼中之我";二是通过自我确证自我,这是"自我眼中之我"。自我与他者都是不可取代的主体,任何话语都是不可重复的、个性化的,任何话语都代表主体的倾向和态度。因此交际的双方都具有主观能动性,两者的双向互动构成了主体间性的对话关系。[②] 朱光潜说,对话盛行的时代便是思想焕发的时代,古代希腊和中国,都是典型的例证。朱先生非常推崇柏拉图的对话体和公孙龙的"白马论",他认为,事理有多面的看法,有时须综合各面才能见其真相。对话的好处就在反复问答,逐渐鞭辟入里。对话虽是各面平铺并陈,却仍有宾有主,着重点当然仍在主。宾不只是主的应声虫或扣钟锤,宾可以托主,也可以变主,改变他的思路,所以宾的用处依然很大。狮子搏兔不是对话的胜景,宾主互为劲敌,才值得一打。[③]

因此,阅读教学内容不能单一地根据教学目标进行预设,某些场合,教师须大胆放手,让学生自主充分地阅读,并根据学生主体的语篇读解经验,即时生成

[①] 蓝江:《从主人话语到普遍性话语——对拉康的〈讲座 XVII〉中四种话语理论分析》,《世界哲学》2011 年第 5 期。

[②] [苏]巴赫金:《巴赫金全集》(第 5 卷),钱中文主编,李辉凡等译,石家庄:河北教育出版社 1998 年版,第 379—391 页。

[③] 商金林:《朱光潜批评文集》,珠海:珠海出版社 1998 年版,第 213—215 页。

阅读教学内容,具体分两种情形。

一、根据学生的选点生成阅读教学内容

民主对话的阅读课堂中,教师不是牢牢地掌控着教学内容和进程,相反,他给予学生自主阅读的时间和空间,让学生在自主阅读和思考中,找到自己感兴趣的学习点,进而生发班级的讨论。朱光潜说:"思想的本质并不是固定的、自我圆满的思想结果,而是思想动作,是一长串流动生发的活动。思想不仅是一种形态学,而且是一种发生学。"[①]基于学生主体的自主思想,根据学生的选点生成阅读教学内容,这便是第一种情形。

以李镇西的课为例。李镇西的课有个特点,他习惯于根据学生主体的话语经验,也即语篇阅读经验选择教学内容。李镇西说,要真正读懂课文,首先就要引导学生"读出自己"。所谓读出自己就是把自己摆进去,看哪些地方与作者产生了共鸣或联想。由于深受苏霍姆林斯基和陶行知民主教育思想的影响,李老师尊重学生的阅读经验,但尊重并不等于放弃教师的价值引领。"事实上,无论是教学目标的确定还是教学活动的组织,都体现了教师的价值取向。"[②]在反思《致女儿的信》课堂教学时,李老师说,所谓引领并非机械地牵引,而应敏锐地捕捉最佳切入口。比如学生李文思的发言让李老师觅得了生成教学内容的契机:[③]

> 教者:"李文思的发言很好。她指的这个语言点是上帝的第二次发现。那么,我们不妨暂时停留在这里研讨一下,课文说,'上帝在他们身上看见了一种不可思议的美和一种从未见过的力量',我想问,上帝这样'看见'过几次?"

这里,李老师巧妙地抓住了学生讨论与教学目标的最佳结合点,在两者结合

[①] 朱光潜:《艺文杂谈》,合肥:安徽人民出版社1981年版,第186页。
[②] 李镇西:《〈致女儿的信〉教学实录及其争论》(下),《语文教学通讯·初中刊》2005年第5期。
[③] 李镇西:《〈致女儿的信〉教学实录及其争论》(下),《语文教学通讯·初中刊》2005年第5期。

的背后,既有教学内容的即时生成,也有教师课前的精心预设(准备),这种预设和生成不是截然二分的。倘若没有精心的备课即预设这一环节,教学内容的完成质量将大打折扣。

郑逸农的"非指示性"教学也非常注重阅读教学内容的即时生成性。郑逸农指出,"非指示性"语文阅读教学内容可以分为两类:一类是教师"教"方面的内容,一类是学生"学"方面的内容,作为教师"教"方面的内容,必须有一个基本的预设,学生"学"方面的内容则几乎不能预设。学生可能生成而教师又必须预设的教学内容之一就是,学生可能选择到的学习主题(内容和目标)。[①] 比如围绕《再别康桥》一文的教学,学生选择到的学习主题包括:

主题探究一:语言;

主题探究二:意境;

主题探究三:情感;

主题探究四:构思。

二、根据学生的问题生成阅读教学内容

为什么许多阅读课不受学生的欢迎?因为学生的学习兴趣没有调动起来,教师的问题遮蔽了学生的问题,进而使学生话语沦为隶属性话语。而高明的教师懂得什么时候该放手,他智慧地赋予学生话语权,他教导学生如何提问,他努力打造问学课堂——通往差异教学和分层教学的重要通道。

仍以李镇西为例,李老师认为,要读懂课文,除了要"读出自己"外,还要"读出问题"。所谓读出问题,就是说读懂课文的另一个表征在于能提出问题,能用探究的眼光去质疑、去审辨。传统的阅读教学,教师往往都是牢牢地掌控着提问权,学生的主体性无法得到真正的体现。但是李老师在教学《冬天》一课时,围绕学生的提问生成了教学内容:[②]

(1)问题探讨一:"我渐渐地快睡着了","渐渐"与"快"叠在一起是否不太通顺?

[①] 郑逸农:《"非指示性"语文教育初探》,杭州:浙江教育出版社 2006 年版,第 55—59 页。

[②] 李镇西:《我教〈冬天〉》,《教师之友》2003 年第 6 期。

(2) 问题探讨二：本文通篇没有写冬天，好像有些文不对题，这是为什么？

(3) 问题探讨三："妻也惯了那寂寞，只和我们爷儿们守着。"这话是什么意思？

(4) 问题探讨四："回来的时候，楼下厨房的大方窗开着，并排地挨着她们母子三个；三张脸都带着天真微笑的向着我。"我不明白，"她们母子三个"为什么要对着"我"笑？

郑逸农的"非指示性"教学也是如此，他认为，学生可能生成的教学内容除了自选学习主题（内容和目标）外，还包括在课堂学习中可能遇到的问题。仍如《再别康桥》一课，学生探究的对象主要集中于六个问题：①

(1) 为什么作者说"不带走一片云彩"？
(2) 开头处"轻轻的"与结尾处"悄悄的"能否互换？
(3) 作者为何说"沉淀着彩虹似的梦"？
(4) "向青草更青处漫溯"是否有什么新意？
(5) 作者十分留恋康桥，但他为何却说"不带走一片云彩"？
(6) 笙箫是一种乐器，为何"悄悄"会成为"别离的笙箫"？

当然，根据学生的问题生成阅读教学内容仍有境界之别，一问一答固已臻于胜境，但若于问答之中穷究事物之来龙去脉，则更见对话的功力。朱光潜关于古代中国与古代希腊的对话体进行比较的一段评述，对我们颇具启发意义。他说："周秦诸子的著述用对话的也很多，不过和希腊的对话相较，差别甚多。第一，对话往往限于一问一答，很少有一层逼着一层问下去，对于一个事理作逻辑分析的。……孔子只说其然，柏拉图便要说出其所以然。如果柏拉图的立言方式特称对话，周秦诸子的许多问答就只能叫作语录。"②诚然，《论语》中的"对话"大都短小精粹，多限于简单的师生问答或答问，但是细加考证也不尽然。不妨看《论

---

① 郑逸农：《"非指示性"语文教育初探》，杭州：浙江教育出版社2006年版，第38页。
② 商金林：《朱光潜批评文集》，珠海：珠海出版社1998年版，第216页。

语·先进篇第十一》,这则教学语篇虽篇幅短小,但在《论语》中应是篇幅较长的教学记述。不足千言的记录,完整地再现了教学对话的过程。"子路、曾皙、冉有、公西华侍坐"相当于师生走进教室上课。但是朱光潜所论对我们如何提高教学对话的品质还是很有启发意义的。也即是说,高明的教学对话并非简单的问答,而是"一层逼着一层问下去",黄伟教授把这种追问称作话题延伸。"所谓话题延伸,是指将话题内涵表述细化和深化,也就是双方从前一个话题按照一定的规则引出相关的子话题进行内涵、外延或相关问题的伸展和引申。简单地说话题延伸就是以初始话题为'中心话题'细分出若干个子问题进行讨论、交流。"①

如此说来,学生的选点与其说是对主题的选择,毋宁说是对话题的选择,而话题向子话题的运动总是伴随着问题的延伸与裂变。这便意味着,话题和问题既相对独立,又互相交融,或者说,根据选点生成教学内容与根据问题生成教学内容乃是一个问题的两个方面。因为"话题蕴含的是问题,因而也可以说,话题延伸是对问题的深化、细化,或是对问题的澄清和'再问题化',追求的是对问题本身的深入理解和对话双方的相互深入理解"②。基于先发话题(问题)的追问,对问题做深入的探讨,需要教师的专业素养和教学机智作为支撑。

本章小结

本章主要探讨语篇学视野下阅读教学内容的选择与创生。共分两节。

第一节为参照语篇阅读教学目标选择教学内容。首先探讨了语篇知识教学内容的选择。语篇知识分为三类:一是陈述性语篇知识,主要包括语篇、篇章、话语、语义、语形、语境、语体、语气、语调、语篇类型、语篇体裁、语篇图式、篇章语法、功能、衔接与连贯、宏观结构、微观结构、篇际性、信息结构等知识。二是程序性语篇知识,主要包括语境分析、功能分析、结构分析与运用、体裁分析与运用、语体分析与运用、语篇审美、语篇评价等方面的知识。三是策略性语篇知识,主

---

① 黄伟:《对话语域下的课堂提问研究》,上海:上海师范大学教育科学学院,2008年,第146页。

② 黄伟:《对话语域下的课堂提问研究》,上海:上海师范大学教育科学学院,2008年,第147页。

要包括主题意识、目的意识、作(说)者意识、读(听)者意识、可接受性意识。语篇知识教学内容的选择主要围绕以上类型展开。其次探讨了语篇能力教学内容的选择。语篇阅读着重发展三种能力：一是语篇理解能力，主要包括体裁分析能力、结构分析能力、语境分析能力、语体分析能力。二是语篇评价能力，包括篇章内容的评价能力、篇章形式的评价能力、人际功能的评价能力。三是语篇审美能力，重点聚焦于文本的如下要素：修辞、形式、功能、前景化(突出)、变异、偏离、结构的对等、结构的转换、意义潜势等。语篇能力教学内容的选择主要围绕以上类型展开。

第二节为根据学生语篇阅读经验创生教学内容。阅读教学内容不能单一地根据教学目标进行预设，某些场合，教师须大胆放手，让学生自主充分地阅读，并根据学生主体的语篇读解经验，即时生成阅读教学内容。具体分两种情形：一是根据学生的选点生成阅读教学内容，二是根据学生的问题生成阅读教学内容。学生的选点与其说是对主题的选择，毋宁说是对话题的选择，而话题向子话题的运动总是伴随着问题的延伸。这便意味着，话题和问题既相对独立，又互相交融，或者说，根据选点生成教学内容与根据问题生成教学内容乃是一个问题的两个方面。

第六章 语篇学视野下文本解读方法的重构

为什么要研究文本解读的方法？传统的文本解读存在哪些局限？从语篇学视角研究文本解读的方法能取得哪些新的突破？这是本章首先要回答的几个问题。

阅读教学主要任务是培养学生的阅读能力，文本解读能力是阅读能力的重要组成部分。文本解读与课文分析相比，彰显了阅读者的主体性和个体差异性。传统的文本解读主要有两大范式：一是文艺学范式，二是文章学范式，两种范式的共同局限在于，未能摆脱结构主义思维方式的束缚，文本往往被视为静态的客体。2001年之后，由于人文性的盲目扩张以及文艺学学科话语的"溢出效应"，基于文艺学知识的文本解读更是造成了方法论的遮蔽。事实上，文本解读不应局限于狭义的理解，文本解读堪称舞台大天地、天地大舞台，语用时代文本解读的方法应突破局域限制。基于语篇学的视角进行文本分析，将开启文本解读的新视域。我们将语篇学视野下的文本解读称作语篇分析、语篇解读或话语分析。与传统的文本解读相比，语篇分析和话语分析有其不可替代的优势，它对各种类型或体裁的语篇，诸如文学类语篇和信息类语篇具有普适性。本章尝试建构巴赫金话语分析框架，并将功能语篇分析框架、悉尼学派体裁分析框架及语篇策略加工模式引入阅读教学的文本解读，最后还尝试建构了本土化的语篇解读框架。

第一节 基于巴赫金话语理论的话语分析法

米哈伊尔·巴赫金（Bakhtin, 1895—1975）是苏联著名的哲学家，也是世界上最伟大的思想家之一,其所创立的标志性理论为话语理论、对话哲学和复调小说理论。20世纪60年代法国结构主义文论开始引入巴赫金思想,80年代初巴氏话语思想又传播至美国,90年代以后,俄罗斯语言学界和哲学界对巴赫金的研究超过了以往任何时候。改革开放之后,我国学界也开始关注巴赫金。关于巴赫金思想的传播轨迹,清华大学王宁曾作如下评述:"巴学经历了一个从'中心'(欧美)向'边缘'(前苏联和中国)的旅行,最后在中国语境下达到了高潮。"①

20世纪20年代初,索绪尔的普通语言学进入鼎盛时期,索氏理论风靡全球。但同时期的巴赫金对索绪尔语言学进行了激烈的批判,他坚持采用社会学的方法研究活的语言,并创立了话语(对话)理论。历史证明,巴赫金的话语理论具有天才的预见性和超前性。但由于种种原因,巴赫金的超语言学思想很长时间内并未在苏联及世界上传播开来。巴赫金的《马克思主义与语言哲学》被译成英文之后,其博大精深的语言学思想对欧美的语用学、语篇学和话语分析形成了深远的影响,②因此有学者指出:"巴赫金堪称现代语用学、语篇分析和会话分析等侧重对语言运用进行动态分析的现代语言学研究的先驱。"③20世纪20年代开始,巴赫金就自觉关注话语、交际、语用、功能、说者、表述、听者、目的、话题、语义、评价、语境、体裁、语体等问题,而这些问题均属于语篇学的研究范畴,因此本章首先介绍巴赫金的话语(对话)理论,并结合阅读教材中的经典文本探讨话语分析的操作路径。

一、基于巴赫金话语理论的话语分析框架

巴赫金认为,学习语言、研究语言就是要关注语言的语用性、交际性、对话性和整体性。他认为,语言不是抽象的符号,它是活生生的行动和事件。语言研究应关注语言的使用者和客观事物的连结,关注语言在具体语境中的实际运用,即关注话语。学习语言的目的就是学会如何在现实情境中运用不同的语言形式进行交际。"语言只能存在于使用者之间的对话交际之中。对话交际才是语言的

---

① 王宁:《钱中文的巴赫金研究》,《文学前沿》2003年第5期。
② 王永祥、潘新宁:《语言符号学:从索绪尔到巴赫金》,《俄罗斯文艺》2011年第3期。
③ 辛斌:《巴赫金论语用:言语、对话、语境》,《外语研究》2002年第8期。

生命真正所在之处。"①语言交际的基本单位不是词语和句子,而是表述。表述是人类文化行为和社会交往的基本要素,任何表述都是动态意义上的话语,任何表述都具有"特殊的完成性"。巴赫金指出,就交际而言,我们首先是从整体上对意义做出预测、判定和评价,而不是对交际内容或某个要素进行细节的确认,任何交际都得全面关注说话者、受话者、话题等各种相关要素。

巴赫金话语理论中的话语既指口头话语,也指书面话语。巴赫金话语理论为话语分析与语篇解读提供了新的视角,国内一些学者尝试运用该理论解读各类文本,诸如《论语》、庄子散文、冰心早期的问题小说、萧红的小说、汪曾祺的《胡同文化》、哈代的《德伯家的苔丝》、梭罗的《瓦尔登湖》、泰戈尔的《飞鸟集》、卡夫卡的《变形记》、莎士比亚的《威尼斯商人》、童话故事、演讲词,甚至多模态商品警示语。本章主要从巴赫金的话语理论入手,初拟了一个话语分析框架,具体涉及六大要素的分析。

(一) 对话关系分析

巴赫金认为,自我与他者都是不可取代的主体,在交际的情境中,两者的双向互动构成了主体间性的对话关系。而这种对话关系提示我们,话语分析应养成三种意识。其一是目的意识。巴赫金说,表述的目的都是期望得到他人的反应,任何话语都显现着对他人话语的应答与期待。通过与常规话语方式的比较,我们可以发现,具体的、当下的话语总是有意突出和强调某些信息,从而生成话语的隐含意义。其二是作者意识。根据巴赫金的自我理论,任何言说都是建立在自我肯定或自我批判的基础之上的,任何表述都反映作者对客观世界的基本认识与价值判断,任何个体都只有真正地参与对话才能实现自我的存在。自我具有唯一性,它是世俗生活中不可替代的生命个体,自我价值的实现就在于自己在生活中承担着特殊的责任。其三是读者意识。读者意识可以从两个维度去认识:一个是创作的角度,一个是理解的角度。书籍和文章是书面的话语产品,一方面,作者生成这些话语都是对他人和自己相关言语行为的应答;另一方面,作者都预测与期望读者和评论者积极理解、回应,并对同一交际领域的其他话语产生影响。作者的表述还会虑及自己与读者的关系,虑及对方的身份、地位、年龄、

---

① [苏] 巴赫金:《巴赫金全集》(第5卷),钱中文主编,李辉凡等译,石家庄:河北教育出版社1998年版,第241—242页。

性别、观念、信仰,以及对方对话题的熟悉程度,与话题相关的知识背景等因素。巴赫金主张,理解有两个任务:第一是从作者的视角去理解,第二是站在"外位",从读者的立场进行创造性理解和超视性理解。尤其是文学经典的对话,永远具有未完成性,不同时代的读者应有自己独到的发现。

(二) 文本间性分析

文本间性关系是一种特殊的对话关系,因其在对话关系中的独特地位,我们单独将其抽出予以论述。巴赫金认为,两个文本只要存在含义上的相通,就构成文本间性关系,而这种关系有时表现为超时空性。所谓理解,就是借助以前所听到的他人话语来理解当下的他人话语,或将外在的文本转化为自我的他人文本,因而理解是此在的筹划。意义不是孤立的,任何意义都是此表述与彼表述之间的沟通和关联。符号的评价含义并非源于词典,而是来源于上下文语境,源自其他的文本。巴赫金的话语理论对法国的结构主义文论产生了巨大影响,克里斯蒂娃正是基于巴赫金的对话理论创立了互文性理论。在语篇学中,这种话语或语篇之间的交互性被称作篇际性。文本间性理论的意义在于,话语分析应注重文本间性关系的分析。

(三) 言语体裁分析

关于言语体裁的概念,巴赫金是这样界定的:"每一单个的表述,无疑是个人的,但使用语言的每一领域却锤炼出相对稳定的表述类型,我们称之为言语体裁。"[①]巴赫金认为,言语体裁是某一语言共同体内通行的表现形式,言语体裁具有相对的稳定性。巴赫金说,人们在语言运用的过程中都在使用言语体裁,尽管有时并未意识到它的存在。科学的、技术的、政论的、公务的、日常生活的功能与言语交际的条件产生着特定的体裁,也就是相对稳定、有着不同题材、布局和修辞的表述类型。巴赫金说,言语体裁包括日常对话的简短对白、日常叙事、书信、事务性文件、政论、科学著作、文学体裁(从一句俗话到多卷的长篇巨著),等等。根据体裁的复杂程度又可区分为简单性体裁和复杂性体裁,前者是直接的交际条件下所形成的体裁,后者是对简单性体裁的混合处理。言语体裁分析是话语分析的重要内容。

---

① [苏]巴赫金:《巴赫金全集》(第4卷),钱中文主编,李辉凡等译,石家庄:河北教育出版社1998年版,第140页。

(四)语境分析

巴赫金将语境置于很高的位置去研究,他强调语境在语言意义上的决定性作用——意义是社会语境创造出来的。他认为,语境不是静态的、抽象的、理想化的概念,而是动态的社会—历史性概念。任何语言都是动态语境下的语言,离开语境的语言是死的语言,没有语境和具体的交际需要,语言形式将失去它应有的意义。语境具有流动性、可渗透性以及争辩性。语境由语言语境和非语言语境组成,语境既包括说话者和受话者等交际主体与交际媒介,也包括话题、说话时间和地点、社会因素、历史因素、文化因素以及意识形态等因素。语境分析可对以上要素展开动态的分析,所谓理解就是"与其他文本相互比照,并在新的语境(我的语境、现代语境、未来语境)中重作思考"[①]。

(五)结构分析

巴赫金说,任何说话都不是孤立地表述个别词句,而是表述有组织和有意义的句子,也即整体意义上的表述。学说话就是学习话语的构造,即如何借助言语体裁完整地表达自己的思想,所以话语分析离不开对话语构造或话语结构的分析。

(六)语体分析

巴赫金认为,语体的选择与使用取决于三个因素:一是话语形式即言语体裁。语体与言语体裁互为关联,功能语体正是人类活动和交际的特定领域中的体裁风格,可以说,哪里有语体、哪里就有体裁;哪里有词汇、句子、语调的选择,哪里就有言语体裁的选择。言语体裁的存在意味着人们应得体地进行表达。二是情态。任何表述都不是价值中立的,在具体的交际情境中,言说者对所指称事物意义内容总是持有具体的情感与评价态度。说话者的情感倾向和价值立场会影响到词汇选择、语法、布局。三是主题思想。语言手段的选择,还取决于说话者或作者设定的指物意义的任务即主旨,主旨会影响到修辞的使用、表述的布局和风格。因此,语体分析应围绕作品的言语体裁、作者的情态以及主题等方面展开。

---

① [苏]巴赫金:《巴赫金全集》(第4卷),钱中文主编,李辉凡等译,石家庄:河北教育出版社1998年版,第380页。

二、话语分析框架的运用

在巴赫金看来,对话具有广狭二义。狭义上讲,对话是指话语主体之间的言语交流。广义上讲,对话除了人与人之间的交流,还包括书报文章等所包含的交际方式,这其中涉及共时性和历时性的接受、认同、批判与反驳,我们阅读的过程就是与他人进行交际的过程。巴赫金认为,对话与独语是相对而言的,两者并非水火不容。对话关系不仅存在于对白中,"即使在深刻独白性的言语作品之间,也总是存在着对话关系"①。他认为,在陀思妥耶夫斯基小说中,从形式到内容都是对话化的,这种对话表现为对话中的对话和独白中的对话这两种微型对话形式。在陀氏的复调小说中,作者与主人公都是对话的主体,双方处于自由平等的关系,主人公的独白也具有对话性。

据此,我们将书面话语即语篇分为对白类语篇和独白类语篇。在文学语篇中,小说和戏剧属于对白类语篇,散文和诗歌属于独白类语篇;在信息语篇中,说明文、议论文、演讲词以及应用文都是独白类语篇。当然这只是一般的分类,由于语篇类型本身的多元性和复杂性,个别时候,比如有些叙事写人散文恰恰不是独白语篇。鉴于小说是对话关系体现得比较充分的言语体裁,下面以鲁迅的小说《故乡》为例,探讨巴赫金话语分析框架的具体运作。

小说注重塑造典型的人物形象,注意描写人物之间的对话,若从广义的角度讲,甚至涉及作者与主人公之间的对话,以及人物的自我对话,所以我们说,小说属于典型的对白类语篇。《故乡》是鲁迅的一篇乡土小说,它创作于1921年,后被收录在小说集《呐喊》中。自"五四"至今,《故乡》是超稳定的教材经典文本,小学教材中曾有节选部分《少年闰土》,初中人教版教材及统编教材也选入了《故乡》,甚至在新加坡、日本的语文教材中,也能见到《故乡》。这篇小说属对白型语篇,可是按日本的鲁迅研究专家尾崎文昭的意见,文章中心脉络还是"我"的主观感受及独白。② 应该说,作者通过第一人称"我"来叙事,这可以视为独白,但《故乡》情节展开的方式则是对白的,用钱理群的话讲就是,闰土的故事与"我"自己

---

① [苏]巴赫金:《巴赫金全集》(第4卷),钱中文主编,李辉凡等译,石家庄:河北教育出版社1998年版,第334页。
② [日]尾崎文昭:《"故乡"的二重性及"希望"的二重性(上)——〈故乡〉读后》,庄玮译,《鲁迅研究月刊》1990年第7期。

的故事构成了一个"复调"。① 因此，从整体着眼，小说《故乡》应视为对白类语篇。通过对白，我们能更形象地感受到社会底层人们的精神困境和命运遭际，以及作者那悲凉的心境和孤独的灵魂。

（一）对话关系分析

《故乡》一文有三个貌似对话而实质"无语"的场景："我"与故乡的"对话"；"我"与杨二嫂的对话；"我"与闰土的对话。以下展开分析：

故事开头，"我"回到了阔别 20 年的故乡，这本应是件高兴的事，"我"的心里充满了幻想和期待，但是当"没有一些活气"的悲凉冬景映入"我"的眼帘，这便完全打破了"我"的美梦，以至于"没有言辞了"。但是听母亲说闰土要来看"我"，"我"又短暂地摆脱了失望，理想中的故乡再次"苏生"，"我"的脑海里忽然闪现出"一幅神异的图画来"。

可是，杨二嫂突然闯了进来。可叹的是，曾经安分守己的"豆腐西施"杨二嫂，而今已物化为"细脚伶仃的圆规"，一位贪婪势利的小市民，"我"再次沉入了迷惘。"不认识了么？我还抱过你咧！"这恭维的背后是势利。"忘了？真是贵人眼高……"这折射出的是尖酸刻薄。"当官发财"、"姨太太"、"八抬大轿"，这更反映出封建思想对其毒害之深。"让我拿去罢，我们小户人家用得着。"这分明已经是没有尊严的底线了。杨二嫂固然是个灵魂已极度扭曲的小私有者，但她何尝不是一位值得同情的不幸者？于是"我"的希望再次落空，"我知道无话可说了，便闭了口，默默的站着"。

闰土终于出场，但眼前的闰土令"我"愕然了，眼前的闰土与儿时的小英雄已判若两人！更悲哀的是，闰土已处于半失语状态，作者也反复渲染这种状态："动着嘴唇，却没有作声。""他只是摇头；……他大约只是觉得苦，却又形容不出。"为数不多的话语中处处离不开"老爷"、"规矩"、"磕头"。此时此刻，"我"深深地意识到，自己与闰土之间已隔了厚厚的障壁，而"我也说不出话"。现实中的故乡与理想中的故乡存在太大的落差，由于封建制度的摧残和生活压力所迫，故乡的人们已失去了精神的原动力。

除了以上三重对话之外，我们还不能忽视作者、主人公"我"与叙述者的对话

---

① 钱理群：《〈故乡〉：心灵的诗》，《语文学习》1993 年第 6 期。

关系。这篇小说纪实性很强,作者鲁迅与主人公"我"在人生经历上非常相似,但是两个主体并不一致。主人公"我"生在没落的地主家庭,因为文中已有所交代:"那时我的父亲还在世,家景也好,我正是一个少爷,那一年,我家是一件大祭祀的值年。"后来因为家道中落,"我"的生活便陷入了"辛苦辗转"的状态,成了一名背井离乡的漂泊者,一名接受现代文化的小资产阶级知识分子。而作者鲁迅的背景是官宦家庭,他小时候经常随母亲到农村外婆家省亲,对农民的生活状况有着深刻的感性体认。但从另一个角度讲,两者又存在重要的内在关联,鲁迅是一位具有启蒙思想的革命者,他与主人公在价值观念上存在趋同性,打破封建关系既是"我"的也是作者的强烈愿望。此外,主人公"我"还有一个特殊的身份——叙述者,作者通过这个"我"来叙述情感的变化,进而将整个故事串联起来。用巴赫金的小说理论来讲,这是一种复调式的处理,作为人物他可以参与事件的进程,作为叙述者他可以以超视的方式介绍情节和发表评论。从某种程度上讲,"我"的双重身份拉近了读者与角色之间的距离,也将小说的思想内涵推向了更深的层次。

(二) 文本间性分析

鲁迅具有浓厚的故乡情结,他的作品既继承了传统的还乡母题,又建构了全新的还乡模式。在鲁迅的散文和小说中都有故乡这个原型意象,但是体裁不同,故乡的文化意义也不同。在《朝花夕拾》中,故乡寄托了乡愁式的怀念和依恋。但在《故乡》等小说中,故乡时而温馨美丽,时而又肃杀悲凉。鲁迅的小说共25篇,其中有14篇都是以S城、鲁镇、未庄、绍兴等为背景,乡土、乡景、乡情、乡俗交织成为立体的故乡世界。比如,与《故乡》一样,《祝福》、《在酒楼上》和《孤独者》也都是叙述了"我"回到故乡而又离别故乡的心路历程,尽管四篇小说在人物、环境、故事情节的处理上存在微观的差异,但内在框架是趋同的。倘若借用类型化方法,我们可以发现"男性人物交叉互换,四位第一人称'我'和另两个人物(吕纬甫、魏连殳)竟然是同一个人。当这组人物被考察出来后,女性人物也在这四篇小说中断断续续凸显出来,两条人物线索及其生存行迹也就清晰可见了。最终,到达四篇小说的终结点,人物悲惨的结局"[①]。与作品中"我"的命运相似,鲁迅的一生都在返乡,都在寻梦,但返乡与寻梦之旅注定充满了荆棘和泥泞。

---

① 刘天华:《故乡之旅:鲁迅四篇同一种类型的小说》,《鲁迅研究月刊》2013年第11期。

(三) 言语体裁分析

《故乡》是一篇自叙性短篇小说,选择小说这种体裁,主要是由主题思想和"交际"目的决定的,体裁的选择意味着交际功能的选择。鲁迅说:"说到为什么做小说罢,我仍抱着十多年前的启蒙主义,以为必须是为人生,而且要改良这人生。……所以我的取材,多采自病态社会的不幸的人们中,意思是在揭出病苦,引起疗救的注意。"①在小说《故乡》中,鲁迅想通过记述中国农村衰败凋敝的悲惨景象,揭示中国农民破产的惨痛现实,进而表达重塑国民精神的强烈愿望。小说塑造了三位典型的形象:闰土、杨二嫂与"我"。闰土的生活状况是辛苦麻木的,杨二嫂的生活状况是辛苦恣睢的,"我"的生活则是辛苦辗转的,他们都是被压迫者和受奴役者。最后作者以"我"的身份否定了这三种人生方式,并将未来的希望寄托在宏儿与水生两位新人身上。小说为何以"故乡"为题?因为故乡是情感的载体,作者对故乡有着深沉的眷恋,故乡既是空间意义、时间意义上的,更是心理意义上的。"我"对故乡倾注了深厚的情谊,"我"心目中的故乡本应是美丽的,但现实中的故乡却是灰暗和悲凉的,"我"的心灵不断在希望和失望中盘桓:先是对故乡充满期待,而后悲凉的冬景令自己倍感失落,再后来是闰土的到来勾起了对美好往事的回忆,但20年之后的闰土不仅外形变了,而且已变成愚昧麻木的木偶人,"我"的梦碎了。尽管如此,"我"依然是"于无所希望处得救",依然将希望寄托在宏儿、水生这一代身上。最后,作者再次用亮丽的笔调描绘了那神奇的图景:金黄的圆月……这一轮圆月正代表着希望之"望"。②

(四) 文化语境分析

《故乡》一文中,中年闰土和"我"的对话中有一个细节——称呼的不对称,我们可以从文化语境的角度进行分析。不妨先对照着看一下彼此的称呼:

"我"对闰土的称呼:"啊!闰土哥,——你来了?……"

闰土对"我"的称呼:"他的态度终于恭敬起来了,分明的叫道:'老爷……'"

---

① 鲁迅:《南腔北调集》,沈阳:辽宁出版集团2002年版,第56页。
② 农历十五为望。

从交际情境的视角看,这是一种不对称的对话,而造成这种不对称的根源是什么?"我"的身份的变化。在中国社会,身份是民族文化的重要组成部分,社会地位的变化往往会直接影响到人们的道德行为准则,影响到说话者的心理。中年闰土深受封建等级制度的影响,名分、贵贱、贫富这些观念已沉淀在他的灵魂深处,面对曾经的少爷、在外高就的城里人、社会地位远高于自己的"我",自然不可乱了礼数。所以尽管对方是自己的发小,尽管自己的内心充满了按捺不住的欢喜,但短暂的犹豫之后,态度还是恭敬了起来。然而这种不对称不是与生俱来的,拉回20年前的小时候,闰土对"我"的称呼是什么?母亲的话语中已经交代得很清楚:迅哥儿。但是由于时间的变化,身份的变化以及角色心理的变化,两人分明已经是两个世界的人,再也回不到纯真的过去了,所以"我"的内心充满了酸楚和悲哀。

(五)结构分析

从宏观结构上分析,本文以"我"回故乡的见闻和感受为线索,构建了一个由情绪结构、对比结构和叠加结构构成的多层次的结构框架。从情绪结构视角看,本文的情感脉络沿着希望—失望—希望—绝望—希望这条线索逐层展开,"我"的内心既有乐观与悲观的交织,又有希望与绝望的交错。从对比结构视角看,人物形象的塑造上,有少年闰土与中年闰土的对比,有年轻杨二嫂和中年杨二嫂的对比;故乡的内涵上,有过去故乡与现实故乡的对比,有美丽故乡与萧索故乡的对比,有回故乡与走异路的对比,有人性之恶与人性之善的对比,有亲密无间与对立隔膜的对比。从叠加结构视角看,作者将少年闰土与迅哥的玩耍叠加在一起,将宏儿和水生的玩耍叠加在一起,还将30年后宏儿和水生的新生活叠加在一起。①

(六)语体分析

《故乡》的语体具有"交响"性。描写少年闰土那"无穷无尽的希奇的事",作者的语调是清新优美的,语气是自然舒展的,洋溢的是梦回故里的恬淡与明丽。比如,作者在刻画少年闰土形象的时候,连用了几个色彩亮丽的词语:深蓝的、金黄的、碧绿的。但是梦终究是梦,一旦回到真实的故乡,回到冷酷的现实,语调又

---

① 李砚男:《试论鲁迅〈故乡〉人物宏儿——宏儿托起了〈故乡〉的明天》,《内蒙古民族大学学报》(社会科学版)2012年第3期。

变得异常的冷峻。比如在描写故乡肃杀、悲凉的冬景时,他用了几个极富表现力的动词:远近"横"着几个萧索的荒村;家门口的枯草在风中"抖"着。鲁迅是驾驭语言的高手,有时为了表现复杂的情绪,会组合地运用多种标点符号。比如当闻听闰土要来看自己时,为表达内心的激动、欣喜、紧张以至于不知所措,他叠加式地运用了感叹号、逗号、破折号、问号与省略号:"这好极!他,——怎样?……"言为心声,对于这种情绪的交错性,鲁迅在《呐喊·自序》中有着明确的交代:"所谓回忆者,虽说可以使人欢欣,有时也不免使人寂寞,使精神的丝缕还牵着已逝的寂寞的时光。"①

第二节 韩礼德的功能语篇分析法

一、韩礼德的功能语篇分析框架

韩礼德对语言学的最大贡献之一就是创立了系统功能语言学,也叫系统功能语法理论。该理论认为,构成语篇的语言主要表达三种意义:一是概念意义,即表达作者的观点与立场,它反映的是事物的逻辑关系。二是交际意义,即用自己的观点或态度影响别人,以实现人际交往的目的。语篇的人际意义主要由语气、情态和语调三个语义系统来体现。三是语篇意义,即通过语言组织语句,使语篇保持前后连贯、完整和一致。语篇意义是由主位结构、衔接系统来体现的。鉴于语篇具有三种意义,相应的,语篇就具备了概念功能、人际功能以及成篇功能,这就是系统功能语言学中的三大纯理功能,而语篇分析既是对语篇语言三类意义的分析,也是对语篇语言三大功能的分析。

系统功能语法理论是一种操作性很强的语篇分析理论,韩礼德在其第一本专著《功能语法导论》中曾指出,建构该理论的目的之一就是,为语篇分析提供一种理论框架,相应的,使用该理论所展开的语篇分析,人们通常称之为功能语篇分析。功能语篇分析主要是从语场、语旨、语式三个脉络变量来探讨语言的运用。语场是指探讨社会活动、主题或内容,它是用来说明在真实世界发生了什么

---

① 鲁迅:《呐喊》,北京:中国对外翻译出版公司 2006 年版,第 1 页。

事件。语旨是指人们在使用语言时,彼此之间牵涉的关系,主要了解语言传递中的人际关系。语式是指在某一情境中联合前两者,并透过特定的语言结构以产生意义,主要探讨媒介和语言的角色。这三个变量构成了"语域",语言与语境存在密切的关联,而语域正是情境语境的具体表现,情境语境(语域)对语言的影响见图6-1。①

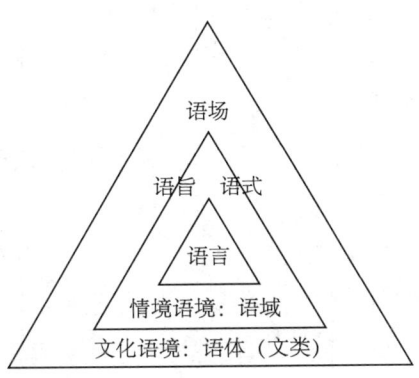

图6-1　语境对语言的影响

另外,语场、语旨、语式这三个变量又分别对应语言的三种元功能:概念功能、人际功能、成篇功能。脉络变量、元功能与真实概念之对应关系如下(见表6-1)。语篇分析理论旨在帮助人们了解:某语篇到底表达了什么意义(语场),作者为什么要这样表达(语旨),作者又是怎样表达的(语式)。

表6-1　脉络变量、元功能与真实概念的对应

脉络变量	元功能	真实概念
语场	概念功能	真实
语旨	人际功能	社会的真实
语式	语篇功能	符号的真实

后来,韩礼德又基于功能语篇分析框架提出了语篇分析的"二层次"理论:第一个层次是对语篇的理解。第二个层次是对语篇的评价。

---

① 岑绍基:《语言功能与中文教学——系统功能语言学在中文教学上的应用》,香港:香港大学出版社2003年版,第28页。

二、功能语篇分析框架的运用

韩礼德的功能语篇分析框架具有很强的操作性,他本人也运用它分析了一些文学语篇和实用语篇。我国许多学者(包括汉语界的)也在尝试运用该理论对信息语篇、文学语篇进行语篇分析。下面以澳门梁淑雯对《澳门特别行政区基本法》条文的功能语篇分析为例进行说明。

1993年,我国政府通过《中华人民共和国澳门特别行政区基本法》,《基本法》的第9条为:"澳门特别行政区的行政机关、立法机关和司法机关,除使用中文外,还可使用葡文,葡文也是正式语文。"①这一句条文在理解的过程中产生了歧义。基本法专家萧蔚云认为,条文中"除使用中文外,还可使用葡文"清楚表达了"中文为主、葡文为辅"的观点,其他如杨允中、王禹、赵国强均持这一立场。但时任法律翻译办公室主任的贾乐龙在我国对澳门恢复行使主权前曾指出,中文的官方化属中葡两国就两种语文在澳门的地位问题达成协议的直接结果,为了保障澳门法律体系的完善,澳门特区政府应保障葡文作为澳门法律语言的存在,并保持两种语文的"并列对等地位"。后来,澳门理工学院"一国两制"研究中心梁淑雯运用韩礼德的功能语篇分析理论对此进行了解读,试图探其究竟。②梁淑雯首先对条文作了小句划分(见图6-2),而后从三个方面作了语篇分析。

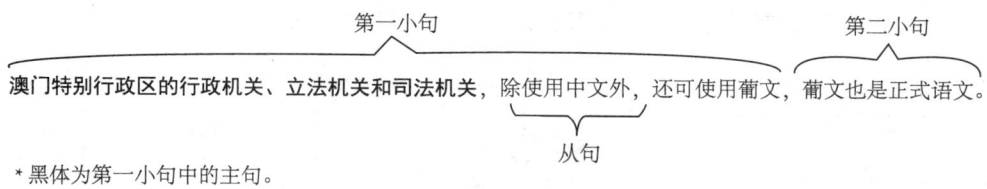

* 黑体为第一小句中的主句。

图6-2 以系统功能语法对《澳门基本法》第9条进行小句划分

从概念元功能角度看,第一小句表示做某事的过程,这一物质过程小句的动作者是"澳门特别行政区的行政机关、立法机关和司法机关",过程是"使用"这一动作,目标是"葡文",因此,澳门特别行政区的行政机关、立法机关和司法机关使

---

① 中华人民共和国全国人民代表大会:《中华人民共和国澳门特别行政区基本法》,(1993-03-31)[2016-10-11].http://www.npc.gov.cn.

② 梁淑雯:《论澳门特别行政区的正式语文——以功能语篇分析为切入点》,《"一国两制"研究》2012年第3期。

用葡文这一概念是清楚表达在第一小句之中的。可是,这并未展示小句要表达的完整意思,要明确小句的整体涵义,还需从另外两个角度进一步分析。

从人际元功能看,第一小句中,主语是"澳门特别行政区的行政机关、立法机关和司法机关",限定成分是"还可",它们形成了这一小句的语气部分。这里的限定成分"还可"当重点推敲,"还"作为副词,有"追加"和"增补内容"的意思;"可"则表示了"同意"、"许可"或"可能"的含义。如果"使用葡文"是一项增补内容的话,原有的又是什么呢?那就要看剩余部分中的状语,第一小句中的状语是"除使用中文外"。根据《现代汉语虚词词典》,"除(外)……还……"表示了"在已有部分外,增加补充其他部分",换言之,"使用中文"是原有的内容,"使用葡文"是被同意增补的内容。

从语篇元功能看,每一小句包含主述位系统,涉及的是语言的连贯与衔接问题,以及是否有内容被强调。第一小句中,主位是"澳门特别行政区的行政机关、立法机关和司法机关",述位是"除使用中文外,还可使用葡文"。根据功能语法理论,句子在没有特别强调某个成分的时候,主位与主语是重叠的,这个主位被视为无标记性,第一小句的主位就是这样。如果这一小句的铺排是"除使用中文外,澳门特别行政区的行政机关、立法机关和司法机关还可使用葡文",主位便是"除使用中文外"这个状语成分,主位便是有标记性的,也代表了发话者,在本情况下也即《澳门基本法》的立法者希望强调这一成分才把它置于句首,但《澳门基本法》第 9 条的行文未作这种强调。

针对第二小句的分析依旧循此思路,由于篇幅所限,此处不作介绍。经过对《澳门基本法》第 9 条的行文所作的功能语篇分析,梁淑雯指出,整个条文对"中文"的描述只是轻轻带过,其重点落在了"葡文"之上,由此推断,从中国政府的角度来看,"澳门特别行政区的行政机关、立法机关和司法机关使用中文"是一个不言自明的、不必讨论的内容;但遗憾的是,"这条不足五十个字的条文,既没有明确说中文和葡文同样是正式语文,也没有明确地交代究竟两种语文有没有主次之分"。2012 年 5 月初,澳门特别行政区政府发出一份传阅公函,核准中文和葡文同为澳门特别行政区的正式语文,而且两种语文"均具有同等的尊严"。

第三节 悉尼学派的体裁分析法

一、悉尼学派的体裁分析框架

体裁分析的概念由美国的斯威尔斯(Swales)于1981年引入语篇研究。体裁分析主要有三个学派:一是斯威尔斯学派,其代表人物是美国密执安大学的斯威尔斯和香港城市大学的巴蒂亚(Bhatia),在进行体裁分析时,斯威尔斯学派通常以语步和步骤作为出发点,分析对象通常为学术语篇和职业语篇,该分析理论主要应用于高等学校的语言教育。二是新修辞学派,其代表人物是美国北卡罗来纳大学的米勒(Miller),该学派不把体裁的结构形式作为研究重点,它关注的是体裁如何在修辞和语言层面帮助使用者实施其标志性社会行为。三是澳大利亚的悉尼学派,悉尼学派主要代表为悉尼大学的马丁(Martin),主要成员有罗斯(Rose)、克瑞斯(Kress)、卢瑟瑞(Rothery)、克莉丝蒂(Christie)、阿西维达(Acevedo)。鉴于前两个学派侧重于高等教育读写教育研究,而悉尼学派主要研究中小学读写教育,所以本节着重介绍后者的体裁分析。

马丁是悉尼学派的主要代表,其体裁分析理论源于四个方面的影响:一是韩礼德20世纪70年代以及世纪之交的社会语义理论;二是伯恩斯坦(Bernstein)的社会学理论;三是维果斯基的社会学习理论;四是大规模的读写教育行动研究项目。基于此,马丁指出,体裁不属于个人行为,而是一种交际行为。体裁是一种协作原则,这便成了悉尼学派语篇分析的逻辑起点。

马丁的体裁分析理论发展了其导师韩礼德的语域理论。韩礼德把语域看成一种随用途变化的语言变体,但他较少讨论体裁,偶尔提及也只是把它作为语域的一个小类。而马丁则在韩礼德语域理论的基础上,采用社会符号学的方法,对语域、体裁(即语类)、语言之间的关系做了重新界定。马丁认为,体裁不属于语域层,它跟语场、语旨、语式没有直接的联系。体裁是比语域更抽象的系统,是一种文化"阶层",属于语域之上的符号层,通过语域由语言的功能维度来实现。语域和体裁可以视为内容层面,而语言可看作表达层面。马丁认为,在语域、体裁之外还有一个符号层,那就是意识形态。意识形态"元作用于"体裁,这些体裁都是由各种教育渠道控制的,而这种控制又与社会经济地位密切相关。此外,语域、体裁与意识形态又构成语境,如果把语言的三个基本要素,即音系、语法和语义也包括进来,语言与语境的关系如图 6-3 所示。

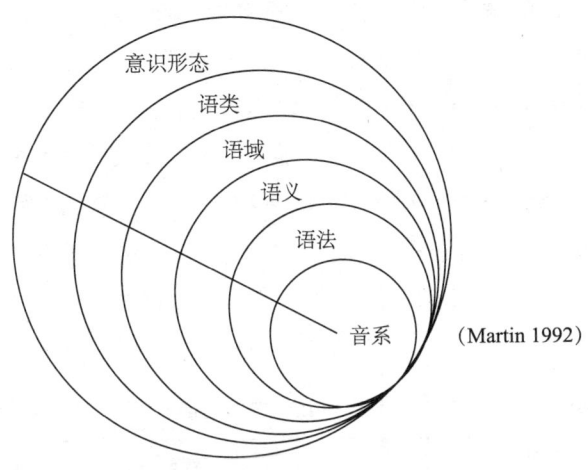

图 6-3 语言与语境的关系

悉尼学派的体裁分析有以下几个特点:它的视角是社会的,而非认知的;它的分析是社会语义论的,而非民族志评论;它是系统功能语言学中的一个分支,而非跨学科的;它是分层的、元功能的以及社会语境中多模态取向的,而非静态取向的;它是积极批评的,而非消极批评的。由于其语言聚焦的宽度和深度,许多学者认为,基于该体裁分析的体裁教学策略可能是最清晰的一种读写教学法,无论是从理论意义上讲,还是从教学法意义上讲,都是如此。[①] 马丁认为,体裁可以通过宏观模式进行区分,比如,故事体裁可以通过时间顺序是否存在去判断(像新闻报道和其他故事),或者可以通过复杂事件是否存在去区分(如描述文和叙事文);事实类体裁可以根据其解释的过程或者描述的经过进行区分(像解释或报告);议论类体裁可以根据其提出了一个观点或多个观点进行讨论加以区分(如说明或讨论)。此外,每种体裁的组织也可以通过宏观模式去区分,比如叙述文往往采用"定向—过程—结果"的模式,而说明文往往采用"主题—观点—重申"的模式。

---

① David Rose. Genre in the Sydney School. The Routledge Handbook of Discourse Analysis. James Paul Gee and Mike Handford (eds), London: Routledge, 2010.

二、悉尼学派体裁分析框架的运用

悉尼学派的罗斯曾以故事体裁为例,对悉尼学派的体裁分析框架的具体运用进行了介绍。① 罗斯指出,根据悉尼学派的研究,故事体裁可以分为五种:一是复述,包括个人的复述与一般的复述;二是侧重情感分享的趣闻;三是侧重行为判断的轶事;四是观察;五是按时间组织的叙事。一般来说,每种体裁都有其常规的组篇模式,但是涉及具体语篇的时候,其构篇方式以及情感表达还是有细微的差异。就故事发展的每个阶段而言,它都有某种功能,其意图就是为了吸引读者的注意,常用的手法就是建构由人物、事件、地点构成的语场,唤起情感反应,与某种体验或者生活观念建立联系,这些功能可以概括如下(见表6-2)。

表6-2 故事体裁一般的语篇模式

阶段	功能
场景	呈现语境(身份、活动、地点)
描写	唤醒情境(感觉形象)
事件	预期的事件
问题	反预期地创造紧张气氛
反应	反预期地释放紧张感
结局	事件的结果
反应	行为、态度的结果
评论	叙事者的评论
反思	读者的想法

而后他以澳大利亚著名作家多里斯·皮尔金顿(Doris Pilkington)的趣闻类小说《追踪防兔篱笆》(1996)为例,对其语篇模式和情感表达进行了体裁分析。该小说写的是三个女孩离家出走的故事,她们意欲回到澳大利亚西部沙漠地区的老家,一路上经历了许多坎坷。作者皮尔金顿为了调动读者的情绪,借助了"问题—反应"的循环手法(见片段节选部分),让读者沉浸于主人公曲折的旅途

---

① David Rose. Genre in the Sydney School. The Routledge Handbook of Discourse Analysis. James Paul Gee and Mike Handford (eds), London: Routledge, 2010.

经历和复杂的情感世界中。小说《追踪防兔篱笆》的主要目的是歌颂女孩们的坚韧和顽强,像很多其他小说一样,故事很长,但它又由很多小的故事组成。在故事的展开过程中,读者能分享到主人公的情感体验,既有对女孩和善良人们的赞美,也有对追捕者的谴责。作者所采用的手法就是,营造并释放紧张气氛,制造一系列的矛盾和对各种事件的反应,故事发展的阶段,完整的章节,等等。像这类较长的小说都是通过宏观体裁来建构语篇模式的。

小说《追踪防兔篱笆》片段节选及语篇模式:

定调:莫莉和格雷西吃完了早饭,决定带走所有的脏衣服,她们将衣服浸在河水中顺流往前走。等她们返回营地时,看起来神清气爽,而后她们与家人吃了午餐,包括罐装咸牛肉和茶。

事件:一家人刚吃完饭,所有的营狗开始狂吠起来,发出可怕的喧嚣。"闭嘴",它们的主人喊道,边骂边朝它们扔石头。狗慢慢地停歇下来,而后都走开了。

问题:然后,所有的眼睛都转向喧闹的地方。只见一个高大结实的白人男子站在岸边,要不是穿着卡其布衣服,他很容易被误认为是一个牧民,或者是皮肤被晒黑了的牧场主。

反应:恐惧和焦虑袭上了大家的心头,她们意识到,那一天他们一直担心的一幕终究还是来了……

问题:最后,保护原住民的警员里格斯告诉她们的家人说:"我是来带三个混血女孩的,莫莉,格雷西和黛西,我要带她们到原住民聚居地去。"他的语气听起来是那么的坚定……

反应:老人点头表示,他明白里格斯的意思。家里的其他人都低下了头,难以面对这个要带走他们孩子的人。无言的泪水在他们的眼中打转,而后顺着他们的脸颊流了下来。

故事发展阶段的处理都不是一成不变的,相对而言,自传类作品要更可预测一些。它们通常开始就进行定向,典型的手法就是交代传主的生命历程,其生命历程每个阶段都是语篇的一个阶段,通常都按时间或者地点来组织结构,以一个关键句开头,并就此加以展开。

以马丁为首的悉尼学派始终将语篇分析研究与社会文化生活紧密结合,其语篇分析体裁的选择也紧紧围绕着社会生活(含学校生活)中各类实用的语篇,这很好地继承了韩礼德"适用语言学"的思想。

第四节　策略性语篇加工法

一、范戴克和金斯基的策略性语篇加工模型

1978年,范戴克(Van Dijk)和金斯基(Walter Kintsch)合作创建了语篇理解模型,该模型的基本理念是,语篇理解就是从语篇中概括出一系列命题,并将此与真实世界的语义表征建立联系。1983年,两人又合作出版了《语篇理解的策略》,并正式提出了策略性语篇加工的模式,这在语言心理学领域产生了巨大的影响。在著作中,他们发展了自己先前的观点,认为语篇理解依靠的是语篇加工策略。作者指出,原来的模型可以看作结构模型,而新的模型却是策略模型,它既可以看作早期成果的拓展,也预示着语篇加工认知模型的新方向。

范戴克说:"刚开始,(我们发现)加工过程中的心理过程和表征非常接近语篇的结构和规则,但金斯基和我后来发现,实际的语言使用要灵活得多,同时也更容易出错:人们说话或收听话语时会出错。因此,我们引入了一个重要概念,即'策略性'理解,尝试更现实地解释语言使用者在说话或理解话语时实际上在做什么。"[①]作者进一步指出,所谓策略,就是指为实现某种目标的最佳行动理念,如果将计划看作整体行动的概念的话,那么策略就是达到行动目标的方法的整体性描述。在心理学中,策略总是与某种认知行为联系在一起的,比如在思维或问题解决过程中,都要用到一些策略。在认知策略中,语用策略是非常重要的组成部分,是语用者生成与理解语篇的策略。语用策略又包括基于句子的语法策略,以及基于篇章的语篇策略。语法策略聚焦于句子的理解,而语篇策略则聚焦于语篇的理解。语篇策略总是结合语境去分析语篇的表层结构,词语、短语与

---

① [荷]范戴克:《从语篇语法到批评性话语分析——简要的学术自传》,高彦梅译。(2002)[2016-05-12]. https://www.discourses.org/.../Academic%20biography%20Teun%20A%20van%20Dijk%20in%...Academic biography Teun A van Dijk in Chinese.pdf.

从句的意思，语用信息以及社会的、文化的、互动的信息，也就是说，语用者会有效地评价语篇的意义、相关指涉、语用功能和语用价值，以及其他的互动功能、社会功能、文化功能。

而后，作者又列举并论述了一系列的语篇加工策略，包括知识运用策略、生成策略（含互动和项目生成策略、语义生成策略、局部连贯策略、信息单元生成策略、句子生成策略、新闻语篇生成策略）、文化策略、社会策略、互动策略、语用策略、图式策略、风格和修辞策略、宏观策略，等等。

关于知识运用策略。作者指出，为理解一个语篇，需要预先假设大量的关于社会文化方面的"世界知识"，只有旧的世界知识嵌入新的信息，这样才能形成一个组织结构，进而明白新信息的具体所指。但是旧的知识往往很难恰到好处地嵌入新的信息，有些重要的知识点总是处于缺失的状态，其他有些知识则毫无用处，所以最终的情况就是旧知识部分地契合了新信息。

关于文化策略。在作者看来，语篇理解的过程中，需要进行有效的文化信息选择，这些信息往往是作者定向或读者定向的，也就是说，读者也许会运用到作者生成语篇的文化背景信息，或者会运用到他自己的文化背景信息。即使我们具备跟作者相关的文化背景信息，而在语篇理解的过程中，往往还是不经意地会掺入自己的文化背景信息。这就意味着，我们在理解其他文化背景下的语篇的时候，需要对其相关知识和信仰进行具体而客观的加工。

关于社会策略。两位作者指出，不同的语篇都是在不同的语境中生成和使用的，社会策略的使用意味着我们要关注群体的社会结构、风俗、身份、参与者的功能、语篇体裁、社会场景、风格差异、社会标准、价值观、成员信念等要素。这就意味着，我们阅读不同的语篇，诸如政界、金融界、司法界，或者学生、朋友、孩子生成语篇的时候，应采用不同的社会策略。

关于互动策略。作者指出，一般意义上的文化策略和社会策略为互动策略提供了基本的背景信息，读者并非简单的社会文化背景的旁观者，他总是直接"投入"到语篇理解的过程中，语篇看起来好像都是为他而设。这就意味着，读者总会对作者的意图、目的、期望、倾向、信仰、观点、态度、理念、情绪、个性做出假设，这类假设或许受到了作者其他作品的暗示，或许是读者自己的推断。

二、策略性语篇加工模型的运用

语篇加工是个非常复杂的过程,涉及记忆、个体差异、语言差异、语篇特征、语境等诸多因素。范戴克和金斯基将这些因素总结为一些策略,而这些策略后来也发展为语篇分析的重要工具,此处以 PIRLS2016 为例加以说明。

第一,PIRLS2016 将阅读定义为从各类语篇中建构意义的过程,该观点参考了包括金斯基等心理学家的基本观点,即将阅读视为建构和互动的过程。第二,PIRLS2016 基于金斯基等人的知识运用策略,提出如下建议:无论是阅读前、阅读中,还是阅读后,读者都应运用语言技能、认知和元认知策略、背景知识来建构意义。第三,PIRLS2016 指出,作为构成语篇体裁的要素,像内容、组织和风格,它们对语篇的理解都能带来启发。这里提到的风格借鉴了金斯基的风格和修辞的策略。第四,PIRLS2016 指出,PIRLS 着重考查四种阅读能力,而要形成这些能力,需运用语篇分析的基本策略,其中就包括范戴克和金斯基的宏观策略和微观策略。PIRLS2016 框架在"进行直接推断"部分指出,许多时候,作者建构的语篇能引导读者进行直接的推断,比如透过几个故事中人物的活动,读者就能够了解到人物的个性和立场。在这类语篇分析过程中,读者聚焦的对象往往不仅是词语、短语,或者句子的意义,他还得关注其"微观"(local)语境意义,或者"宏观"(global)语境意义,个别时候,对这两种意义都得了解。[①]

第五节　本土化语篇解读框架的建构

以上四种语篇分析框架各有侧重,相对来说,巴赫金的话语分析法具有更广泛的实用价值,使用起来也比较容易上手。韩礼德的功能语篇分析框架有一套专门的分析术语,在借鉴该理论进行语篇分析时,会出现水土不服的情况,但是它提供的功能三分法具有方法论意义,我们可以从中获得重要启示。悉尼学派体裁分析对文学语篇分析、多模态语篇分析、非连续性语篇分析、语篇评价与批

---

① IEA.PIRLS 2016 Assessment Framework . [2016 - 04 - 07]. http://www.timssandpirls.bc.edu/pirls2016/downloads/P16_Framework_2ndEd.pdf.

判均具指导意义,如何转化和吸收是后续研究的要点。语篇信息加工模式注重阅读策略的运用,这对我们阅读策略的指导具有重要的借鉴意义。

上述四种语篇解读框架的共通之处在于,它们都是建立在国外语篇学学者的基本理论基础之上,在立论的过程中,参照的主要是西语语篇,而西方的语篇读解理论,有的具有普适性,有的不一定适用于汉语语篇。比如,西方的衔接理论以及衔接的结构分析法就是如此,因为"汉语是一种组装型的语言,内部结构比较松散,离合比较自由"①。再如,西方的语篇模式与我国的语篇模式也存在较大差异。

语篇学视域下的文本解读方法的重构还需走本土化路线,在本土化的进程中,部分学者的研究给我们带来了启发。吴启主在《汉语构件语篇学》(2001)中指出,完整的汉语语篇既应符合语言学的要求,还应符合美学要求,无论是文学作品抑或实用的说理文,均具有审美价值。汉语语篇特性可概括为五点:一是统一律。语篇应具有内在的统一性,统一的标志在于,它须围绕中心或话题组织语句。篇有篇旨,篇的中心应通贯全篇。二是层次律。语篇都是借助语言线性展开的,语言展开的过程即信息流动的过程。信息的流动须聚焦关键词语,关键词语的前后照应就构成了语篇的语脉。三是连贯律。所谓连贯就是内容上血脉贯注,用词造句前后照应,联成一体。四是轻重律。连贯的语篇应分轻重,这样既可避免平板单调,又可突出重点。五是变化律。语篇富于变化才能够引人入胜,语篇的变化既是个内容问题,也是个形式问题。② 2009 年,聂仁发提出了汉语语篇的三大特性:一是交际性。聂仁发指出,交际是语篇的根本目的,真正发生交际作用的不是语言,而是语篇。二是有序性。有序性体现在词句、小句或段落之间的连贯性上。三是情境性。语篇应还原到语境中去理解。③

我们认为,吴启主的"语篇五律"说是在对历代诗话和文论进行研究的基础上形成的结论,它对我国语篇读解提供了结构分析的视角。但是语篇是个多面体,语篇读解不应局限于广义的结构层次,语篇读解还应结合其他维度渐次展开。相对"语篇五律"说而言,聂仁发关于语篇特性的概括要更为全面,这样一种概括隐约可见鲍格兰德和德雷斯勒"语篇七性"的痕迹。在鲍格兰德、德雷斯勒

---

① 吴启主:《汉语构件语篇学》,长沙:岳麓书社 2001 年版,第 3 页。
② 吴启主:《汉语构件语篇学》,长沙:岳麓书社 2001 年版,第 17—40 页。
③ 聂仁发:《现代汉语语篇研究》,杭州:浙江大学出版社 2009 年版,第 16 页。

的"语篇七性"中,衔接性与连贯性可视为结构维度;意向性、可接受性与信息度可视为交际维度;情境性与篇际性则相当于语境维度。但无论是吴启主的五律说,还是聂仁发的三性说,它们对语篇解读的指导力都比较有限,倘使要创生新的文本解读方法,我们还应在中外现有成果的基础上做更开放的规划与设计。笔者认为,韩礼德的功能分析理论为本土化语篇解读框架的重构提供了一个基本雏形,但鉴于其功能分析的路径有着特别的限定,方法较为烦琐,范围过窄,兼容性弱,因此我们还应兼收吴启主、聂仁发、鲍格兰德和德雷斯勒等人的语篇特性理论,这样我们可以初拟出一个汉语语篇解读的操作框架。由于该框架脱胎于韩礼德的功能语篇分析,我们暂且称之为新功能语篇分析框架,具体由以下三个层面构成。

一、语义层

所谓语义,就是指自然语言中的字义、词义、句义或篇义。语义是语言系统(抽象、同一的语言规则)和非语言系统(诸如历史、社会、话主等要素)双重影响的产物,语义包括通用语义和主观释义。功能主义语言学反对单纯地对语言做形式分析或语法描写,弗斯、韩礼德、哈桑、马丁等人均主张,语篇语义分析是语篇分析的重要组成部分,这里的语义侧重指主观释义或情境释义。我们认为,语篇(话语)是基于而又超越语言的,通用语义和主观释义不是二元对立的,语义分析的对象包括字词句篇,语义分析是一种双面观照,语义分析是语篇读解的第一步。通俗地讲,语义对应着"语篇到底说了些什么",语义层则涉及语境、题材、内容、思想、情感、态度、价值观、文化、场景、情节等要素,我们把对以上要素所进行的分析称作语义分析。限于篇幅,这里以文化语境为例,对其作语义功能分析。先看台湾诗人郑愁予的经典诗作——《错误》。

错 误

郑愁予

我打江南走过
那等在季节里的容颜如莲花的开落

东风不来,三月的柳絮不飞

你的心如小小的寂寞的城
恰若青石的街道向晚
跫音不响，三月的春帷不揭
你的心是小小的窗扉紧掩

我达达的马蹄是美丽的错误
我不是归人，是个过客……

这首诗的主题具有多义性，一说为思妇闺怨，一说为君子思人，一说为母盼子归，但多数读者还是将这首诗归入闺怨诗的范畴。在古典诗歌中，闺怨诗堪称一道靓丽的风景线，闺怨也成了历久不衰的人文母题。而身为当代都市中人，郑愁予何以要以闺怨为诗呢？这反映的正是作者那独特的审美取向：对中国古典美的一种认同与坚守，对江南诗性文化的一种追慕与皈依。但是坚守不是简单的泥古，而是用个性化的方式重新演绎传统题材。在古典闺怨诗中，主人公通常只有思妇与征夫，而这首诗，作者引入了第三位主人公：游子。游子既是叙述者，也是观察者，他于江南的小城经过，却未料自己竟装饰了别人的梦，这正是作者所言的"美丽的错误"，他不是归人，而是过客。郑诗意象群的构造也是古韵十足，作者借用江南、柳絮、春帷、归人等传统意象，营造了一个极富张力的诗意空间。细细品味，整首诗洋溢的是浓浓的古典气息和愁怨情怀，这反映出作者对中国传统文化的执着与迷恋。郑愁予原名郑文韬，"愁予"二字典出屈子的《九歌》，原句为"帝子降兮北渚，目眇眇兮愁予"，"愁予"实为"予愁"，何以忧愁？为有家不得归的漂泊而愁；何以解忧？唯有歌诗。正因如此，人们称郑愁予为"中国的中国诗人"以及"浪子诗人"。

二、语形层

在语言学大系中，有一门研究语言符号系统中符号之间组合关系的分支学科，它叫语形学，即语法学。我们这里的语形不是语形学意义上的语形，当然更不是符号学意义上的语言的形体或文字的外形，而是指语言要素和语用形式的复合体。倘使我们将语义看作内核的话，语形则是语义实现的外在手段。如果说语义对应着"语篇到底说了些什么"，那么语形则对应着"语篇到底是怎么说的"。语形层面的功能分析是语篇解读的第二步,它涉及语言与形式两个维度,具体包括语音、语词、语句、语段、语篇、语法、语体、修辞、体裁、结构、表达方式、表现手法、风格等要素。限于篇幅,以下着重就宏观结构分析与微观结构分析展开论述。

(一)宏观结构分析

我国古代文章学对诗文的宏观结构有着精深的研究,金代王若虚说"定体则无,大体则有",这里的"大体"就是"起承转合"。但是起承转合并非铁板一块,在这一定体的基础之上,往往能看到一些变体。后来聂仁发将宏观结构分为宏观语义结构和宏观功能结构。宏观语义结构是语篇整体内容的形式表现。一个语篇的内容可以分解成若干部分,若干部分及其逻辑关系就构成了宏观语义结构。比如《西游记》往往都有固定的情节模式,其特点如下:悟空觅食—妖怪掳走唐僧—悟空智斗妖怪—遇到困难—向大仙求助—救回唐僧。宏观功能结构是指语义内容实际展开的顺序。语义内容固然可以按照事情的逻辑顺序自然展开,但有时作者为了达到一定的写作目的,实现某种特殊的功能,又会采用与语义结构不一致的功能结构。比如,小说的叙事,作者往往会打乱顺序,以倒叙的笔法进行处理。像鲁迅的小说《祝福》,作者开头先写祥林嫂在年终祝福的夜晚悲惨地死去,然后追忆她苦难的人生经历,这样的叙事能突出人物命运的悲剧性。

(二)微观结构分析

语篇的微观结构分析可以从语言成分和语篇基本要素展开,比如可以围绕词语、单句、句间关系、段落、话题链等角度进行分析。以下侧重介绍话题链与话题演进。话题链就是话题的延续方式,话题链存在两种模式:一是平行式,二是链接式。由于某些话题比较复杂,单个的小句无法简单地将其说清楚,所以需借助平行的小句进行解说。链接式话题链是指,后一个话题表现为对前一个话题的补充。话题演进则是指话题的变动,其形式包括四种类型:一是上下义演进。上下义之间构成种属关系,比如"树在狂风暴雨中顽强挺立。一棵碗口粗的水杉从中间折断",前后两句构成上下义关系,内涵上水杉具有树所有的义素,外延上树包括水杉。二是整体部分演进。比如,朱自清《荷塘月色》中有一段描绘荷塘美景的句子:"曲曲折折的荷塘上面,弥望的是田田的叶子。……层层的叶子中间,零星地点缀着些白花。"这里的荷塘是个整体,而叶子和花属于部分,它们的情态、清香与色彩共同营造了幽雅的荷塘美景。三是类义演进。是指下义词语在句组中连续出现,进而形成语义关联。比如,郁达夫在《故都的秋》中,为展现北国秋天的独特之处,引入了江南的秋天,借此进行比照:"江南,秋当然也是有的;但草木凋得慢,空气来得润,天的颜色显得淡,并且又时常多雨而少风。"显然,这里的草木、空气、天色就构成了类义演进。四是反义演进。比如鲁迅在《读史与读经》一文中,为嘲讽读经救国论,用了一句反义演进句:"一个阔人说要读经,嗡的一阵一群狭人也说要读经。"这里的"狭人"是一种幽默的仿词式表达,可谓极尽了嘲讽之能事。微观结构分析离不开语言要素分析,语言要素分析不是单纯的语言分析,它是置于语篇整体分析的框架之中进行的。杜金榜曾对语篇分析与语言分析进行了区分,认为语篇分析首先应立足于语篇的整体进行分析,与语言分析相比,语篇分析增加了特定目的和限制条件。① 因此,语言要素分析应养成整体意识和确立全局观念。

宏观结构分析与微观结构分析不仅有助于了解语篇的结构,而且能指导学生的写作实践,进而实现语篇生成的有序性。

三、交际层

语篇的内涵和外延归根结底由语言的交际功能决定,交际性表现为语篇有主题,表现为语篇为达到表达目的会进行结构的调整,形成不同的文体结构。交际性是汉语语篇最根本的特征。② 传统的文本解读往往止步于内容层(相当于语义层)与形式层(略近于语形层),而语篇解读还须加入一个第三层——交际层。交际功能分析要回答的是"语篇何以要这样说"以及"说的效果到底如何",具体涉及主题、目的、意图、作者、读者、变化、传意效果等要素,此处着重就"变化"进行要素分析。所谓变化,用西方语篇学学者的观点讲就是前景化、突出或显著,我们这里沿用吴启主的术语:变化。

变化的目的有二:一为调动读者的兴趣,二为增强审美效果。变化的方式很多,主要有用语的变化、手法的变化、选材的变化、结构的变化以及情节的变化。此处着重介绍前两种:一是用语的变化。比如杨绛散文的语言很有特点,其叙事

---

① 杜金榜:《语篇分析教程》,武汉:武汉大学出版社2013年版,第3—4页。
② 聂仁发:《现代汉语语篇研究》,杭州:浙江大学出版社2009年版,第16页。

从容平静，用语似浅实深，所以有人戏称杨绛的散文为"杨氏太极"。结合《老王》这一文本来看，许多地方体现了用语的变化，而变化的背后，都蕴蓄着她复杂的情感和深刻的寄寓。比如："有一天，我在家听到打门，开门看到老王直僵僵地镶嵌在门框里。""镶嵌"一词通常形容美好的事物，这里是反其道而用之，意在状写老王临死之前身体僵硬的情态。老王大难之日已经不远，但他还想见上作者一面，他非常艰难地爬上作者所在的三楼，由于体力不济，整个人失去了重心，最后"镶嵌"在了门框里头。二是手法的变化。比如虚实变化，虚实变化是从话题、语义焦点的变化来设置的。《老残游记》"明湖居听书"一段，主要话题本应是白妞说书，但是刘鹗巧妙地采用了虚实的变化，他首先安排出场的不是白妞，而是黑妞，黑妞说书为白妞说书形成了铺垫，作者实写黑妞，虚写白妞。稍后白妞出场，作者对其年龄、装束、外貌的描写都做了实写，而实写声音的过程中，又借用修辞来虚写。较常用的还有抑扬变化、开合变化与张弛变化。

在语义功能分析、语形功能分析和交际功能分析综合作用下，语篇解读获得了完整的统一。当然，新功能语篇分析框架只是我们提出的初步构想，如何充实它的内涵，如何完善其操作模式，尚有待后续的进一步研究。

本章小结

本章主要探讨语篇学视野下文本解读方法的重构问题，共分五节。

第一节为基于巴赫金话语理论的话语分析法。巴赫金话语理论为话语分析提供了新的视角，我们可以初拟一个巴赫金话语分析的框架，具体包括：对话关系分析，文本间性分析，言语体裁分析，语境分析，结构分析，语体分析。

第二节为韩礼德的功能语篇分析法。功能语篇分析主要是从语场、语旨、语式三个脉络变量来探讨语言的运用。韩礼德的功能语篇分析框架具有很强的操作性，他本人也运用它分析了一些文学语篇和实用语篇。本章例析如何运用韩礼德的功能语篇分析法对《中华人民共和国澳门特别行政区基本法》的条款做语篇分析。

第三节为悉尼学派的体裁分析法。悉尼学派体裁分析是重要的语篇分析流派，它主要运用于中小学语文读写教育。本章以《追踪防兔篱笆》为例，介绍了悉尼学派罗斯的体裁分析操作模式。

第四节为策略性语篇加工法。主要介绍了范戴克和金斯基的策略性语篇加工模式,该模式预示着语篇加工认知模型的新方向。PIRLS2016阅读素养评估充分吸收了策略性语篇加工模式。

第五节为本土化语篇解读框架的建构。笔者初拟了一个汉语语篇解读的操作框架,即新功能语篇分析框架,具体由三个层面构成:语义层、语形层和交际层。语义分析对应着"语篇到底说了些什么",语形分析对应着"语篇到底是怎么说的",交际分析对应着"语篇何以要这样说"以及"说的效果到底如何"。

第七章　语篇学视野下阅读教学方法的重构

为什么要研究阅读教学方法？现行阅读教学方法的局限性在哪里？为什么要从语篇学视角进行阅读教学方法重构？这是本章首先要回答的几个问题。

阅读教学方法为阅读教学提供了具体路径和操作步骤，阅读教学方法研究具有重要的实践意义。2011年以来，聚焦语言文字的运用（简称"语用"）已成为阅读教学的核心价值观，阅读教学的"语用"转向需要有效的阅读教学方法予以支持，但是近几年的实践经验告诉我们，人们一度"寄予厚望"的语用学所能供给的有效知识，尤其是程序性知识、策略性知识极为有限，"语用"阅读教学方法体系始终未能建立起来。因此本章抱着秘境旁通或另辟蹊径的目的，尝试从语篇学的视角重构阅读教学方法。上一章我们对语篇解读的五种范型进行了阐述，本章将基于这五种分析范型探讨语篇阅读教学的五种方法：对话教学法、功能语篇教学法、悉尼学派体裁教学法、BDA策略教学法和新功能语篇教学法。它们为阅读教学方法的拓展提供了新的选择。

第一节　基于巴赫金话语理论的对话教学法

在巴赫金的思想理论体系中，最核心的范畴是对话。巴赫金把对话视为话语的本质属性，对话具体表现为异声同啸，即不同声音的配置及其相互关系。[1]

---

[1] 王一川：《语言乌托邦：20世纪西方语言论美学探究》，昆明：云南人民出版社1994年版，第269—270页。

理想的语文阅读教学应是对话教学,或者说是主体间的异声同啸。但是这种异声同啸并非无序的狂欢,而是一种合乎节律的大合奏,教师则是乐团的总指挥。在阅读对话教学中,应确立以下几个基本的观念。

一、关注文本的"表述"方式

巴赫金的对话思想体现于其复调理论中,巴赫金指出,陀思妥耶夫斯基许多长篇小说属复调小说,其基本特点是,"有着众多的各自独立而不相融合的声音和意识,由具有充分价值的不同声音组成真正的复调"[①]。就语文阅读教学而言,它既非男(女)高音独唱,也非同度齐唱的主调音乐,而是多声部的合唱,这些声部有高音与低音之分,但无论是何种声部,都是围绕着指定的作品发声的。直白地说,一千个读者有一千个哈姆雷特,但是每一个读者讨论的内容都是建立在《哈姆雷特》这个文本基础上的。所以,阅读教学的重点应聚焦于文本,应关注文本是如何表述的。巴赫金说,话语文本不是无声的奴隶或哑巴,它是一种有声的超语言表述,[②]它是主体间互动的活生生事件。直面文本,与文本对话,这是阅读教学的中心任务。

比如《我与地坛》一文,我们应着重思考此类问题:作者的话语目的是什么?他选择哪些话语形式来表达情感?他是如何理解生命的意义的?他是怎么与外在世界进行生命对话的?他是在何种情境下与外界对话的?其话语的构造方式有何独特之处?基于此,教师可以引导学生重点从以下几个角度进行思考。

(一) 对话关系分析

《我与地坛》是史铁生的一篇长篇哲理诗性散文,它是作者历经磨难和困苦,在地坛里对生死问题整整思索达15年的一篇泣血之作。形式上看,《我与地坛》应归入独白式的散文语篇,但是这独白的背后蕴含着多重主体间的对话——与

---

① [苏] 巴赫金:《巴赫金全集》(第4卷),钱中文主编,李辉凡等译,石家庄:河北教育出版社1998年版,第2页。

② 表述与话语一样,都是巴赫金语言哲学中的重要范畴,两者既有联系又有区别。巴赫金认为,表述是言语交际的单位,它是以话语为手段的言语交际行为。话语可以进入人的心理层面,进而成为内部话语,而表述是客观的外在行为。任何表述都具有对话性,表述的结构与对话的特性紧密相关。表述的类型就是言语体裁。陈明亮指出,巴赫金的表述理论对语篇学和语篇教学的研究是值得探索的一条道路。

地坛对话,与自己对话,与他人对话。作者在文中写道,整整15年,他"总得到那古园里去","去窥看自己的心魂"。地坛不是一个普通的外在之物,它因与"我"越来越近已具备人化的意味,而"窥看自己的心魂"实质上就是与自己对话。作者通过观照"他者"的生命样态,包括感受地坛那荒芜但不衰败,感受母亲苦难坚忍却毫不张扬,感受周围人不被现实青睐却仍坚忍地活着而展开与"自我"生命的对话。通过种种对话,他不仅了悟了"not to be"(毁灭)的问题,而且认清了如何"to be"(生存)的问题。显然,史铁生这种对话性哲思受到了陀思妥耶夫斯基和巴赫金对话思想的影响,在《对话练习》这部散文集中,他直陈心迹:"我想:每个人都是生存在与别人的关系之中,世界由这关系构成。"[①]"拯救,恰是在万物众生的缘缘相系之中才能成立。"[②]

与作者史铁生构成对话关系的还有母亲这一特殊的"他者"和其他健全的"正常人",这类对话关系我们可以从跨文化对话视角来解读。[③] 所谓跨文化对话就是站在对方的立场说话与看问题。史铁生属于残疾人文化群体中的一员,而母亲与其他健全的人属于主流非残疾人文化群体,他们之间存在着跨文化交际的问题。比如当史铁生在"人生最狂妄的年龄上忽地残废了双腿",他一时很难接受这一残酷的现实,因为他将沦为一位非正常人,他将被"正常世界"所抛弃,他将在正常人的同情、疏远乃至歧视中度过余生。他的脾气一下子变得非常暴躁,情绪陷入了崩溃的边缘,他甚至准备以自杀的方式结束自己的生命。反观非残疾人的母亲,她知道有些事情不宜问,因为她怕伤害到儿子。她知道得给儿子独处的时间,但当儿子摇着车出去,她却又不知所措。因为她不熟悉与残疾人交际的原则,她常常会表现得非常茫然,而身为儿子的史铁生,他突然感觉到母亲爱得是那么的辛苦、那么的艰难。

此外,作品中还写到了一些其他人的命运,这些人也有着各种各样的缺憾,但他们仍然倔强地活着。从他们的身上能依稀看到作者自己的影子,他们也都构成了与作者对话的"他者"。比如有一对中年夫妇,他们总是逆时针地在院子里走一圈,他们总是穿着黑色、白色或米色的衣服,他们的生活平静而单调。作者还写到了一位爱在院子里唱歌,而唱功却非常一般的年轻人,写到了一位从未

[①] 史铁生:《对话练习》,长春:时代文艺出版社2000年版,第382页。
[②] 史铁生:《对话练习》,长春:时代文艺出版社2000年版,第230页。
[③] 李志远:《跨文化视角下的〈我与地坛〉之重读》,《山花》2015年第10期。

获奖却一直在坚持的长跑者,写到了一位漂亮的智障女孩。

梅洛·庞蒂说过,"世界的问题,可以从身体的问题开始",史铁生关于生命的思考也是从与自己的身体展开对话开始的,而通篇又都是以诘问和沟通的姿态在推进这种思考。如果按巴赫金的评说,陀思妥耶夫斯基的小说是一种复调小说的话,那么史铁生的散文我们是否可以称之为"复调散文"呢?

(二)语境分析

《我与地坛》最精彩的细部之一就是母子间的情感互动,我们可以从社会(母子交际)语境视角加以分析。这篇散文主要是作者的扶轮絮语,而母爱几近于无言,遍索全文仅此一句:"出去活动活动,去地坛看看书,我说这挺好。"发话者母亲说这句话的时候,内心充满了挣扎,它既是自我说服与祷告,更是对儿子的恳求和嘱咐,而这种恳求和嘱咐又不宜道破。作为受话者,儿子开始并未接收到母亲的情感信息,他仍陷于无尽的伤痛而难以自拔,这样便造成了交际双方情感的错位:发话者的情感是在场的、外倾的,而受话者的情感却是游离的、内倾的。儿子的情感应答具有滞后性,交际行为的最终完成取决的主要不是空间而是时间。诚如作者所言,"那时她的儿子,还太年轻,还来不及为母亲想"、"只是在她猝然去世之后,我才有余暇设想"。可是等到自己有暇去想且真正想明白了,母亲已经不在了。母亲这一形象恒久的悲剧意义及审美价值正在于此!

(三)语体分析

首先,语体受着文体的制约。《我与地坛》是篇散文,散文共通的语体特征或类属性乃自叙,这种自叙落实到史铁生那里则呈现出如下语体风格:真诚、质朴、优美、深邃。作者无论是写地坛还是忆母亲,都流露出率真、质朴的感激之情,有些句子反复渲染,一唱三叹,感人至深,催人泪下。比如:"母亲已经不在了。……我心里只默念着一句话:可是母亲已经不在了。"其次,抒情语体往往催生偏离常规语法的功能语法——抒情语体语法。在文中,史铁生写道:"它等待我出生,然后又等待我活到最狂妄的年龄上忽地残废了双腿。"若循常规,动词"残废"不应置于"双腿"之前,这种变形处理旨在强调作者残疾之后内心深深的伤痛。第三,深永繁复的情思往往外化为语体的交融。《我与地坛》是篇抒写生命体验的散文,文本透射出物、情、文、理和谐统一的审美特质,而这是经由文学语体和哲思语体彼此交融来实现的。譬如,"在满园弥漫的沉静光芒中,一个人更容易看到时间,并看见自己的身影",这既是文学的表达,也是哲学的表达,它情中见理,理中含情,情思互渗,和谐整一。

(四) 结构分析

《我与地坛》由七个部分构成,它采用的是非线性结构,前后内容上没有严格的起承转合关系。作者追求的是道家"知白守黑"的无极"天下式"以及布莱希特意义上的"陌生化":他试图突破白昼筹划已定的规则,以漂泊的思绪为线索,探问深夜的自由,并向陌生之域开路;他"看重的是受造之中的那缕游魂,看重那游魂之种种可能的去向,看重那徘徊所携带的消息"[①];他试图在心魂的引诱下布局,在梦想中自由地诉说。通览全篇,作者思绪大致经历了这样一个变化:为"活着"而活着—为母亲而活着—为存在而活着。这条线索既将三个主体即"我"、地坛与母亲联系在了一起,也将两个家园即心灵家园(地坛)和生命家园(母亲)联系了起来。结构上的无式之式赋予游魂以叩问深夜的自由,它们内外相谐,彼此呼应,共同成就了文本的大视野、大胸襟与大格局。

二、注意引出学生自己的话语

巴赫金说,陀思妥耶夫斯基创作复调小说的灵感来源于"苏格拉底对话"——古希腊一度广为流行的体裁。运用过"苏格拉底对话"这种体裁的人有很多,但真正保存下来的仅有柏拉图和色诺芬的相关著作。根据柏拉图写的"苏格拉底对话"以及色诺芬的《回忆苏格拉底》,该体裁形成的基础是,关于真理的探求都具有对话本质,真理并不存在于某个人的头脑中,真理诞生于对话和交际过程中。苏格拉底自称为"撮合者",他把人们拉到一起,让其争辩和讨论,争辩的结果就产生了真理。由于他是帮助产生真理的,所以苏格拉底又自称为"接生婆",而帮助产生真理的方法则被称作"接生法"。"接生法"的基本方法是引发法,即以话激话,用语言使其彰明,迫使对方表达自己的见解,同时揭示其悖谬或片面之处。

"苏格拉底对话"内含的引发法对语文阅读教学具有重要启示。作为教师,他不是简单地传递知识和宣布结论,而是激发学生自主阅读、自主探究、自主思考、自主发现、自主讨论、自主问答、自主质疑、自主批判。比如,在教学《我与地

---

① 史铁生:《病隙碎笔》,西安:陕西师范大学出版社2006年版,第136、54、86页。

坛》时，应引导学生重点思考这类问题：有人认为《我与地坛》是一篇散文，应当散文去读；有人认为，《我与地坛》是一篇小说，应当小说去读。你认为呢？你能读懂史铁生吗？你该如何与史铁生对话呢？这样提问或许能激发学生阅读的动机，形成自己独立的判断，进而做到应体阅读。当然，所谓独立判断不是主观臆断，而应寻找证据，做到以理服人。

根据巴赫金的言语体裁理论，言语体裁的选择取决于写作的目的或意图。正如夏丏尊所言："表出一个意念，用诗呢，用故事体裁呢，还是用小说或剧本的形式呢？是作家们所苦心考虑的问题。"①《我与地坛》这篇散文是理思与诗思的统一：既有对生死存亡所作的思考，也有对生命困境与自我救赎的叙写；既有对母亲的讴歌与赞美，也有对自身的忏悔与拷问。尽管该文篇幅很长，共一万五千多字，由七个部分组成，从体制上看，与其说它是一篇散文，毋宁说它更"像"一篇小说。但史铁生坚决不接受这是一篇小说，因为小说是虚构的艺术，而散文的本质属性是书写真我。散文的传意特点是告白与倾诉，与自我对话，与他者对话；小说的传意特点则是反映社会现实，旨在揭露、讽刺、启蒙……史铁生说："我的这篇文章是一篇带有自传、自诉意味的散文，我以真实的身份投入到创作主体之中，坦诚地表现自己，所以写景、叙事、绘人自始至终都饱含情感，而且都是真情实感的流露。"②他还说："散文的形式有利于内省。"③显然，如果当小说去读，它的震撼力将大打折扣。史铁生的《我与地坛》在当时具有先锋性，它突破了传统散文宏大叙事的范式，转而抒写小我与真我，因此《我与地坛》堪称"个人写作"的范例，它理应当散文去读。

三、注意与其他文本互文参照

巴赫金说："理解是与其他文本相互对照，并在新的语境（我的语境、现代语境、未来语境）中重作思考。""文本只是在与其他文本（语境）的相互关联中才有生命。只有在诸文本间的这一接触点上，才能迸发出火花，它会烛照过去和未

---

① 夏丏尊、叶圣陶：《文章讲话》，武汉：湖北人民出版社1982年版，第106页。
② 余勤、史铁生：《从残缺走向完美——访〈我与地坛〉作者史铁生》，《语文教学与研究》2006年第18期。
③ 史铁生：《史铁生作品集》（第3卷），北京：中国社会科学出版社1995年版，第299页。

来,使该文本进入对话之中。"①这便是巴赫金的文本间性理论的实质内涵,它对阅读及阅读教学带来了重要启迪。这意味着,任何体裁、任何作品的阅读,教师都可以引导学生进行互文性阅读,做历时性与共时性的对话。

比如仍然是上述问题,一般而论,《我与地坛》应该当散文去读,但是也有些读者,比如韩少功、王安忆、王彬彬等人却另辟蹊径,他们都将《我与地坛》当成小说去读了。还有,当年《上海文学》编辑部接到史铁生的投稿之后,开始是打算将其作为小说发表的。这样的话,我们是否可以引导学生拓展阅读,以形成自己的发现和判断呢?在互文性拓展阅读指导环节,教师可以推荐阅读王彬彬的《〈我与地坛〉的小说嫌疑》与余勤的《从残缺走向完美——访〈我与地坛〉作者史铁生》,通过比较阅读,相信学生对小说和散文这两种体裁的特征能够形成更深切的体认。

互文性阅读有两种方式,以上是第一种,它涉及不同的作者及其文本。第二种方式是,就这一篇与作者其他的文本做比较阅读,可以从话语方式、文本结构、思想内涵等方面求同证异。前已述明,《我与地坛》是被收进高中语文教材的,其实史铁生还有两篇散文也选入了语文教材,一篇是选进初中语文部编教材的《秋天的怀念》,一篇是曾入选人教版普通高中语文选修教材的《合欢树》。这几篇作品有着同样的主题——感恩母亲与怀念母亲,而情节上也互相映衬和彼此照应,情感上也是一唱三叹与反复渲染,这样前后几篇散文构成了互文性。在《秋天的怀念》中,作者写道,为了宽慰"我",母亲说"北海的菊花开了……",可是"我"与母亲并没有一块去看北海的菊花。母亲去世后,"我"仿佛一下子领悟到了生活的真谛,于是便有篇末的"又是秋天,妹妹推我去北海看了菊花"。在这种互文性阅读中,我们能深切地感受到作者那忏悔的灵魂和沉痛的追思。在《合欢树》中,作者对死亡已经彻悟:"她心里太苦了。上帝看她受不住了,就召她回去。"而这其中的滋味只有自己能体会到,他人是无法完全读懂的,所以"人有时候只想独自静静地呆一会。悲伤也成享受"。与《我与地坛》构成互文或篇际关系的还有《想念地坛》。

---

① [苏]巴赫金:《巴赫金全集》(第4卷),钱中文主编,李辉凡等译,石家庄:河北教育出版社1998年版,第380页。

第二节　功能语篇教学法

韩礼德创立的功能语篇分析理论重在揭示语言、语境和语义之间的联系，它提供了一套崭新的、以社会交际功能为着眼点的理论架构，在国际上已广泛应用于母语阅读教学中，我们称之为功能语篇教学法。我国香港学者岑绍基对功能语篇分析在汉语文教学中的实际运用进行了深入研究，并出版了专著《语言功能与中文教学：系统功能语言学在中文教学上的应用》(2003)。岑绍基在"绪论"部分指出，功能语篇分析完全适用于汉语阅读教学领域，它在探究文化语境对文类结构的影响，提高儿童语文能力等方面有着较强的指导力。① 台湾学者彭妮丝(2010)也指出，功能语篇分析能够揭示语言和语境之间的关系，它在指导语文阅读教学方面有着独特的优势。② 台南市太康小学的吴新钦、陈意佳、林佳春指出，功能语篇分析应用在语文教学，已经在儿童语文能力成长，探究基础教育中常见文类的特色，探究文化语境对文类结构的影响，设计阅读教学，研究专科语体，小句功能分析等方面取得成果，值得继续探讨下去。③ 概而言之，功能语篇教学基于功能语篇分析，它主要是从语场、语旨和语式三个方面探讨语篇的语言运用，它重在揭示语篇的概念意义、成篇意义和人际意义，或者说，它重在对语篇作概念功能、成篇功能和人际功能的分析。功能语篇教学的主要目的在于培养学生的语篇分析能力。

以下结合台湾小学语文功能语篇教学案例(案例 7.1)加以说明。执教者为陈意佳，她所教的课文为三年级的《小鞋子》，其教学目标有四条，教学重点为段意归纳及主旨教学。陈意佳运用了功能语篇分析理论，通过表格的形式，将教学任务渗透于其中，用她本人的话讲，"这是功能语篇教学的一种初步探索"。结合

---

① 岑绍基：《语言功能与中文教学：系统功能语言学在中文教学上的应用》，香港：香港大学出版社 2003 年版，绪论。

② 彭妮丝：《华语文读写读本暨教学研究——以系统功能语言学理论为基础之探究》，《台北市立大学学报》2013 年第 2 期。

③ 吴新钦、陈意佳、林佳春：《系统功能语言的理论及其在小学语文读写教学的应用——以三年级为例》，(2013 - 07 - 19)［2016 - 06 - 01］.http://www.ceag.kh.edu.tw/ezfiles/0/1000/img/48/2013_10.pdf.

第一个教学片段来看,其教学意图为:依照语场理念对课文作概念功能分析,分析课文中的话题参与者、整个活动过程、活动环境,明确课文的话语范围,并做出段意概括。第二个教学片段的教学意图是:依据语旨理念对课文作人际功能探讨,探讨人物之间的地位、接触、感情,归纳课文的话语功能及课文主旨。根据课后的综合反馈和教者自己的省思,该堂课基本达成了教学目标,学生的表现也令人鼓舞。

陈意佳指出,语场、语旨等理念与"六何法"的介入,呵护了学生的自主权,增进了学习兴趣,提升了教学效果,值得深入探索。另外约九成的学生反映,采用"六何法"去分析大意和主旨,比原本的教学更有帮助,也更清楚如何去想问题。但是,根据教者自己的反思,"六何法"与语场、语旨等理念还可以进一步挖掘,她计划于第二学期选三篇课文,继续探讨。

案例7.1 中国台湾的功能语篇教学《小鞋子》(节选)

教学领域:小学语文领域　　　　主题名称:大巨人的小鞋子
教学年级:三年级　　　　　　　教学日期:2012年9月25日 共1节
科目版本:康轩版　　　　　　　教学设计:吴新钦、陈意佳、林佳春
教学范围:三上第五册第二课　　教学者:陈意佳
教学目标:5-2-13 能读懂课文内容,了解大意。
　　　　　5-2-14-4 学会自我问答的方法,帮助自己理解文章的内容。
　　　　　5-2-14-3 培养分析归纳的能力。
　　　　　5-2-3-2 能了解文章的主旨、取材及结构。

教学片段一:
说一说:教师带领学生完成六何法表格:
1. 读一读:朗读每段文章。
2. 找一找:依表格问题找出答案,并请学生用笔把答案圈起来。
3. 想一想:人、事、时、地、物之间有什么关系?
是否可以合并成一个句子?念一念,通顺吗?
4. 说一说:试着说出段落大意,整合出全篇大意。

	第一段	第二段	第三段
Who 谁是参与者？	作者、妈妈	作者、妈妈、外婆	作者、妈妈
What 他们在做什么？	整理房间	作者和妈妈一同回忆着每双鞋的小故事	妈妈看作者排鞋子
When 环境是什么时间？	早上	早上	早上
Where 环境是哪里？	家里	家里	家里
How 过程如何？	作者很惊讶	惊讶、想念	小作者长大了
Why 为什么会有这样的结果？	鞋子很小却是她穿过的	因为每双鞋背后都有它的回忆	时间悄悄地过去了

教学片段二：

内容深究——小鞋子露"趾"；主旨教学——教师引导学生完成人际关系表格。

1. 读一读：朗读文章。

2. 找一找：依表格问题找出答案，教师整理于黑板上。

3. 想一想：主角、配角的社会地位？主角、配角之间的关系、接触、感情亲疏？对谈的语气、态度。

4. 说一说：分组讨论出精简主旨。

	作者	妈妈	外婆
社会地位	小学生	女主人	年长者
关系	1. 作者—妈妈：母女 2. 作者—外婆：祖孙		
接触	1. 作者—妈妈：时常 2. 作者—外婆：偶尔		
感情亲疏	1. 作者—妈妈：亲密 2. 作者—外婆：亲密		
对谈的语气	感叹语气	感叹语气、肯定语气	×
主要事情对谈的态度	惊喜、惊讶、佩服、怀念	温柔、慈爱、幽默、怀旧、包容	×

第三节　悉尼学派体裁教学法

20世纪80年代末开始，悉尼学派体裁分析理论被越来越多地应用于母语与外语教学领域，并逐步形成了一种被称之为体裁教学的语篇教学。悉尼学派的体裁教学法可以概括为两种范型，以下分述之。

一、体裁读写教学法

悉尼学派运用语篇分析理论来指导教学实践，进而提出了体裁读写教学法，其发展可分为三个阶段：80年代的"写作项目"；90年代的"得体写作项目"；2000年之后的"通过阅读学习项目"。前两个阶段，卢瑟瑞等人基于体裁分析理论提出了循环教学模式：范文分析—模仿写作—独立写作。具体实施时，教师首先引导学生对各类语篇进行体裁分析，明确语篇生成的社会目的。其次是围绕报告、说明和讨论等交际事件开展教学活动，帮助学生了解并掌握特定体裁的结构，并指导他们进行写作实践。最后由学生选择一个话题进行研究，然后独立完成符合该体裁特征的文章，教师从词汇、语法、结构、是否完成交际目的等方面予以评价反馈。但是循环教学流程偏重写作指导，阅读只是写作的附庸，体裁分析理论并未发生真正的指导作用，而学生在阅读的过程中也碰到了许多实际的困难。2000年开始，罗斯利用对土著学生进行阅读教学所积累的实践经验，设计了"通过阅读学习"的研究重点，这样，体裁教学的重心逐渐从写作转向阅读。具体实施时，教师主要围绕故事类、事实类、评价类三种体裁进行更为细致的阅读教学，通过分析语言讨论语篇构造的文化语境、交际目的，明确体裁特征，关注语义模式，教学解码、识别、推导、阐释等解读策略，并引导学生将这些策略迁移到自主写作训练之中。在这一读写重心转向的过程中，师生在解读语篇时再也不需要专业的语言知识，以往困扰大家的元语言问题便迎刃而解。另外教师与学生始终处于"启发—反应—反馈"的良性互动当中，学生在阅读中遇到问题时总能在第一时间获得帮助。①

悉尼学派创立的体裁读写教学法发轫于澳大利亚,但随着《澳大利亚应用语言学评论》等期刊的传播,它的影响力已波及全世界。② 英国、瑞典、意大利、美国、加拿大、南非、新加坡、日本、泰国等国家,我国港台地区等地区的母语教师纷纷采用悉尼学派的体裁读写教学法进行读写教学,有的甚至按体裁教学法设计教学大纲与读写教材。我国大陆地区,英语学科中体裁读写教学法的使用较为普及,语文学科与之几乎没有"交集"。尽管语文学科中读写结合的课型并不鲜见,但是两国读写结合的学理基础和教学内容差异也较明显。对此,悉尼学派的马丁和罗斯提出了建议:体裁读写教学法适用于中国的语文教学,但在中国特殊的语境中,"支持互动循环模式"(见图7-1)或许更为适合。③

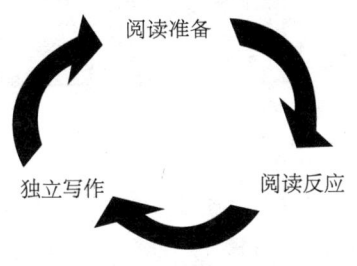

图7-1 支持互动循环模式

美国的母语阅读指导教师克里斯蒂娜·萨尔蒙(Christina Salmon)曾设计了一份"传记单元"教案(案例7.2),④该教案借鉴了悉尼学派读写结合的基本理念。以下就此案例进行评述:

---

① D. Rose, and J. Martin. Learning to Write, Reading to Learn: Genre, Knowledge and Pedagogy of the Sydney School. Sydney: Equinox Publishing, 2012.

② Hyland, K. Genre-based Pedagogies: A social response to process. Journal of Second Language Writing, 2003(12).

③ Martin J R, Rose D. Interacting with text: the role of dialogue in learning to read and write,《中国外语》2007年第5期。

④ Christina Salmon. Biography Unit Plan. [2007-07-16]. http//www.learningace.com/college/53067522-lagcc-cse-120.

案例 7.2 美国"传记单元"教学设计(节选)

一、单元教学目标

1. 知识

(1) 通过运用掌握传记的文体特点。

(2) 了解一些不同的人以及他们的贡献或成就。

(3) 理解并运用"过程写作法"。

(4) 掌握传记的研究方法和写作方法。

2. 技能

(1) 阅读并理解一组传记作品。

(2) 设计一份海报,向其他人介绍一位名人的生活。

(3) 借助访谈研究一位家庭成员的生活史。

(4) 为该家庭成员写一篇传记。

3. 态度

(1) 对传记文体进行评价。

(2) 体会传记文体的价值。

二、教学内容

1. 单元必读书籍:《休顿·墨菲林 2005 阅读系列选集》。

2. 分级阅读书籍:《里塔·莫雷诺》《冠军比利·米尔斯》《乔恩·西斯卡教儿童阅读》

3. 学校必读列传:"让我们阅读……系列"——《乔治·华盛顿》,《卢比·布里奇》,《思坤托》,《亚伯拉罕·林肯》,《贝西·罗斯》,《马丁·路德金》,《Jr.》,《波卡洪塔斯》,《塞萨尔·查韦斯》,《罗萨·帕克斯》,《儿童传记时代》。

三、教学活动

1. 使用《休顿·墨菲林 2005 阅读系列选集》,让学生阅读传记和使用构图列举每个角色的主要事件。

2. 对人物进行比较和对比。

3. 根据事件概括人物性格特点。

4. 根据传记改写剧本,便于学生表演。

5. 组织学生访问儿童传记频道网站(http://www.biography.com/bio4kids/index.jsp)寻找其他形式的传记,然后观看视频剪辑。

6. 组织学生访问儿童传记网站(http://gardenofpraise.com/leaders.htm)研究一位名人的生活,填写构图,以确定重要的事件,并与全班同学交流。

7. 学生可以使用时间表软件为传主创建重要事件时间表。

8. 提供其他传记作品,供学生单元学习过程中阅读。学生任选一篇写评论。

9. 要求学生另选一个人并写一篇传记。

10. 学生可以配对并互相采访,后为同学写一篇传记。

11. 要求学生写一篇自传。

四、教学评价

略(具体见第六章)

根据萨尔蒙的介绍,该教案主要适用于初中阶段的教学。总体上看,其值得关注的地方有四点:

第一,这是一份单元教学简案,其设计原理为:让学生对一类传记作品进行阅读解码,明确其共性,初步建构传记体裁的语篇图式。根据马丁等人的观点,体裁具有相对的常规性,但是由于文化因素或语篇变量等因素的影响,属于同一体裁的实例在某些方面肯定会存在某些差异,体裁教学应从多篇具有个性的语篇实例中揭示出共性的特点。

第二,在马丁和罗斯的学校教育体裁地图中,传记和自传属于重要的体裁,具体位于第二大类——信息类体裁部分。[1] 为帮助学生深入理解传记体裁的特点,教者要求学生借助写作编码巩固图式,最终目的在于发展先前形成的图式,也就是说,编码是为了更好地解码,写作是为了更好地去理解。传记体裁分析水平的提高既有赖于阅读,也有赖于写作。

第三,在传记阅读、研究与写作实践中,对传记体裁形成自己的体会与评价,这有利于巩固体裁教学的成果。

第四,根据传记改写剧本,这是体裁教学常用的手段,其作用在于,通过体裁的变化和比较,能够更好地把握传记体裁的独特之处。

---

[1] J R Martin & David Rose. Interacting with Text: the role of dialogue in learning to read and write. [EB-OL].[2016-05-28]. http// www.tesol-spain.org/uploaded_files/files/Claire-Acevedo.doc.

台湾地区体裁教学研究专家彭妮丝曾指出,体裁图式对阅读理解有重要的功能,可以帮助读者理解文章,所以阅读理解必须具备体裁图式,即文章结构知识。读者可以凭借不同文类结构特征,辨识文章中的重要命题,归纳文章细节。① 联系上述教学设计来看,写作并不是最终目的,写作旨在配合阅读,无论是写作还是阅读,均着力于建构学生的传记体裁图式。而从教学反馈来看,也基本达成了教学目标,萨尔蒙在教后反思中写道:"看到这么多同学从中受益,今后我将继续采用类似的活动组织教学。"

二、跨课程阅读教学法

讨论悉尼学派的跨课程阅读教学首先得了解一下其产生的国际大背景。跨课程阅读的理念起源于英国。1975年,英国颁布了《布洛克报告》,《报告》指出:"每所学校都应有自己的跨课程学习语言的政策,每位教师都应参与到跨课程语言和阅读教育中来。"1985年,英国政府又颁布了一个报告——《普及教育》,《普及教育》指出:"对于学校来说,除非有一项跨课程语言和学习政策,否则徒劳和混乱将是不可避免的。"到了90年代的时候,语言学习和认知语言的研究取得了长足发展,雷姆科(Lemke,1990)等人对学校环境中所有科目的学习和活动进行了深入研究,并揭示了其语言加工和语言运用(包括基本结构与功能特点)的内在机制,②这为跨课程阅读提供了重要的理论基础。随着多媒体阅读时代的来临,跨课程阅读更是成为世界范围内重要的研究课题,因为,人们越来越意识到,阅读是教育的核心内涵,是一种跨领域的学习能力。具备良好的阅读能力,有助于年轻人面向学习、工作和生活需要,进而成为合格的现代公民。

但是,对一线学校而言,接受跨课程阅读不是一蹴而就的事。开始的时候,许多学校对此持谨慎态度,尤其是非语言学科教师,他们普遍认为,阅读教学应该是语言学科教师的职责。进入21世纪,跨课程阅读迎来了新的发展机遇。2000年,国际经济合作组织(OECD)首次举行PISA阅读素养评估,该项评估非常注重跨课程阅读,许多参赛国意识到,跨课程阅读已成为不可逆转的趋势,学

---

① 彭妮丝:《华语文读写读本暨教学研究——以系统功能语言学理论为基础之探究》,《台北市立大学学报》2013年第2期。

② Helmut Johannes Vollmer. Lnguage Across the Curriculum(LAC).(2006).https://www.coe.int/t/dg4/linguistic/Source/Vollmer-ppt.pdf.

校阅读教育改革必须采取有效的配套措施。2002年,国际阅读协会副主席多纳·奥格勒(Donna Ogle)在一次访谈中指出:"我们正致力于使跨课程阅读成为现实,特别是在中学教育的层面上。"①

这之后,国际上的跨课程阅读改革如火如荼。在欧洲,进入21世纪,像比利时(德语区)、丹麦、西班牙、法国、奥地利、英国(北爱尔兰、威尔斯和苏格兰地区)、挪威等国的课程改革中,均着力培养学生跨课程的阅读技能。② 2016年秋季,芬兰启动了新一轮课程改革,其"最实质的变化就是加强课程的融合,培养学生的多元读写素养"。所谓多元读写素养,就是跨课程读写素养,它首先指解释与评鉴语篇的阅读素养,其次指生成与创制语篇的写作素养。③ 2010年美国颁布的《共同核心州立标准》,其一大特色就是"跨课程读写"。

再回到澳大利亚,与多数国家不太一致的地方在于,它们的跨课程阅读与跨课程写作是联系在一起的。上文已经交代,2000年之后,悉尼学派推行"通过阅读学习项目"。该项目主要是借助一系列的教学策略,综合发展各学段学生针对各门科目的读写技能。当时,悉尼学派的大批研究者,包括马丁、罗斯、克瑞斯、卢瑟瑞、克莉丝蒂、阿西维达等人纷纷到中小学展开调查研究,他们对体裁进行分类与确认,进而建立了学校课程(包括语言和历史、科学、数学等)体裁系统。根据其共同的社会目的以及读写教学的需要,他们将体裁家族分为四大类:第一是故事类体裁,这类体裁的根本目的是满足读者的娱乐需要,故事类体裁的教学应聚焦于语言的运用。第二是信息类体裁,其基本功能是向读者提供信息,这类体裁主要体现在语言学科之外的各门课程之中。第三是程序类体裁,主要聚焦于各类活动中。第四是评论类体裁,主要是对各类语篇做出反应,或进行议论。这意味着,在学校情境中,读写教学不仅是语言学科的教学任务,各门课程都应

---

① Barbara Cahoon. Literacy Across the Curriculum: Teachers about Content Area Reading Strategies and their Perceptions of the Effectiveness of these Strategies (2008 - 05) [2016 - 05 - 28]. https://umanitoba.ca/faculties/education/media/Cahoon - 08. pdf.

② EACEA P9 Eurydice. Teaching Reading in Europe: Contexts, Policies and Practices. (2011)[2016 - 07 - 06]. https://eacea.ec.europa.eu/education/eurydice/ documents/ thematic_reports/130en.pdf.

③ Carita, Sirpa. Digital Literacies in the New Finnish National Core Curriculum.. [2016 - 04 - 29]. http://www.literacyworldwide.org/blog/literacy-daily/2015/08/28/digital-literacies-in-the-new-finnish-national-core-curriculum.

教读写。同时,无论是中学还是小学,无论是师生还是家长,都应重视读写教学。当然,跨课程阅读对于各门课程来说,其基本目标还是有差异的,它们既有分工,也有协作。就语文课程而言,它要求教师结合读写知识选择适切的语篇(包括节选的语篇),并调动学生对语篇的基本模式、语言特点、深层语义、语言要素和语境要素的关系、交际目的等进行教学;就其他课程的阅读而言,它主要是从教材语篇中获取知识,并运用这些知识解决具体的问题。而各科教学共同之处则在于:进行阅读策略的教学、运用与反馈。

"通过阅读学习项目"的一大宗旨就是促进学生的学习,缩小暂差生与尖子生的差距。它将各门课程的教学目标与所有学生应该掌握的自主学习建立联系,无论哪个年级都是如此。所有学生都应自主阅读与年龄或阶段相适应的语篇,并进行批判性的分析,而后创造性地建构与课程内容相关的语篇。实际上,该项目与其说是"通过阅读学习",毋宁说是"通过读写去学习"。跨课程读写项目需要学校校长统筹与协调,参与其中的教师应包括各门学科的教师,大家分工协作,各司其职,有效地使用各种读写学习策略,促进学生进行各门课程的学习。经过10年的研究与实验,该项目已经推行至整个澳大利亚,目前正走向全世界。最近8年,悉尼学派的阿西维达一直在英国伦敦、瑞典斯德哥尔摩、丹麦哥本哈根等地进行阅读教育服务,此外,她还为整个欧洲地区提供课程资源开发的服务。

受澳大利亚跨课程阅读的影响,我国台湾地区许多学者也开始投入到此领域的研究中来。台湾语言研究与教学研究所陈明蕾指出,身处新公民社会,应力争成为有礼有能之人,应以"专业内卓越,专业外博雅"为目标,阅读的趋势将是跨课程阅读和网络阅读。[①] 在中国香港,跨课程阅读已引起教育政策制定者的高度重视,2001年之后,香港特区政府强化阅读教育改革,2014年香港教育局颁布了《基础教育课程指引》(小一至小六),《指引》从政策层面力促"跨学科阅读"。《指引》要求,各校应采用全校参与的方式,以促进校园阅读的风气,继续推动"从阅读中学习"。各学校可由校长、副校长与小学课程统筹主任扮演领导角色,建立各科协作机制,以培养学生的"跨学科阅读"能力。"跨学科阅读"能力具体见

---

① 陈明蕾:《跨领域阅读》,(2014-07-09)[2016-05-24]. https://webcnjh.km.edu.tw/%2Fself_store%2F2%2Fself_attach%2F(Mathematics)-p1-p64.pdf.

图7-2,从学习内容看,它包括语言知识、文化认知、思想分析;从学习心理看,它包括理解、分析与评价;从阅读媒介看,它包括文字解读、图像解读和多媒介阅读。

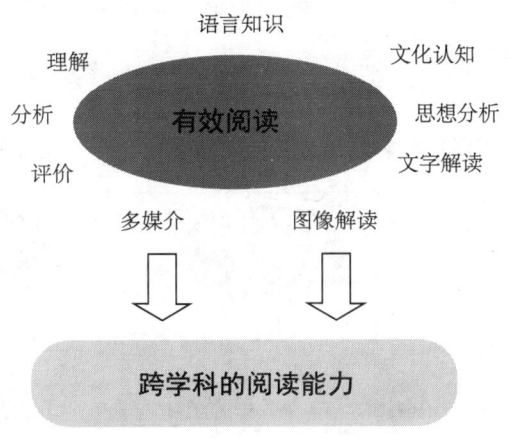

图7-2　跨学科阅读能力①

结合香港"健康文明"专题跨科协作教学案例(案例7.3)来看,五年级各学科教师须共同设定要学习的阅读策略和技巧,透过跨学科阅读,不同科目的教师应为学生提供机会在本学科应用、内化所学的阅读策略或技巧,以提升阅读能力:②

1. 中国语文科:透过说明文单元,除了学习阅读说明文类作品的策略,亦学习浏览、找主题句,以及自我提问的阅读技巧,以自我检视能否掌握文章的内容重点。

2. 常识科及计算机科:两科的学习材料均有不少是说明文字,教师在了解学生于中国语文科学习阅读策略的进度后,亦在本科的阅读材料上,要求学生使用曾学习的阅读策略或方法,自行找出材料的主要观点,以方便作课堂讨论。教师将学生在课堂的阅读能力表现,回馈语文科教师。

在三门课程的跨科阅读中,语文科有两大教学任务:一是进行说明文体裁教

---

① 张永德:《跨课程阅读童书教学工作坊》,(2012-04-17). https://www.edb.gov.hk/.../tc/.../series8_Dr.Cheung_20120417.ppt.

② 香港特别行政区政府教育局:《中国语文课程及评估指引(小一至小六)》,香港:政府印务局,2014年,第24页。

学,两篇说明文的教学并非简单地"理解篇章的内容大意",而是借助这些内容的学习,体认说明文的体裁特点,这是语文科区别于其他各科的关键所在。二是教学三种阅读策略,学生学习这三种策略是为了应用到其他学科的同类体裁阅读中去,而运用的情况到底如何,语文教师须从常识科与电脑科教师那里获取反馈意见,以便改进后续的教学。

案例7.3　香港的跨课程阅读——"健康文明"专题跨科协作教学

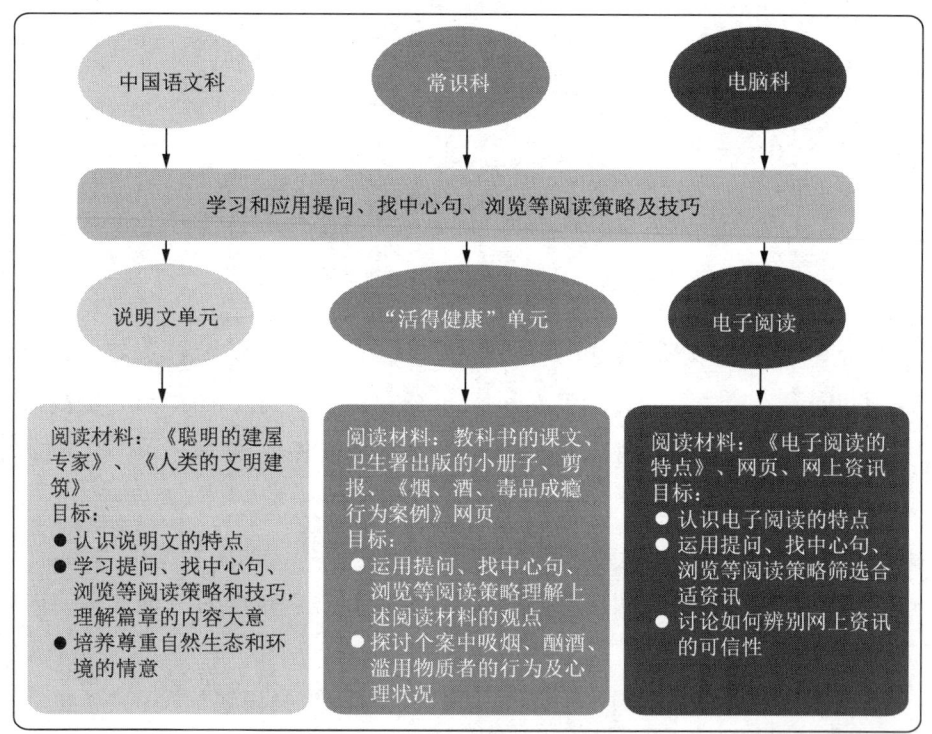

但是对内地而言,跨课程阅读还是比较陌生的课题与领域,我们需加强这方面的研究,积极探索跨课程阅读教学改革的基本理念与有效措施。

第四节　BDA策略教学法

自20世纪80年代开始,尤其是范戴克、金斯基的《语篇理解的策略》出版之后,西方许多学者致力于各类策略教学的探索与运用,这其中 BDA 策略教学法是较为常见的一种,上文论及的 PIRLS2016 阅读素养评估也注重 BDA 策略的运用。所谓"BDA",就是阅读前(Before reading)、阅读中(During reading)、阅读后(After reading)三个短语首字母的合称,而"BDA 策略教学法"则指阅读教学由三个环节组成,每个环节应分别采用相应的策略进行教学。

海德和比萨(Hyde&Bizar,1989)以及赫尔曼、布莱尔和鲁帕利(Heilman, Blair &Rupley,1990)等人均认为,完整的阅读历程应根据不同阶段的需求运用不同的阅读策略,组织不同的活动。阅读前,建立新旧知识的联系,确定阅读目标,浏览语篇形式,预测语篇大意。阅读中,教师进行后设认知的策略教学,包括快速扫描正文,为细节重读文本,大声朗读等。阅读后,运用视觉表述活动、读者剧场、复述、应用观念等策略完成像寻物启事、故事地图、历史大事年表等作业。

而格里弗斯和布拉滕(Graves&Braaten,1996)分别依阅读前、阅读中及阅读后三个不同的阶段,提出自己的阅读策略教学观:阅读前,教师提供学生相关背景知识,教学基本的语言及语文知识,设定阅读目标,引导预测推论,提供阅读策略。阅读中,指导学生阅读教材(含默读与朗读),组织学生回答问题,教师指导。阅读后,学生就教师提出的问题先分组讨论,后全班讨论,写下内容大意,展示阅读成果,拓展延伸。

勒纳(Lerner,2000)则认为,教师可以在阅读前、阅读中、阅读后采取适当的策略(见表 7-1)。

表 7-1 促进阅读理解的策略 [①]

阅读前	阅读中	阅读后
建立阅读目的	直接注意文章中困难或难以捉摸的部分	要求学生重述或摘要故事
回顾词汇	指出困难的单字和想法	产生图形组织(组织结构、因果图、大网)
建立背景知识	要求学生确认问题和解决方法	按顺序,加入故事事件的图片

[①] Lerner, J. W. Learning disabilities: Theories, diagnosis, and teaching strategies. Boston: Houghton Mifflin, 2000.

续 表

阅读前	阅读中	阅读后
故事中相关的背景知识与资料	鼓励默读	对其他学生提出问题
鼓励预测将要发生的故事内容	阅读时,鼓励学生监控他们自己的理解状况	对故事和有关事实的教材,学生们写出他们自己的反应
讨论作者,有助于了解故事内容		

2007年,斯特贝克和丹因(Stebick & Dain)又提出了BDA策略教学框架,该框架适用对象为K-6学段,具体如下(见表7-2)。

表7-2 K-6学段BDA策略教学框架①

逐步提供模式	"我"(教师)的行动	我们(师生)的行动	你(学生)的行动
大声思维（阅读前）	评估学生的水平和需求；提供明确的教学模式	反思思维过程	学生观察模式的运用
引导阅读（阅读中）	评估学生的水平和需求；导入语篇的学习；教师做观察记录	教师提供语篇加工策略；教师进行语篇解读示范；学生阅读和加工语篇；教师做观察记录	学生运用语篇加工策略；学生进行语篇解读
独立阅读（阅读后）	教师与学生协商；教师提供具体的指导；评估学生的行为	学生提问；学生展示运用语篇加工策略的能力；学生展示语篇解读的能力；教师做观察记录	学生运用语篇加工策略；学生进行语篇解读；学生反思自己的理解

综合以上学者们的意见,阅读前教师应注意激发阅读动机,提供阅读策略,鼓励调动自己的背景知识进行猜测；阅读中应引导学生综合运用各类阅读策略,提醒学生进行自我监控,并做好过程评价；阅读后应组织学生展示阅读成果,鼓励其独立运用各种策略,并做好自我反思和评估。下面以美国高中诗歌《被遗弃的农舍》教学设计为例进行说明(案例7.4)。②

---

① Divonna M. Stebick, Joy M. Dain. Comprehension Strategies for Your K-6 Literacy Classroom: Thinking Before, During, and After Reading. http://cupola.gettysburg.edu/cgi/viewcontent.cgi?article=1017&context=edfac.

② Public Consulting Group's Center for Resource Management. High School English Lesson Plan: Poetry.(2007-8)[2016-06-16].http://programs.ccsso.org/content/pdfs/FINAL%20CCSSO%20English%20-%20Poetry.doc.

该教案学习目标清晰,总目标有两条:一是练习对诗歌进行想象、分析并做出反应,二是学习诗歌如何借助形象、比喻和象征手法来启迪心智和情感。前者属于能力目标,后者属于知识目标。为达成目标,设计者提供了"把最后的发言权留给我"学习策略;此外,还辅以朗读示范、调动想象和个人感受、讨论与展示等教学策略。

"阅读前"环节,有三点值得注意:一是向学生明示另一条学习策略——调动想象和个人感受;二是指导学生想象诗歌的画面,并对文意进行猜测;三是回顾旧知,包括比喻、想象、象征和声调的背景知识。

"阅读中"环节,有四点值得注意:首先,教师明确策略学习的任务;其次,教师朗读示范,并与学生交流自己的想象结果;再次,学生尝试运用该策略,读后讨论、分项和展示学习成果;最后概述使用这一策略的流程。

"阅读后"环节,学生独立使用该策略,并讨论分享彼此的阅读反应;教师对学生的策略使用做出评估,包括听取学生的自我评估。

总体上看,该教学设计采用了典型的 BDA 策略教学模式,目标集中紧凑,策略指导细致,教学步骤清晰,活动分工明确,具有很强的示范性。

案例 7.4　美国高中诗歌《被遗弃的农舍》教学设计

一、学习目标

学生将练习对诗歌进行想象、分析并做出反应,将学习诗歌如何借助形象、比喻和象征手法来启迪心智和情感。

二、阅读策略和教学思路

(一)阅读/学习前:可视化(示范和整组练习),"把最后的发言权留给我"策略建模

材料:粉笔/记号笔和黑板/表格,表格用来填写诗歌的特点

(二)阅读/学习中:"把最后的发言权留给我"策略使用(个人准备和建模)

材料:索引卡(或将平整的抄写纸折成四块),泰德·库瑟的诗作《被遗弃的农舍》课文纸,该诗作的投影。

(三)阅读/学习后:"把最后的发言权留给我"策略使用(小组练习)

材料:索引卡,诗作课文纸,每组记录者使用的纸和钢笔

三、具体步骤

（一）阅读/学习前（20分钟）

阅读目标：学生将借助诗歌阅读与形象化的语言唤起想象和审美感受。

教师组织：

1. 教学伊始，告诉学生：讨论诗歌的时候，要注意调动想象和个人感受。

2. 告诉学生将讨论《被遗弃的农舍》这首诗，要求学生闭上眼睛30秒，想象一下被遗弃的农舍的画面。提示学生有关感觉上的细节——声音、气味、景象和一些他们可能摸到或者尝到的东西，当他们将这个被遗弃的农舍形象化的时候，这些都要想到。30秒结束后，邀请学生以粉笔书写的方式互相交流，安静地轮流到黑板上写下一个单词，描述他们想象的被遗弃的农舍。然后针对粉笔交流组织一个简短的讨论，以帮助学生进行形象巩固，并对将要展开的诗歌讨论进行组内猜测。

3. 学习这首诗的四种手法——比喻、想象、象征和声调，引出学生自己的定义和例子，并将其填在表格上，以供备忘。相关术语与例子要真正搞懂。

（二）阅读/学习中（35分钟）

阅读目标：学生进一步阅读诗歌，划下那些能够引起想象和感受的句子，并阐明理由。

教师组织：

1. 告诉学生，他们将使用"把最后的发言权留给我"的策略阅读讨论这首诗。学生找出哪几行更能引起自己的想象和感受。使用投影仪，把前四行诗展示出来：

被遗弃的农舍

泰德·库瑟

他是一个大男人，
屋旁碎碟上的鞋子说；
他是一个高男人，
楼上房间里的睡床说。

2. 老师大声朗读这四行诗，给学生解释，自己读这首诗时如何引起了想象和感受。

3. 在投影仪上投出这一诗节的最后四行诗。让学生们读这几行诗，挑出最能引起想象和感受的句子。

他是一个善良而虔诚的男人，
日光映尘，地板上那破损的《圣经》说；
但这不是一个做农活的男人，
巨石凌乱，挨着那破粮仓的农田说。

4. 让四个学生带着椅子和笔记卡片到教室的前面，组织演示"把最后的发言权留给我"策略运用。分享阅读第一诗节之后的想象与感受，要求其他学生仔细观察，因为这些学生将帮你示范你想每一个人做什么。

5. 拍一个学生的肩膀，叫他/她根据自己的选择阅读一行生动的诗，但是无须解释为什么选择这一行。再喊左边那位学生，要求对被选的这行诗做出反应，随后再读一遍。教师提示，这是带有个人倾向的反应，回答可以涉及这首诗的内容或形式。然后叫第三个、第四个学生轮流回应。再让第一个学生解释，为什么他/她选择这一行，以及作者是如何使用创造性的语言来表达的。之后，再听其他几位学生的回应。感谢学生并让其上位。

6. 告诉学生，为什么这一策略被叫作"把最后的发言权留给我"：在结束讨论之前，四个学生都能分享他们的观点，且都有机会成为最后的发言者。强调一点：如果学生选择了相同的一行诗，这也是可以的，因为他们可能有不同的选择理由。小组成员可以补充先前的评论，或者重复自己的理由，须重点指出这一行为何富有表现力。

7. 概述使用这一策略的流程。

8. 和全班讨论：在使用这一策略时，如何认真倾听同伴的发言才有助于理解第一诗节？让几位学生分享他们的看法。

9. 把诗的复印稿以及四张索引卡片发给学生，让学生在每张卡片正面写下一行（或几行）引起想象或感受的诗，像你刚刚示范选择的那行诗一样。让学生记录所选诗行所在的诗节（2或3节）。在每一张卡片的反面，学生再写下为什么选择那（几）行诗，以及作者是如何运用比喻、想象、象征和声调等手法来塑造形象的。写完之后，让学生继续思考，诗人是如何使用表现手法引起读者共鸣的。

10. 告诉学生，使用索引卡片是运用"把最后的发言权留给我"这一策略的基础，他们可以在读完诗后写下自己的阅读感受。

（三）阅读/学习后（35分钟）

阅读目标：学生将讨论分享彼此的阅读反应，并分析作者如何使用诗歌语言展现其智性和情感的力量。

教师组织：

1. 把学生分成四个小组，要求每个小组使用相同的策略，小组自行确定由谁开始，须完成两轮的交流分享。

2. 当小组完成了两轮交流（或一轮围绕诗节2，一轮围绕诗节3），每一组选出一个记录者，写下小组成员选出的诗句（一人一行，每一个诗节不得重复），然后每个小组协同完成以下的"快写"任务：

(1) 结合之前列在黑板或表格上的比喻，小组讨论所选诗句的比喻特点。指出每一行所对应四种表现手法的哪一种，记录者记下小组取得的一致意见。

(2) 小组讨论每一诗节的意思，即诗人想要表达什么，记录者记下组内一致的意见。

(3) 小组讨论那个家庭所发生的事情，记录者记下小组对于"境况惨淡"的事情的推测。

(4) 这些快速记录给老师的教学反思与定性评价提供了有价值的数据，学生的反应应该用来评估学生的学习以及决定后续的教学安排。

3. 结束讨论。老师了解学生使用这一策略的感受，以及该策略对提高理解能力与阅读投入的作用。

四、对后续教学的建议

学生可以选读其他诗歌，以迁移使用"把最后的发言权留给我"这一策略，可重点选择和讨论引起丰富想象或强烈共鸣的诗句，并分析难度逐渐增加的诗歌的语言运用。最后，学生能自主识别诗歌是如何提高阅读兴趣、调动想象、加深印象的。

第五节　本土化语篇阅读教学模型的建构

上一章在探讨文本解读方法重构的时候，我们建构了一个新功能语篇分析框架，新功能语篇分析框架可以运用到阅读教学实践中去。鉴于这种阅读教学方法是建立在新功能语篇分析框架基础之上的，相应的，我们称之为新功能语篇教学模型。新功能语篇分析框架包括三个层次：语义层、语形层和交际层。新功能语篇教学模型则由三块内容构成：语义教学、语形教学和交际教学。

第四章在探讨语篇学视域下语文阅读教材重构问题的时候，我们论述了整本书语篇在教材体系中的特殊位置。而在一线的阅读教学实践中，加强整本书阅读业已成为广大教师的普遍共识，在整本书教材的使用上，人们的选择途径也较为广泛。这里我们以夏丏尊与叶圣陶的《文心》为例，探讨如何实施新功能语篇教学。

《文心》是一部小说，1934年由开明书店出版。这本书很奇特，它既是一部有趣的教育小说，也是一本语文读写指导"教科书"，而且《文心》不同于一般同类教科书的一个特点，是用故事来经营全书，具有戏剧性和情景教学的优点"[①]。因此，《文心》堪称一部经典语文教材，作品出版以后，深受当时师生的欢迎。但遗憾的是，这部小说正行走于遗忘之途，许多整本书推荐书目都与其失之交臂。鉴于其以小说的方式来"经营"，而书中也涉及阅读方法和读写转换的指导，故而我们以语篇解读的方式重新走进《文心》，并对如何引导学生阅读这样一本经典的"整本书"作些探讨。

一、语义教学

对应于语义分析，语义教学可从语境、题材、内容、思想、情感、态度、价值观、文化、场景、情节等方面展开。不妨先以内容教学之词语理解为例，词语理解不仅要关注字词的词典义，更要关注其在语境中的实际意义。在米兰·昆德拉的小说《生命难以承受之轻》中，第三章题名为"误解的词"，作者将"误解小词典"中13个词语（女人、音乐、游行等）置于上下文语境中重新定义，根据人物的性格和命运为此作注，进而实现以词语释义观照人生的创作目的。昆德拉小说这种重释词典义的叙事对语文教学未尝不是一种隐喻，词语教学既需要作词典释义，更需要调动学生的知识积累、阅读心理和生活经验，结合上下文语境、情景语境和文化语境作主观释义。比如《文心》的"方块字"一课，王仰之在指导学生推敲《登泰山记》中"烛"以及《秋夜》中"梦"的字义和用法时，是以这样一段耐人寻味的话来作结的："且慢走，还有几句很要紧的话。——我国文字是方方的一个个的，你

[①] 夏丏尊、叶圣陶：《文心》，北京：生活·读书·新知三联书店2008年版，编者的话。

们从前幼时,不是认过方块字吗?我国文字没有语尾的变化,真是方块字。什么字的性质,没有一定,因所处的地位而不同。"①这便告诉我们一个深刻的道理:方块字作为民族的符号,有自己的 DNA,只有认识到这一点,我们才能更好地去理解和消化。文字的学习就是文化的传承与接续,缺少这样一种认同感,学习方块字终究是隔膜的。再比如"现代的习字"一课,有一个片段是写慧修父亲如何教孩子们习字的,他说:"现代人写字,该有四项标准,就是迅速、准确、匀整和合式这四项。""古来的碑帖和名家的手迹,当然是稳当的;所以,慧修,你在这里临摹这本《黄庭经》是有益处的。现在,我们再说全幅的匀整,也可以看那副对子。"近年来,在中小学语文课程中,汉字书写日益受到重视,"语文"二字有多解,其中之一就是语言文字。中国汉字有其内在的书写规律,宗白华说,"中国的书法,不像其他民族的文字,停留在作为符号的阶段,而是走上艺术美的方向,而成为表达民族美感的工具。"②因此,无论是书家的碑帖,还是名士的对联,必须确立像慧修父亲所言的匀整和合式这类基本的审美标准。质言之,汉字书写,既是语知积累的过程,更是文化熏陶和审美体验的过程。

二、语形教学

对应于语形分析,语形教学可以从语音、语词、语句、语段、语篇、语法、语体、语气、语调、修辞、体裁、结构、表达方式、表现手法、风格等方面展开。此处以宏观结构和微观结构教学为例进行阐述。

(一) 宏观结构教学

《文心》一书的结构教学首先应聚焦于宏观结构。《文心》共 32 回,相当于32 节国文课,课名不妨抄录如下:"忽然做了大人与古人了""方块字""题目与内容""一封信""小小的书柜""知与情与意""日记""诗""文章病院""印象""词的认识""戏剧""触发""书声""读古书的小风波""现代的习字""词汇与语感""左右逢源""还想读不用文字写的书""小说与叙事文""语调""两首《菩萨蛮》""新体诗""推敲""读书笔记""修辞一席话""文章的组织""关于文学史""习作创作与应用""鉴赏座谈会""风格的研究""最后一课"。围绕这 32 堂课,作者采用了"一章一

---

① 夏丏尊、叶圣陶:《文心》,北京:生活·读书·新知三联书店 2008 年版,第 13—16 页。
② 宗白华:《艺境》,北京:北京大学出版社 1987 年版,第 362 页。

个中心的结构方法",分头讲述了32种语文知识。从宏观语义结构上看,整个故事并无一个自然发展的逻辑顺序,但从宏观功能结构上看,每个故事相对独立,这样就形成了自由轻便、化整为零的功能结构,通篇貌断而实连。32节课围绕阅读和写作(字)展开,读写的比例大致为二比一。小说以1931年秋季主人公初中入学,1934年夏季初中毕业为背景,故事情节聚焦于国文教学的主要内容、常见方式与方法:既有阅读教学的传授,也有写作教学的指导;既有知识的教学,也有读写的训练;既有课内精读,也有课外泛读;既有教师的引导,也有学生的自学。

(二) 微观结构教学

《文心》一书的结构教学还应聚焦于微观结构。作者语体选择很见功力,用语文白间杂,既通俗自然,又不失雅趣和谐趣。比如王先生在讲作文与生活关系的时候,引入《太阳晒屁股赋》的例子。"词的认识"这一课,"驰骋文坛"一词,那个通英文的人如何翻译的呢?"马在书堆里跑来跑去"。再看"词汇与语感"这一课,作者又借王仰之的口说道:"语汇是因了地方及阶级而不同……作弊与揩油,白相与玩耍,结婚与成亲,彼此意义虽同,情趣很有区别,这是值得注意的。"此外,作者还用了比喻、夸张和拟人等多种修辞。如,作者将常见的作文问题比作"文章病院",将作文水平不高的小作者称作"病患者"。在"方块字"一课中,作者写道:"全课堂的空气非常活泼紧张。"再从话题演进角度分析。在第一回"忽然做了大人与古人了"部分,有一个乐华与大文预习《秋夜》的片段,全体通读,二人仍有许多不解之处,比如"墙外有两株树,一株是枣树,还有一株也是枣树"。这句用的是特殊的演进方法——同义演进,或者叫反复,那么作者为何要运用同义反复?枚叔的意见是,应联系作者鲁迅当时的心境去理解,实际上,鲁迅这样措辞意在表达内心的孤独与苦闷。

三、交际教学

这里的交际教学并非指师生交互的对话教学,而是指作者与读者之间的"交际"或对话。交际教学涉及主题意识、目的意识、作者(自我)意识、读者意识、变化、传意效果等要素,比如在名著导读或预习指导环节,可以设计这样一组问题:(1)作者想要表达的中心意思是什么?(主题意识)(2)作者为何要创作这样一部小说?这部小说为何要以"文心"来命名?(目的意识)(3)《文心》的创作背景是什么?关于作者的写作技巧与方法我们能否做出自己的概括与推断?(作者意识)(4)作者用语上有何特点?有没有顾及读者的接受心理?(读者意识)(5)作者为何不直陈"阅读与写作"的规律,而是以小说的方式来谈?(变化意识)(6)他们是否达成了自己的创作目的?(人际意义实现效果)

基于学生的自主阅读和思考,加上教师的引导与点拨,上述问题我们可以形成如下解答:

(1)主题意识解码。故事描绘了32堂初中国文课,塑造了国文教师王仰之、学生周乐华和张大文等人物形象,意在引领学生掌握基本的语文知识,提高基本的读写能力,养成国文学习的好习惯,同时小说也抒写了真挚的师生之情、父子之情以及爱国之情。

(2)目的意识解码。20世纪30年代,国文教学问题丛生,夏、叶二位先生遂商定写一组文章指导学生的读写,以提高学生的国文水平。作者意在通过讲故事的方式,让中学生学到语法、修辞、词汇、文体、文学史以及工具书使用等语文知识与技能,作品还渗透了民族救亡的思想。

(3)作者意识解码。两位作者都做过中学国文教师,也都是语文教材教法研究专家,他们提出的问题和方法均有较强的针对性。而且该书许多地方与1935年二人合作的《国文百八课》形成了篇际性关系。两人都热心于语文教育的研究,对其也倾注了大量的心血。两位作者基于自身的价值追求和审美观念,将诗性思维融注于理性思维,借用小说的笔法谈抽象的读写之理。二人的文风朴实自然,蔼然长者的形象跃然纸上。

(4)读者意识解码。《文心》的文体属于小说,作者试图通过讲故事这种容易接受的方式教导中学生如何提高国文水平。当然这本书不仅适合中学生阅读,也可作教师备课之用,朱自清在《文心》序中写道:"这本书不独是中学生的书,也是中学教师的书。"①

(5)变化意识解码。读写知识教学往往较为抽象,不大好理解。两位作者谙熟学生的学习心理,他们超越了《文心雕龙》那种直陈文理的路子,形象化地与学生交流读写技巧和方法。借用陈望道的话讲就是,"什么事应该说以及怎么说

---

① 夏丏尊、叶圣陶:《文心》,北京:生活·读书·新知三联书店2008年版,朱自清序。

才好懂,都很细心地注意到"①,而叶至善在《文心》"后记"中也写道:作品将"国文的抽象的知识和青年日常可以遇到的具体的事情融成了一片"②,因此师生们都爱读这本书。

(6)传意效果解码。《文心》出版之后,深受师生的喜爱,重印再版二十多次,至今《文心》的版本有多种,海外版本也有三十几种。日本的《新中国事典》对该书作了这样的评价:《文心》"在国际教育史上划了一个时代"③。下图为三联书店出版的"白皮"本《文心》(图 7-3)。

图 7-3　三联书店《文心》

冯友兰在《贞元六书》之《论诗》章中说:近于道的诗,我们可以从形上学的方法看,也可从表达意思的方式看,"诗表达意思的方式,是以其所说者暗示其未说者,好的诗必富于暗示,因其富于暗示,所以读者读之,能引起许多意思,其中有些可能是诗人所初未料及者"④。苏珊·朗格在《谈诗的创造》一文中也说:"在诗的创造中,诗人必须把自己对诗的题材的情感反应的语言记录下来,并通过这些记录使读者做出同样的情感反应;或者,诗人还可以用一种非书面的或非陈述

---

① 夏丏尊、叶圣陶:《文心》,北京:生活·读书·新知三联书店 2008 年版,陈望道序。
② 夏丏尊、叶圣陶:《文心》,北京:生活·读书·新知三联书店 2008 年版,第 328 页。
③ 商金林:《叶圣陶年谱》,南京:江苏教育出版社 1986 年版,第 166 页。
④ 冯友兰:《三松堂全集》,郑州:河南人民出版社 2001 年版,第 233 页。

性的语言把自己的价值判断清晰地呈现出来。"①冯友兰和苏珊·朗格诗论的共通之处在于,凡诗都存在三维的观照:一为传道或传情;二为选择表达意思的方式或非陈述性的语言;三为暗示读者或唤起读者的情感反应。这三个维度大致对应于上述语篇读解的三个层次,即语义层、语形层和交际层。实际上,岂止是诗歌文体,其他诸种文学体裁,乃至非文学体裁,无一不存在语义、语形和交际层面的关照。新功能语篇教学当依循此规律,它是语义教学、语形教学和交际教学的融合与统一。也就是说,语义教学、语形教学和交际教学既有相对独立的意义,又有互相交叉的特点,三者构成了三维一体的关系。比方说,我们对作品进行社会语境或情景语境分析的时候,既要从语义层面去理解,也要从交际层面去关照。再比方说,我们在赏析与探究字词句的内涵和用法时,既是语义教学,也是语形教学。

本章小结

本章主要探讨语篇学视野下阅读教学方法的重构问题,共分五节。

第一节为基于话语分析的对话教学法。语文阅读教学实质上就是对话教学,它是一种主体间的异声同啸。在教师的阅读教学过程中,须确立以下几个基本的观念:应重点关注文本的"表述"方式;注意引出学生自己的话语;注意与其他文本互文参照。

第二节为功能语篇教学法。功能语篇教学主要是从语场、语旨和语式三个方面探讨语篇的语言运用,它重在揭示语篇的概念意义、人际意义和成篇意义,或者说,它重在对语篇作概念功能、人际功能和成篇功能的分析。功能语篇教学的主要目的在于培养学生的语篇分析能力。

第三节为悉尼学派体裁教学法。悉尼学派体裁教学法包括两种范型:一是体裁读写教学法。体裁读写教学法的发展分为三个阶段:80年代的"写作项目";90年代的"得体写作项目";2000年之后的"通过阅读学习项目"。二是跨课

---

① [美]苏珊·朗格:《艺术问题》,滕守尧、朱疆源译,北京:中国社会科学出版社1983年版,第137页。

程阅读教学法。跨课程阅读教学法是指在学校情境中,阅读教学不仅是语言学科的教学任务,各门学科都应教阅读。

第四节为 BDA 策略教学法。BDA 策略教学法是最为常见的策略教学法,所谓"BDA",就是阅读前、阅读中、阅读后三个英文短语首字母的合称,而"BDA 策略教学法"则指,阅读教学由三个环节组成,每个环节应分别采用相应的策略进行教学。

第五节为本土化语篇阅读教学模型的建构。基于新功能语篇分析框架,我们尝试建构了新功能语篇教学模型,它由三个部分组成:一是语义教学,即从语境、题材、内容、思想、情感、态度、价值观、文化、场景、情节等方面展开教学。二是语形教学,即从语音、语词、语句、语段、语篇、语法、语体、语气、语调、修辞、体裁、结构、表达方式、表现手法、风格等方面展开教学。三是交际教学,它应致力于主题解码、目的解码、意图解码、作者意识培养、读者意识培养、变化解码、传意效果解码。

第八章 语篇阅读教学评价

　　为什么要研究阅读教学评价？我国目前阅读教学评价主要存在哪些问题？从语篇学视角研究阅读教学评价能给我们带来哪些启示？这是本章首先要回答的三个问题。

　　教学评价是有效教学的重要组成部分，阅读教学评价能为阅读教学提供各种反馈，它有利于阅读教学的改进和完善。但是目前我国的阅读教学评价存在几个问题，一是阅读教学评价与阅读课程目标、阅读教学目标缺乏一致性。这既跟阅读课程目标本身比较模糊有关，也跟评价主体缺乏一致性评价理念有关。二是仍旧过于倚重纸笔测试，在表现性评价的运用上，存在观念、条件和技术上的障碍。西方国家语文阅读教学在一致性评价和表现性评价方面探索较早，它们取得的一些经验能给我们带来有益启示。此外，西方许多国家阅读教学评价建基于语篇阅读课程目标之上，国际阅读素养评估主要检测考生的语篇认知能力，这对我国阅读教学评价和阅读素养评估的语篇学转向仍具有借鉴意义。我国阅读教材选文主要依据编者的专业经验，其最大局限就是主观性较强，这便导致部分选文并不符合学生的实际阅读水平和阅读特点。阅读语料选择亟待提高科学性，语篇复杂度评量工具是阅读语料选择的技术保障，这方面美国学者做出了积极探索，本土化语篇复杂度评量模型的开发能从中获得启示。

第一节 语篇阅读课程目标体系的建构

一、为何要建构语篇阅读课程目标体系

(一)有效评价应是基于课程目标的评价

教育系统包括三大基本要素:标准、教学和评价。这里的标准是指期望学生掌握的核心知识和技能,以及期望学生掌握这些知识和技能的程度。教学是为学生提供掌握这些知识和技能的机会。评估是指提供实际的信息,以证明学生实际掌握这些知识和技能的程度。当所有要素产生良性互动,即互相一致的时候,教育才是有效的,学生也才能真正获得有效学习的机会。[①] 基于对教育系统这三大内在要素一致性的追求,近几十年来,世界范围内许多国家开始确立一致性评价的理念,也就是将学业评价建立在严格的学术标准或课程目标之上。以下举例说明。

20世纪80年代之后,美国开始启动基于标准的课程与教学改革。从联邦政府到州政府,普遍认为,基于标准的教育改革能够促进教育公平,理论上讲,所有学生都能学到同样的课程内容,因此应不遗余力地推进这场改革,当然,课堂上具体的教育公平程度并不完全取决于这场改革。从课程专家到普通的一线教师,人们普遍认为,改革应基于某种严格的学术标准,标准应为教育工作者和学生提供具体指针。改革的拥护者也声称,标准的制定应保障教育体系有效而连贯,进而促进学生的学习和取得学业成就。整个90年代,在《2000年目标》等法案的规定下,各州均致力于开发各科课程标准,但是只有少数州开发与标准一致的评价方案。2001年颁布的《不让一个孩子掉队法》(NCLB)又规定,每个州都必须开发与内容标准相一致的评价方案,这样学校才能切实地承担培养符合标准的学生的职能,而且到2005—2006学年为止,每个州都必须在3—8年级和高

---

① Näsström, Gunilla. Measurement of Alignment between Standards and Assessment. (2008)[2017 - 01 - 02]. http://www.diva-portal.org/smash/record.jsf? pid = diva2%3A142244&dswid=3814.

中的一个年级具体实施严格的年度阅读及数学测试评价方案。另外这些评价的结果必须反映所有学生的学业成就。为完成《不让一个孩子掉队法》的指定任务，各州又纷纷开发自己的评价方案，这些方案都必须与州中具体的学科和年级（段）内容标准保持一致，而且各州还必须提供由中立的第三方出具的一致性证据。2010年颁布的美国语文共同标准致力于建构严格的学术标准，但并未对课程评价进行规定，评价系统的设计与实施重任委托给了两家机构：升学和就业准备评价联盟(PARCC)及智能化平衡评价联盟(SBAC)。在正式实施评价之前，合作伙伴西部教育研究实验室于2011年对《标准》进行了一次规模庞大的验证性评估，着重就标准的合格程度进行了检测，并最终出台了一份详细的评估报告。尽管近年来，一致性评估遇到了巨大的挑战，许多学生、家长与教师也对高标准和问责制提出反对意见，但是对一致性评价的追求已呈不可逆转之势。

近年来，澳大利亚课程、评价和报告局日益注重强化成就标准，因为成就标准是引导学生取得学业成就和教师设计教学方案的关键要素。而国家评估项目，包括阅读素养和数学素养评估项目实施框架的开发需与成就标准保持一致。在澳大利亚课程标准实施的过程中，澳大利亚课程、评价和报告局搜集了许多同达成成就标准与掌握课程内容状况相关的证据，随着国家评估项目与国家课程达成一致之后，将提供更细致的证据，这些数据将成为评估标准有效性的重要证据，以确保标准具有合宜的挑战性和有益于取得学业成就。澳大利亚教育部指出，有效评价应符合10条原则，其中与一致性相关的有：(1)目的、目标、标准和指标应该足够清晰。当评价清晰地向学生和教师表达了学习活动的目标，期望学生达成的标准，以及达成学业成就质量的具体指标时，它才会发生效力。(2)评价测量应讲究效度、可靠和一致性。选择评价任务时，应直接测量想测量的指标。学生通过猜测而得出答案的评价不是可靠的评价任务。(3)评价的根本目的是改善学生的学习。有效评价能丰富教学过程，促进学习的评价认同学生运用他们的理解去探索、发现和综合新知识、新理解与新技能。它应帮助师生明白现在所学的是否有利于后续的学习，评价任务应鼓励更深入的理解。评价实施应要求学生将他们的知识、技能和理解运用到更具挑战性的学习任务中去。(4)评价应成为教学过程的重要组成，而不是最后附加的环节。评价是学习过程的一部分，评价策略和任务需纳入学习过程中或学习单元作通盘考虑，区分评价任务和教学活动是很难的一件事。通过将评价和学习合为一体，教师能判断学生哪些方面需要做记录,这些记录能用作引导学生的学业进步,决定下一步施教的内容和教学细节的程度。①

在爱尔兰,自小学起,基于标准的阅读测试就被广泛使用,中学阶段国家性质的考试,包括初级证书考试和毕业证书考试,也都采用基于标准的考试。都柏林大学的保罗·瑟基诺(Paul Surgenor)指出:"一致性是有效评价的核心,学习结果(指学生应该能达到的能力目标)与评价之间应该有一种清晰的联系。"一致性的过程应包括以下五个步骤:

——解释预期的学习结果。

——选择教学/学习活动,旨在帮助或鼓励学生达到这些目标。

——通过组织教学使学生投入到这些学习活动中去。

——运用适切的评价手段评价学生的学习结果,看学生多大程度上达成了学习目标。

——逐步达到最终等级,也许应借助形成性评价的方法,适时反馈以帮助学生改善他们的学习状况。

瑟基诺认为,学习和评价任务应促使学生投入到合适的学习活动中去,应尽量避免使用过去那种落伍的评价方法。② 都柏林三一学院的法莱尔(Farrell)博士也认为:"一致性是有效评价的核心。学习结果(目标)是我们期望学生获得的学习结果,评价方法与手段应该测试学生达成目标的状况,应测评学生相关的学习技能。如果将精力消耗在次要能力的测试上,将会导致过度评价。"③

在这场世界范围内的一致性教育改革运动中,基于标准的评价扮演着重要角色。这种评价既具体地体现着标准,也为教育工作者的教学与问责提供了动力。

(二) 语篇阅读教学评价应基于阅读课程目标

尽管大规模的一致性评价研究和实践是从 20 世纪 80 年代末才开始的,但

---

① The Department of Education in Australia. What is Standards based education.(2009 - 07 - 04)[2017 - 01 - 02].http://ndss.ndsucceed2020.org/wp-content/uploads/2014/10/What-is-standards-based-education.pdf.

② Paul Surgenor. Constructive Alignment.(2010 - 01)[2016 - 12 - 16].http://www.ucd.ie/t4cms/UCDTLT0028.pdf.

③ Ciara O'Farrell. Enhancing Student Learning through Assessment.http://www.tcd.ie/teaching-learning/academic-development/assets/pdf/250309_assessment_toolkit.pdf.

严格地讲,一致性理念的源头应追溯至布卢姆的教育目标分类思想。20世纪50年代,布卢姆提出了教育目标分类理论,他指出,教育目标体系包括认知目标、情感目标和动作技能目标。布氏分类一大目的就是细化学习目标,为课堂教学与评价提供参照标准。布卢姆在进行教育目标分类研究的时候指出,人类的认知学习、情感学习总是交织在一起的,从认知维度与情感维度(当然有时还包括动作技能维度)分别阐述学习目标主要是便于研究和分析,它并不意味着两者是割裂的。[①] 2001年,安德森与梅耶等人合作,对布卢姆的认知目标分类进行了修订。起初,布卢姆将认知目标分为六类,即知识、理解、应用、分析、综合与评价,而安德森等人则提出了二维认知目标框架,即从知识和认知过程两个维度来表征认知目标。布卢姆、安德森等人关于认知与情感目标分类的思想,对世界范围内课程评价形成了巨大影响。

上述国家,无论是美国、澳大利亚,还是爱尔兰,其语篇阅读教学评价均基于严格的阅读课程目标。比如2010年美国语文《共同核心州立标准》指出,《标准》列举了具体的阅读、写作、听说与语言内容标准(即课程目标与内容),无论是教学还是评价都不应将几方面割裂开来,也就是说,无论是教学任务还是评价任务的设计都应内容丰富,涵括多领域的目标与多项目标,而锚定标准也为集中与连贯的教学和评价提供了重要参照。2015年,澳大利亚课程、评价和报告局颁布了《F—10澳大利亚课程·语文》(8.2版),该文件规定,广大语文教师应运用成就标准去综合评价学生的阅读学习质量,判断学生到底是达到了标准,还是在标准之下。如果个别学生未能达标,那就意味着教师需检视自己的教学计划和教学过程,并拿出具体的教学举措,以更好地支持学生的后续阅读学习。[②]

加拿大2009年修订的《英属哥伦比亚省阅读表现标准》规定,该标准是用作可持续性教学和评价的重要资源,它应达成三种评价目的:为学习的评价——支持和引导学习的形成性评价;作为学习的评价——引导学生自主学习的形成性

---

① [美]布卢姆等:《教育目标分类学·情感领域》,施良方等译,上海:华东师范大学出版社1989年版,第66页。

② ACARA.F-10 Curriculum. [2016-11-01]. http://www.australian curriculum.edu.au/overview/implications-for-teaching-assessing-and-reporting.

评价;学习的评价——记录学生学习的形成性评价。① 而新加坡2011年版《中学华文课程标准》也强调,"教师在评价学生的学习时,首先应配合课程标准,针对教学目标、教学内容和学生的认知水平,拟定全面的评价计划。通过多元化的评价,真实客观地评价学生的水平。"②我们在第三章已就美国、英国、澳大利亚、新加坡阅读教学目的做过要素分析,本节还将对美国、加拿大、澳大利亚、新加坡等国的阅读课程目标体系作进一步评述。

与课堂阅读教学评价一样,PISA 和 PIRLS 阅读素养评估也都采用一致性策略,即致力于认知目标的评价。PISA2015 框架指出,阅读素养首先包括各种认知能力,即从基本的解码到词汇、语法知识,从语篇结构和特点到通识性知识;其次包括各种元认知能力:运用各种语篇加工策略的意识和能力。PIRLS2016 框架指出,阅读是个建构与互动的过程,意义的建构是特定情境中读者带着自己的阅读经验与语篇互动的结果。无论是阅读前、阅读中还是阅读后,读者都会运用到各种语言技能、认知与元认知策略、背景知识去建构意义。当然,它们还都通过问卷调查的方式对参赛国学生的阅读动机和行为习惯等进行评价。

我国《义务教育语文课程标准(2011年版)》指出:"语文课程评价应准确反映学生水平状况,全面落实语文课程目标。"应该说这与国际语文课程评价的趋势是高度吻合的。但是从阅读教学评价的一致性理念来衡量,尚需从两个方面完善我们的评价体系:第一,现有的阅读课程目标体系应吸收语篇学的研究成果,应建构相对明晰的阅读课程目标体系;第二,落实一致性评价思想,将语篇阅读教学评价建立在阅读课程目标基础之上。

二、语篇阅读课程目标体系的建构

一致性评价的第一步就是制定比较严格的课程目标体系,以下先概览加拿大、美国、澳大利亚、新加坡等国语篇阅读课程目标体系,而后尝试建构本土化的语篇阅读课程目标体系。

---

① BC Ministry of Education. BC performance standards:Reading . (2009) [2016-12-16]. http://www.bced.gov.bc.ca/perf_stands/reading_intro.pdf.
② 新加坡教育部课程规划与发展司:《中学华文课程标准》,2011年,第32页。

(一) 加、美、澳、新语篇阅读课程目标体系的建构

1. 加拿大英属哥伦比亚省阅读表现标准

表现标准与内容标准具有关联性。所谓内容标准，是指"对学生应该掌握哪些知识和能力的说明，是对一般的、抽象的教育目标所作的具体解释"[①]。表现标准则表达了为实现各项内容标准期望学生展示的熟练程度或质量。内容标准回答了所要掌握的核心知识与基本技能的问题，表现标准则回答了关于质量和程度的问题。[②] 加拿大英属哥伦比亚省《语文表现标准》(2009年版)描述了学生在文学类阅读和信息类阅读方面应达到的目标，它们均聚焦于三类阅读目标：策略、理解、反应和分析。该表现标准具有纵向上的序列性，即1—10年级，每个年级都有明确具体的阅读标准，而且随着年级的递增，目标要求也不断地提高。无论是阅读教学，还是省级、区级、校级、班级的教学评价，广大语文教师都应参照该阅读表现标准。以下提供的是8—10年级文学阅读表现标准。[③]

8年级——

策略：

能核验自己的理解，能根据需要调整理解策略；当阅读难度较大的文学语篇时常需要一些指导。

经常性地依据上下文和词语结构获悉生词的意思，有时不是很充分。

稍加提示，可以运用前知识和经验（包括故事结构和其他体裁的理解）进行预测，支撑自己的理解，解释文意。

能辨认一些隐喻性语言，但具体解释时可能有些困难。

理解：

能运用自己的语言准确描述场景与角色的特点、主旨、矛盾冲突，以及它们之间的联系（比如运用故事地图）；也许会忽略某些方面或者部分描述不准确。

能就情节展开合乎逻辑的预测。

---

① 转引自黄伟《我国语文课程标准建设亟须加强与完善——来自美国〈初中英语能力表现标准〉的启示》，《课程•教材•教法》2008年第1期。

② 赵中建：《美国课程标准之标准研究》，《全球教育展望》2005年第6期。

③ BC Ministry of Education. BC performance standards：Reading. (2009) [2016-12-16]. http://www.bced.gov.bc.ca/perf_stands/reading_intro.pdf.

能围绕角色、故事情节和主题进行简单的推断；能提供证据；部分推断和证据不准确。

就鲜明的主题进行解释；能提供模糊或有限的证据与解释。

反应和分析：

能就所选片段跟自己的思想、观点、体验和情感进行简单的联系；也许需要提供框架或其他的提示。

能就语篇某种鲜明的特点与类似的阅读体验进行联系。

在适当提示下能做出反应和提供自己的观点；能借助老师提供的框架进行描述。

9年级——

策略：

针对难度较大的材料或问题在选用策略时需要具体的指导。

能运用前知识、体裁分析进行预测和情节的设想。

能够辨认一些文学技巧和隐喻性语言类型；但具体解释时可能会遇到一些困难。

理解：

准确描述场景、角色和情节以及它们的关系。

围绕所选的情节内容进行符合逻辑的预测，但是如果不是自己所选部分或许不能胜任。

能围绕角色、故事情节和主题进行简单的推断；能提供具体的证据，但证据也许不充分，或者会忽略一些关键点。

能就主题进行合理的解释并能提供依据；但倾向于提供明显的证据。

反应和分析：

能就所选片段跟自己的思想、观点、知识进行直接的联系。

能联系其他的语篇片段；在提示之下能够对主题进行比较。

在提供一些提示之下能做出反应和判断；答案可能比较模糊或不够具体。

10年级——

策略：

能运用一些基本策略理解词义和内容,但经常是不系统和无效的。

能运用一些前知识和体裁分析进行预测并提供依据。

能辨认很明显的文学技巧;也许会准确运用一些基本的文学术语。

能围绕语篇提出一些鲜明的问题(比如谁、哪里、什么时候、什么、为何、怎么样)。

也许不能正确解释,或者经常忽略了显而易见的线索(比如伏笔)。

也许能完全理解整个的语篇,但偶尔会围绕一些细节反复阅读。

聚焦部分问题或任务;或许忽略了其他部分。

理解:

能进行复述(无论是什么任务),基本理解基本要素和主要特点;或者是表层的,或者是狭隘的。

能进行合理的预测;部分是自己的猜测。

关注人物的外形特点;倾向于人物的外在价值,而不善于合理推断;经常是判断性的,寻找好人或者坏人。

要求解释或讨论主题时,倾向于谈论某个话题或者道德观。

对语篇的解释往往是模糊的;能提供一些不是很有力的证据。

反应与分析:

能提供表层的反应,缺乏紧密的联系(比如只是聚焦于某个方面,诸多特点并无关联,或者仅描述了个人的体验)。

在有限的支持下能做出广泛的判断。

2. 美国的阅读课程内容标准

2010年颁布的美国语文《共同核心州立标准》按照 K—12(学前至高中)年级整体设计,它依据语文学科的特点,就横向和纵向两个向度对内容标准作出了规定,体现了标准的领域平衡性与年级(段)递进性。它大致相当于我国《义务教育语文课程标准(2011年版)》的"课程目标与内容"。横向上看,《标准》从阅读、写作、听说和语言运用四个领域来规定锚定(为大学和生涯做准备)标准,它只涉及四大领域最核心的内容,即核心知识和基本技能。锚定标准根据小学和中学分成两大类,即 K—5 年级共用一个锚定标准,6—12 年级共用一个锚定标准。关于阅读课程的核心知识和基本技能,具体又分为主要观点和细节、技巧和结构、知识与观点的整合、阅读范围和文本的复杂度层级等方面。纵向上看,《标准》规定了不同阶段学生应该掌握的阅读知识和阅读技能,其中,K—8年级按年级规定标准,9—10年级、11—12年级则按年段规定标准。这些知识和技能按年级或年段形成一个相对清晰具体、循序渐进的序列,具有较高的衔接性和递进性,而这些知识技能又都是参照锚定标准具体展开的。下面以9—10年级、11—12年级两个年段的文学类阅读标准为例进行介绍。①

9—10年级文学类阅读标准：
主要观点和细节
1. 分析文本明确表达的内容,并进行合理的推断,从文中找到相应的证据支持自己的分析和推断。
2. 确定文本的主题或中心思想,具体分析文本的思想是如何产生、发展和完成的;客观地概括文义。
3. 分析人物性格的发展过程(例如复杂的心理冲突),人物之间的关系,以及人物性格发展如何推动了情节与主题的发展。
技巧和结构
4. 明确文本中词语和短语的含义,包括比喻义和隐含义;分析特定语境中词语选择对意义和语气的综合影响(如,语言如何唤起时空感,如何表现正式或非正式的语气)。
5. 作者会选择如何构建一个文本,如何安排叙述顺序(如并行块)和控制时间(如踱来踱去、闪回),分析这类选择对营造神秘、紧张或惊喜气氛的作用。
6. 广泛阅读外国文学作品,能分析作品所表达的特定的观点或自己的文化体验。
知识与观点的整合
7. 欣赏两种不同的艺术作品,分析形象与背景的意思,作品可以是特意指定或未曾提及的(例如,奥登的《美术博物馆》和布罗夏尔的《伊卡洛斯秋天的风景》)。

---

① NGA, CCSSO, Achieve. Common Core State Standards for English Language Arts & Literacy in History/Social Studies, Science, and Technical Subjects[2016 - 04 - 13]. http://www.core standards.org/wp-content/up loads/ ELA_Standards.pdf.

8. 不适用文学作品。

9. 分析作者如何利用和转换一个特定的源材料(如莎士比亚如何利用《奥维德》或《圣经》中的主题;或后来的作者如何利用莎士比亚的一个剧本)。

阅读范围和文本的复杂度层级

10. 9年级底,阅读和理解文学作品,包括故事、剧本和诗歌,熟练阅读复杂程度达到9—10级之间的文本,对于陌生的文本可以使用"脚手架"。

10年级底,阅读和理解文学作品,包括故事、剧本和诗歌,独立和熟练阅读复杂程度达到9—10级上限的文本。

11—12年级文学类阅读标准:

主要观点和细节

1. 分析文本明确与未明确表达的内容,并进行合理的推断,从文中找到相应的证据支持自己的分析和推断。

2. 确定文本的两个或多个主题或中心思想,分析文本的思想是如何发展的,包括它们之间是如何互为影响、如何在复杂的叙述中生成的;客观地概括文义。

3. 一个故事或剧本的元素如何组合,如何发展(比如,故事从哪里开始,活动如何安排,人物如何介绍,关系如何发展),作者会就此进行选择,分析作者的选择所产生的影响。

技巧和结构

4. 明确文本中词语和短语的含义,包括比喻义和隐含义;分析特定词语选择对意义和语气的影响,包括多义性词语或清新优美的语言(包括莎士比亚或其他作者的语言)。

5. 分析作者如何构建一个文本(比如一个故事如何开头或结尾,选择喜剧还是悲剧的结局),以及这样的构建对全文结构、内容、审美效果所带来的影响。

6. 分析案例,掌握要点,学会区分作者直接陈述的意思和实际想表达的意思(比如,讽刺、挖苦、揶揄、轻描淡写)。

知识与观点的整合

7. 分析一个故事、剧本或一首诗的多种解释(比如根据剧本、小说或诗剧改编的影视制品),评估每个版本是如何解释源文本的(至少包括莎士比亚或美国剧作家的一个剧本)。

8. 不适用文学作品。

9. 列举 18 世纪、19 世纪及 20 世纪初美国文学代表作相关知识,包括同时期两篇或多篇作品是如何表达同样的主题的。

阅读范围和文本的复杂度层级

10. 11 年级底,阅读和理解文学作品,包括故事、剧本和诗歌,熟练阅读复杂程度达到 11—CCR 级之间的文本,对于陌生的文本可以借助"脚手架"。

12 年级底,阅读和理解文学作品,包括故事、剧本和诗歌,独立、熟练阅读复杂程度达到 11—CCR 级上限的文本。

3. 澳大利亚的阅读课程目标体系

2015 年澳大利亚课程、评价和报告局颁布《澳大利亚 F—10 课程变化跟踪》。该文件指出,包括语文课程在内的各门课程均旨在提升学生成功融入社会、参与全球化竞争、胜任未来职场的知识和技能。其阅读课程目标的表述体现了纵横结合的特点:横向上,包括语言类、文学类和综合素养类目标;纵向上,根据 F—10 年级的序列按年级表述,各年级的语言类、文学类和综合素养类目标可谓一目了然。以 9—10 年级为例,其阅读课程目标概述见表 8-1。①

表 8-1 澳大利亚阅读课程目标

类别	维度	9 年级	10 年级
语言类	目的、读者和不同语篇类型的结构	明确作者因具体的写作目的、写作效果创造语篇结构和进行语言表达。	比较不同媒介的传统语篇和当代语篇的写作目的、语篇结构、语言特点等方面的差异。
	语篇的衔接	比较不同语篇衔接手段的使用,关注衔接如何为主要观点以及建立语义关联服务。	理解因不同的目的、读者、视角与文体效果等需要而安排段落和图像。
文学类	分析影响语篇生成的文化语境和情景语境	解释与比较不同历史的、社会的、文化的语境如何影响着作品中人物的行为和文化活动。	比较和评价不同历史的、社会的、文化的语境如何影响着作品中个体和群体的行为。

---

① ACARA. Tracked Changes to F-10 Australian Curriculum.[2016-04-15]. http://www.acara.edu.au/verve/_resources/Changes_to_the_F-10_Australian_Curriculum.pdf.

续　表

类别	维度	9年级	10年级
文学类	对作品中思想、人物、观点的个体反应	阐述对作品的初始印象,后作整体分析。	反思、拓展、赞同或反驳别人对作品所做的反应。
	表达倾向和评价语篇	反思与探讨文学价值观以及为什么在不同语境中这些观念会产生变化,以及产生怎样的变化。	分析并解释语篇结构、语言特点、视觉特点、语境会如何影响到读者的反应。
	文学语篇的特点	分析熟悉和不熟悉的语境下生成的语篇,评价其内容以及作者的文风及其艺术特质。	分析文学语篇中的叙事视角、结构、人物形象和表现手法诸如比拟和讽刺如何引起读者不同的解释和反应。
	隐喻等语言手法的使用	探究同一主题下不同的语篇类型,比如诗歌、微电影、图画小说和戏剧,其隐喻、转喻、讽喻、图标、荒诞、象征等手法的使用。	比较和评价不同的语篇类型,比如诗歌中声音的使用如何引起特别的情感反应。
	创作文学语篇	创建文学文本,包括混合文本,在某些表现手法上进行尝试,比如仿拟、典故和移就。	创作能体现个人风格的文学语篇,评估其有效性。
综合素养类	语篇和语境	分析语篇(包括媒体类语篇)的生成和解释如何受到文化视角及其他语篇的影响。	分析和评价具体的语篇(包括媒体类语篇)中如何运用语言、结构和视觉选择表现或描述人物、文化、地点、情节、事物和概念。
	目的和读者	解释、分析和评价不同的语篇因目的的需要而选择不同的话题、情节、场景和人物。	判断和分析语篇中价值观、信仰、假设如何受到写作目的和读者对象的影响。
	阅读过程	结合日益扩大的词汇量流畅地阅读难度越来越大的语篇。	选择各种阅读技巧和阅读路径,检索并联结不同语篇的思想内容。
	理解策略	运用理解策略解释和分析语篇,比较和评价不同语篇关于情节、话题、情景或者角色的处理。	运用理解策略比较和对比文本之间的信息,判断分析嵌入式视角和评价支撑性证据。
	创建语篇	创建想象力丰富、信息量充分和富有说服力的语篇来表达自己的观点,能综合运用视觉、文字和听觉元素。	创建持续性的语篇,能综合运用数字或媒体内容,富有想象力和表现力,能对复杂的议题进行反思。

4. 新加坡中学华文阅读课程目标体系

新加坡《中学华文课程标准》(2011年版)规定,华文课程含华文(基础)、华文(B)、华文(普通学术)、华文(快捷)与华文(高级)五类课程。中学华文课程,包括阅读课程的目标是分项分级进行设计的。分项就是指从语言交际能力、人文素养和通用能力三个维度进行设计。分级则是在小学华文课程的基础上,建立能力等级体系。下面侧重介绍与阅读课程相关的阅读能力目标、华族文化目标与思维能力目标。首先,关于阅读能力的分级目标如下(见表8-2)。①

表8-2 新加坡中学阅读能力分级目标

目标范畴 \ 等级 年级课程	三级	四级	五级	六级	七级
	中一至中四华文(基础) 中一至中二华文(B)	中三至中四华文(B) 中一至中二华文(普通学术) 华文(快捷) 中一华文(高级)	中三至中四华文(普通学术) 中三华文(快捷) 中二华文(高级)	中五华文(普通学术) 中四华文(快捷) 中三华文(高级)	中四华文(高级)
	能掌握基本的认读方法				
	能在教师的引导下,阅读简单的记叙性语料	能阅读记叙性语料和简单的说明性语料	能阅读记叙性、说明性语料和简单的议论性语料	能阅读记叙性、说明性和议论性语料	
	能在教师引导下,初步阅读简单的实用性语料	能初步阅读简单的实用性语料	能阅读简单的实用性语料	能阅读比较复杂的实用性语料	能阅读复杂的实用性语料
	能对文章表达的思想情感有所体会,并在阅读中积累精彩的句段	能初步欣赏简单的文学性语料	能初步欣赏文学性语料	能欣赏文学性语料	能较深入地欣赏文学性语料

---

① 新加坡教育部课程规划与发展司:《中学华文课程标准》,2011年,第21页。

其次,整个中学阶段围绕华文(基础)、华文(B)、华文(普通学术)、华文(快捷)与华文(高级)五项课程的学习,均应了解和认识华族文化,并发展多种思维能力(见表8-3)。①

表 8-3 新加坡中学阅读教学中文化教育与思维训练目标

目标范畴 \ 课程	华文(基础) 华文(B) 华文(普通学术) 华文(快捷) 华文(高级)
华族文化	■ 能了解华族传统节日和风俗习惯 ■ 能认识并传承华族的文化艺术 ■ 能认识著名的历史人物,了解有代表性的历史故事
思维能力	■ 能通过联系和归类,加强对信息的记忆 ■ 能对材料进行比较和分类 ■ 能根据篇章的内容,对事情的发展作合理的推测 ■ 能发挥想象力和创造力 ■ 能对事物作批判性的思考和评价 ■ 能对事物进行分析,探索各种解决方法,按优排列,做出决定

(二) 我国语篇阅读课程目标体系的建构

为展开一致性评价,我国语文教学应着力建构语篇阅读课程目标体系,该体系应为语篇读解知识、语篇读解能力与语篇读解情意组成的三维空间。在这三个维度中,语篇读解知识、语篇读解能力组成的语篇知能目标涉及的指标数目繁多,在目标多少与深浅的问题上应充分考虑相应年段学生的阅读基础,尤应注意以下两点:

第一,横向上,应筛选核心知识与关键技能。阅读课程目标不是阅读教学内容,它既应相对清晰与具体,又不可失之于琐碎,应便于管理和评价。它应聚焦于那些普遍被认为是核心的语篇读解知识,以及普遍被认为是最重要的语篇读解能力,这些知识包括事实、思想、概念,它们必须体现内在的均衡性,它们与那些关键技能和实践能力对语文学习来说都应该是不可或缺的。它们处于或高于年级与年段水平,应符合严格的学术标准。另外,这些核心知识与关键技能不能割裂开来,两者应融合在一起进行表述。

---

① 新加坡教育部课程规划与发展司:《中学华文课程标准》,2011年,第23—24页。

第二，纵向上，应确立目标渐进的单位。阅读课程目标是个纵横相交的体系，横向上应兼顾各类要素，纵向上应根据不同年级(段)学生的认知差异进行循序渐进的表述。关于纵向目标的表述，目前世界上主要有四种范式：一是以年级为单位。比如加拿大英属哥伦比亚省 K—12 均按年级表述。澳大利亚阅读国家课程标准按年级表述，F—10(学前—初中)对每个年级进行表述，11—12 年级(高中)的母语和文学包括四个单元，应该说比以年级为单位的表述更为细致。二是以年段为单位。比如香港地区，小学阅读课程目标分别对第一阶段、第二阶段作出了具体规定，中学阅读课程目标并未对第三学段和第四学段作出区分，2015 年，香港颁布《中国文学课程及评估指引》(中四至中六)，在陈述阅读课程目标时，也未按年级进行细分。再如台湾地区，其阅读课程目标分成五个学习阶段表述。第一学习阶段(国民小学一、二年级)，第二至第四学习阶段(国民小学三至六年级及国民中学教育阶段)，第五学习阶段(高级中等学校教育阶段)。而大陆现行语文课程标准，小学分 1—2、3—4、5—6 三个学段进行表述，初中 7—9 年级，高中三个年级均按年段进行表述。三是年级与年段兼顾。比如美国，K—8 年级按年级表述，9—10 年级、11—12 年级是按年段表述。四是混合模式。比如新加坡，其阅读课程目标既不是按年级为单位，也不是按年段为单位，更没有按纵向递进的规律进行表述，而是因目标定年段。总体上看，加拿大、澳大利亚过于细致，中国香港的过于粗疏。在笔者看来，按年级纵向设计未免太过细致，不见得客观科学。处于这样一个过渡的转型时期，目前宜沿用现行的五年段设计。不同年段的目标表述总体上应体现衔接与递进的特性，但个别条款无须分得过细，不必苛求递进性，这方面新加坡的目标设计能提供借鉴。

此外，各国语篇阅读课程目标普遍重视认知能力的培养，而在审美能力培养上，各国重视程度不一。我国语篇阅读课程目标体系的建构应关注这种差异性，并将语篇审美能力的培养置于适当的位置来考虑。下面以中学阶段文学语篇为例，初拟一个语篇阅读课程目标体系，具体涵括知能目标(见表 8-4)以及情意目标。知能目标的设计应聚焦语篇的形式、内容与人际维度，无论是哪个维度，都应规定理解性、评价性、审美性能力目标，知识目标则内蕴于其间。

表 8-4　中学阶段文学语篇读解知能目标

维度	知能指标		初中 （7—9 年级）	高中 （10—12 年级）
形式维度	理解与审美	概要理解	• 分析各类文学语篇的基本要素，以及其内在的关系。	• 能够辨认一些基本的文学技巧。 • 辨析作者的文风。
		深入理解与审美	• 分析语篇的结构和其他形式特点。 • 理解特定语境中词语、句子、段落的意思，以及在文中所起的作用。 • 分析不同体裁语篇的表现形式，诸如反复、音律、节奏等。	• 分析语篇的结构以及它对内容和审美效果所带来的影响。 • 理解关键词、关键句、关键段在整个语篇结构中所起的特殊作用（包括对主题、场景、情节）。 • 比较同一主题下不同体裁表现形式诸如隐喻、荒诞、象征等手法的区别。
	评鉴	形式评鉴	• 对作品的人物塑造、场景描写和情节设置阐发自己的见解，并说明理由。	• 对他人围绕作品展开的评述进行反思、拓展、反驳。
内容维度	理解与审美	概要理解	• 复述故事的场景、角色和情节。 • 概括文章主题与人物性格特点，通过细节加以印证；分析情节如何发展。	• 准确描述场景、角色和情节以及它们的关系。 • 确定文本的主题思想；分析人物性格的发展过程，以及人物性格发展如何推动了情节与主题的发展。
		深入理解与审美	• 分析文本明确表达的内容，能进行简单的推断，并从文中找到相应的依据。 • 能联系自己的知识、情感和经验进行语篇分析。 • 分析不同的历史的、社会的、文化的语境如何影响着作品的情节、话题和人物。 • 应用阅读策略增进学习效能，整合跨领域知识转化为解决问题的能力。	• 分析文本未明确表达的内容，并进行合理的推断，从文中找到相应的依据。 • 对某些故事、剧本或一首诗做多元解读。 • 能联系自己的思想、观点、知识进行语篇分析。 • 解释与比较不同的历史的、社会的、文化的语境如何影响着作品中人物的行为和文化活动。
	评鉴	内容评鉴	• 探讨作品的思想价值和社会价值。	• 讨论作品的审美价值、道德立场与伦理立场。

续 表

维度	知能指标		初中 (7—9 年级)	高中 (10—12 年级)
人际维度	理解与审美	概要理解	无	无
		深入理解与审美	• 分析作者因具体的写作目的而选用具体的语篇结构和语言表达。 • 分析并解释作品中特定群体的语言、形象如何影响到读者的反应。 • 对人物的对话进行语气分析。	• 分析作者因具体的写作目的而选用语篇体裁、话题、情节、场景、人物、结构和语言表达。 • 分析并解释语篇结构、语言特点、人物形象和表现手法、语境会如何影响到读者的反应。 • 分析特定语境中词语选择对意义和语气的综合影响。 • 人物之间的关系如何影响到了说话的语气。
	评鉴	人际意义实现效果评鉴	• 评鉴作者是否真正达成了写作目的,或者影响到了读者的反应。	• 评鉴作者是否真正达成了写作目的,或者影响到了读者的反应。

中学阶段文学语篇读解情意目标包括:培养阅读兴趣,喜爱阅读各类有益的语篇;享受阅读的乐趣,并乐于与人分享和交流阅读经验;独立、专注地阅读;能结合自己的特长和兴趣主动寻找阅读材料(去图书馆借阅、上网阅读);树立自我意识,对自己充满信心;有计划地进行阅读,持之以恒;阅读时注重积累;养成边阅读边思考的习惯;培养审美情趣和态度。

第二节 基于目标的语篇阅读教学评价

当前,世界范围内课程评价正发生着深刻的文化变革,即由测验文化向评价文化的变革。威金斯(Wiggins)等人曾在"证明学生实现预期学习目标"的研究中,将评价的方法归纳为这样的连续体:"一般性了解,例如,口头提问、直接谈话等,日常性的考查或考试、开放性的提问和安排实践活动等等。"[①]所谓的"连续

---

① 转引自魏惠《基于标准的英语教学设计框架构建探析》,《课程·教材·教法》2013 年第 12 期。

体"涉及两种基本的评价形态:一是测试性评价,二是课堂教学中的表现性评价与问答式评价。与国际上课程评价改革的进程非常吻合,我国《义务教育语文课程标准(2011年版)》和《普通高中语文课程标准(2017年版)》也都传递着类似的指导思想:评价不应限于发挥甄别和选拔功能,而应突出反馈、激励和发展功能。评价既要关注学习结果,更要关注学习过程,无论是终结性的考试检测还是形成性的课堂评价,都有其合理的价值。评价既包括对学习的评价,也包括促进学习的评价。基于此,本节从常规课堂教学和阅读测试两个方面探讨语篇阅读教学评价。

一、课堂教学中的语篇阅读教学评价

(一)表现性语篇阅读教学评价

近二十多年来,表现性评价在国外教育界被广泛使用。表现性评价也称作替代性评价,部分学者甚至将它与真实性评价通称,它是指根据学生在特定的情境中完成任务的表现或提供某项实作以评价其真实水平。表现性评价与传统的纸笔测验存在质的区别,理论上讲,纸笔测验也是在完成任务,但纸笔测验任务比较简单,两者的差异具体见表8-5。

表8-5 纸笔测验和表现性评价的差异[①]

评价类型	纸笔测试		表现性评价	
	选择型试题	补充型试题	限制型表现	扩展型表现
任务的真实性	低		高	
任务的复杂性	低		高	
需要的时间	少		多	
评分的主观性	低		高	

整体上看,表现性评价有如下几个突出特点:(1)它既是终结性的评价,也是过程性的评价。(2)它关注学生综合运用知识解决实际问题的能力。(3)它耗费的时间更长,任务的复杂性也更强,对学生思维水平的要求更高。(4)它要

[①] 唐晓杰等:《课堂教学与学习成效评价》,南宁:广西教育出版社2000年版,第112—113页。

求学生完成真实世界的任务,往往借助真实的(或模拟真实的)情境进行评价。(5)评价与教学密不可分,学生自己也清楚将被如何评价。(6)它容易受评价主体主观因素的影响,与客观性试题检测相比,其信度相对偏低。

与其他学科相比,目前我国语文学科的表现性评价的使用还不够普及。随着新课程改革向纵深推进,语文教学应加强表现性评价。就语篇阅读教学而言,在进行表现性评价时,要根据教学目标和教学条件制定评价方案。其设计要点可按以下几个步骤操作:

1. 明确教学目标

表现性评价的核心精神在于,被评者所执行的表现任务与评定目标高度一致,"表现性评价是基于标准的教学的极好样例"[①]。明确教学目标是表现性评价的第一步,教学目标的制定应基于课程目标。

2. 确定评价标准

确定评价标准的策略包括:教师自己先模拟行为表现,并对表现的过程和结果进行模拟评价;列出表现或成果的主要方面,作为指导观察和评价的表现标准;用可量化的行为或成果来界定表现标准;应注意表现标准的先后顺序;为便于观察,表现标准应控制在10项以内。

3. 设计表现性任务

表现性任务的设计可以从如下两个方面考虑:一是选择表现性任务的类型。通常包括小论文、学习记录、口头表达、角色扮演、调查和访谈、完成作品、完成研究项目等。选择哪种任务类型,可以根据评价内容、学生水平、所需时间与空间、其他外部条件来确定。二是设计完成表现性任务的情境。情境的选择与设计根据表现性任务的特点和表现性评价结果的用途来确定。

4. 选定或设计表现性评价的工具

和其他任何评价一样,表现性评价也离不开施测手段和记录工具。鉴于表现性评价任务的复杂性,它往往需要借助一定的工具进行观测,以保证评价的客观性和有效性。

表现性评价要求,评价应着眼于整体,应将评价置于某学段或某水平阶段

---

① Arter, J. Teaching about Performance Assessment. paper presented at the Annual Meeting of the National Council on Measurement in Education. CA: San Diego, 1998, pp.12 – 16.

(小学、初中或高中)的纵向序列中来设计,以此确保开发的评价标准在各年级水平上的前后一致性。鉴于表现性评价耗时耗力,其持续的时间较之于常规的问答式评价更长,它更适用于重点篇目教学和单元(专题)教学的设计中。

笔者在讨论体裁教学时,曾介绍过美国阅读指导教师克里斯蒂娜·萨尔蒙的"传记单元"教案,其评价设计采用的主要就是表现性评价,并辅之以终结性评价。具体如下(案例8.1)。

案例8.1　美国"传记单元"教学表现性评价设计[①]

马里兰州语文课程目标(初中):

1. 阅读写实类作品,明确其文体特点,获取文本的信息和内容。
2. 使用图示。
3. 进行预测并提出与文本相关的问题。
4. 指明和解释文本形式对内容表达的作用。
5. 指明和解释文本的结构。
6. 运用构图、日记、列表、上网和讨论等手段生成基于共同经验的话题。
7. 借助期刊、叙事、信件、报告、片段等形式组织并流利表达自己的观点。
8. 修改作文,力求清晰、完整、有效。
9. 合理使用传统资源和电子资源编辑完成作文,注意语言使用的规范和准确,如大小写、标点、拼写。
10. 根据定稿作文向听众汇报。

单元教学目标或评价内容:

1. 技能

阅读并理解一组传记作品。

设计一份海报,向其他人介绍一位名人的生活。

借助访谈研究一位家庭成员的生活史。

为该家庭成员写一篇传记。

2. 知识

通过运用掌握传记的文体特点。

---

① Christina Salmon. Biography Unit Plan. [2007 - 07 - 16]. http://www.learning ace. com/college/53067522 - Lagcc - cse - 120.

理解并运用"过程写作法"。

掌握传记的研究方法和写作方法。

3. 态度

对传记文体进行评价。

体会传记文体的价值。

表现性任务1：

学生制作"图形组织者"和有关丽塔·莫里诺、比利·米尔斯或乔恩·查斯卡的信息海报，并向同班同学介绍其生活和成就。

评价标准：

量规范例：业已完成的丽塔·莫里诺、比利·米尔斯或乔恩·查斯卡的"图形组织者"。使用以下清单来确保海报信息的完整：

图形组织者应包括传主所有重要的事件和信息。

包括至少两件你认为有趣的事件。

海报应整洁与丰富多彩。

表现性任务2：

你有机会采访你的家庭成员之一。现在是为其写传记的时候了！在你的传记中，确保叙述该家庭成员生活中重要且有趣的事件。叙事应有条理，从他/她出生日开始，直至当日。

评价标准：

定稿的传记应包括下列事项：

从面试中了解到的事件应在传记中体现出来。用细节来表现你这位家庭成员。

你的起始句应明确该家庭成员与你的关系。

按顺序叙事。

末尾应予以总结。

表达你对该家庭成员的意见和感受。

注意大写、标点、拼写、句子结构。

字迹清楚。

提供彩色封面，上面须有家庭成员的照片。

终结性评价:

根据学生的讨论和海报内容评估学生的理解。

根据采访笔记评价学生的提问和应对表现。决定学生是否需要增加问题并重新采访。

检查"图形组织者",判断学生是否能辨别一个人生活中的主要事件。

结合写作过程,了解学生的理解情况。教师跟学生交流修改意见,注意听取学生自己的观点。

评价工具:

1. 写作材料(纸、铅笔、蜡笔;写作材料对完成本单元的学习是必需的)。

2. "传记图形组织者"(它提示学生写作之前的构思)。

3. 学生访谈提纲(学生选择适当的问题访谈家庭成员。如果学生无法访问其家庭成员,允许访问一位自己喜欢的老师)。

4. 助教访谈答案和传记范文(示例的目的是明确学习要求)。

设计者首先提供了马里兰州语文课程标准相关课程目标,而后基于课程目标设计了单元目标,接着基于单元目标设计了表现性任务、评价标准以及评价工具,其操作程序非常规范。2010年美国语文《共同标准》正式颁布,结合惠特利公司2014年出版的《共同核心课程·语文》文件夹(第2版)来看,绝大多数教学设计都是采用类似的基于目标的表现性评价模式。

(二)问答式语篇阅读教学评价

在教学设计中,问题设计既是一种教学方法,也是一种评价手段。借助提问与理答,可以获得反馈信息,促进学习与推进教学。关于问答式教学评价,中外学者均有深入的探讨。

在美国,受到"泰勒原理"的影响,传统的教学设计大都采用顺向线性的模式:教学目标—选择经验—组织经验—评价经验。但是威金斯与麦克泰(McTighe)在反思传统教学设计不足的基础上,提出了全新的"逆向"教学评价模式,其实质的变化在于,评价应优先于教学活动的设计。逆向设计的目标是促进学生对课程内容的理解,因此他们又称之为理解性教学设计,具体包括三个基本步骤:(1)哪些内容更有理解的价值;(2)如何判断学生是否达成了理解;(3)安排教学活动以促进学生的理解。实际上,威金斯与麦克泰的理解性教学设计模式可以换一种表述方式:(1)确定理解性目标。理解性目标包含六个维度:解释,释译,运用,洞察,移情,自知。(2)确定如何评价理解。可以对多种评价方式进行筛选,尤其应考虑采用提问的方式,因为问题具有一种独特的功效,它可以用作标准判断学习的进步。"问题是通向理解之途",课堂设计的关键是通过提出适当的问题激发学生思考,问题可分为基本问题、单元问题、导入性问题。(3)组织问题教学,评价理解。

我国提问式教学评价研究和实践方面较有建树的当属钱梦龙。钱梦龙是我国语文教学界泰斗级人物,他对语文教学最大的贡献就是"导读法"思想与教学实践。钱梦龙指出,我们没有必要耗费大量的精力去讨论语文的定性问题,比定性更为实际的问题是定向,即"通过语文学习到底要得到什么"这类教学目的的问题。语文教学的目的是什么?钱梦龙认为,应该是获得与学生学历相当的语文素养。但语文素养不能泛化,它包括五大基本要素:语文知识、读写听说能力、对母语的正确态度和深厚感情、文学审美趣味和能力、较宽的文化视野。五大要素中最基本的是读写听说能力,而这四项能力中阅读能力又是基础。阅读能力的养成,离不开学生的内驱力;自读习惯与能力的养成是阅读教学的根本目标,教师的导读归根结底都是为学生的自读、自疑、自悟服务的。钱梦龙还认为,阅读是个非常复杂的心智过程,与这一过程相应的阅读能力应是多层面的立体结构,中学生的阅读能力结构包括认读、理解、评价、记忆、应用、速读等六种能力。这六种能力是阅读能力的六种要素,但不构成训练序列。[①] 出于训练这些基本阅读能力的需要,钱梦龙沉潜于问题的精心设计,他的阅读教学往往都是在师生对话中推进的,在问答的过程中,渗透了教者的评价,教评互促,教评合一。钱梦龙非常反对简单地谈论高深的理论,但他注重结合语境进行词义教学,注重人物关系以及对话语气的分析,注重篇章整体把握与细节分析相结合,这些教法无疑都带有语篇阅读教学的特质。

通过对威金斯与麦克泰的提问式教学评价以及钱梦龙的语文导读法思想的分析,我们可以提炼出提问式语篇阅读教学评价的一般路径:

1. 确定预期的目标

应参照语篇阅读课程目标体系,结合具体的语篇内容和学情,确定预期的教

---

① 钱梦龙:《语文导读法的理论设计与结构模式》,《中华活页文选》2008年第12期。

学目标。无论目标如何确定,都应以发展语篇读解能力这一根本目的为宗旨,都应落实形式目标、内容目标和人际目标,都应注重理解能力和评价能力的培养。

比如,钱梦龙教初中的寓言故事《愚公移山》,他从训练学生基本的文言阅读能力出发,重点确立了以下几条教学目标:(1)培养学生自读提问的能力;(2)分析不同人物对于移山的不同态度;(3)应用学到的文言知识进行当堂训练。虽则三条目标,但是这三条目标与钱氏六大基本能力(认读、理解、评价、记忆、应用与速读)的训练均有密切的关联,同时体现了钱梦龙"目标定向"这一基本的教学理念。

2. 设计问题

应优先考虑全局性的问题,即将篇章分析与局部句法分析结合起来。应通过启发和引导促进对主题思想、局部细节的理解。当然,最有价值也最见水平的问题,是评量理解和评价能力层级的问题。这类问题往往能反映作者的写作动机、篇章的主旨,或者是作者的情感密码。

仍以钱梦龙《愚公移山》的问题设计来看,钱老师主要问了以下几个问题:①

(1) 下面请同学们提提看,在自读中有什么问题?(自主提问)
(2) 这篇寓言共写了几个人?(全局性问题)
(3) 这个老愚公有多大年纪了?(导入性问题)
(4) 这个年纪小小的孩子跟老愚公一起去移山,他爸爸肯让他去吗?(曲问)
(5) 愚公妻和智叟,他们两人对待移山的态度一样吗?(启发性问题)
(6) 愚公究竟笨不笨?(衡量理解层级的问题)

3. 师生的问答活动

应通过各种高质量的问题反馈学生的理解状况,并根据师生的对话逐步推进教学。应通过语篇分析和语篇生成等训练促进对知识的理解、记忆与内化。教师需要对学生可能的回答做出预估,当学生的回答超出自己的预期时,应沉着冷静,注意辨别和引导。问题式评价对教师的教学机智要求较高,教者需通过多

---

① 钱梦龙:《我和语文导读法》,北京:人民教育出版社 2005 年版,第 195—214 页。

种途径积累这方面的经验。

提问式评价片段 1：愚公究竟笨不笨？①

师：同学们大概想过了，愚公究竟笨不笨？
生：不笨。
生：笨是有点笨，不过有点精神。
师：嗯，大家自由发表意见，这很好。其他同学的意见呢？还有，我们说愚公笨，或者不笨，都要从文章里找根据，不能凭空想。

评述：这里钱梦龙抓住了关键词"愚公"的"愚"，他围绕这个字提了个关键问题，也是牵一发而动全身的问题。要回答好这个问题，需回归篇章本身，从文中找到有说服力的证据。这里很好地体现了形式维度（关键词教学）、内容维度（推论文意，寻找根据）的初步评价，在教师"不能凭空想"的点拨下，学生们分头行动，而后各抒己见，竭力阐述笨与不笨的根据。

提问式评价片段 2：人物说话的语气有何区别？②

师：还有"如太行、王屋何"和"其如土石何"，同样是"如……何"的句式，可是智叟的话里多了个"其"字，这里有什么不同？
生：智叟的话语气比较强，用个"其"字，有点强调愚公没有用。
师：讲得好。最后还有一句不一样，是哪一句啊？
生：且焉置土石。
师：这句话怎么解释？
生：把土石放到哪里去？
师："焉置"的"焉"字怎样解释？
生：疑问代词，哪里。
师。对，不过这句里的"哪里"放到"置"的前面去了，"焉置"就是"置焉"，放在哪里。愚公妻有这个问题没解决，后来这个问题解决了吗？

---

① 钱梦龙：《我和语文导读法》，北京：人民教育出版社 2005 年版，第 205 页。
② 钱梦龙：《我和语文导读法》，北京：人民教育出版社 2005 年版，第 202—212 页。

……

师：现在我们再把文章从头至尾读一遍，要求大家仔细体会语气，尤其是智叟和愚公对答的话，要把两个人说话的不同语气读出来。

评述：这段实录中，钱老师抓住了两个虚词"其"和"焉"。在文言文的人物对话中，虚词往往更能反映言说者的立场、态度，以及与受话人之间的关系。教师在"导读"的过程中，紧紧抓住这几个虚词的选用，体现了高超的情景语境分析能力。后面的教学中，钱老师进一步要求学生在朗读中仔细体会语气，正可谓水到渠成，而且这恰恰又印证了钱梦龙的文言教学观："我的文言文教学，一般都是在学生自读感知的基础上，通过教和学的互动，帮助学生在整体把握文章情意的同时领会文言字词的含义和用法，而不是离开了具体的语境去孤立地解释字词或讲解古汉语知识。"①

总体上看，钱老师的文言文教学与评价完全摒弃了字字落实、句句翻译的传统套路，以问题作诱导，注重及时反馈和启发，综合训练学生基本的阅读能力。钱梦龙不可能将阅读教学与语篇读解教学评价生硬地拴在一起，但透过其教学的表层，里边渗透了三个层面即形式维度、内容维度和人际维度的评价，这对学生语篇阅读素养的提高起到了很好的促进作用。

二、阅读测试中的语篇阅读素养评价

（一）国际阅读评估中的语篇阅读素养评价

1. PISA2015 的语篇阅读素养评价

PISA 是国际上针对 15 岁学生展开的（阅读）素养评估，其评估目标严格参照框架设计的"认知历程"（具体见图 8-1）。下面以《一位公正的法官》为例②，介绍 PISA2015 如何检测三种语篇认知能力。

（1）撷取与检索：寻找、选择和收集信息。读者会寻找特定的信息。文本大多直接陈述这些信息，但有时需要一个以上的信息时，也需要文本结构和特征的

---

① 钱梦龙：《改变人生的那一堂课——〈愚公移山〉教学漫忆》，《中学语文教学》2006 年第 1 期。

② 近几届 PISA 阅读素养评量框架均提供了这则案例。

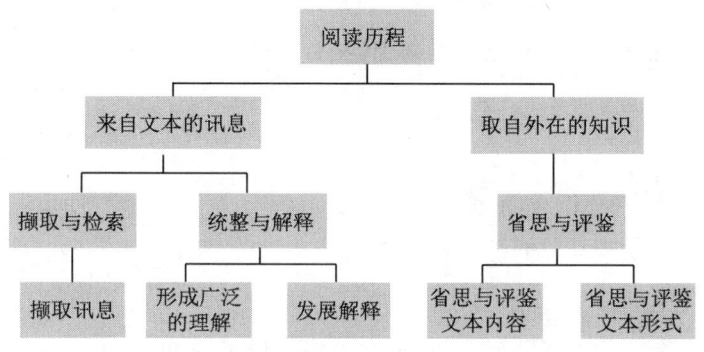

图 8-1 PISA2015 语篇认知能力的评估

知识,例如:角色、地点、时间、场景、主题、字词定义、特定观点等,再撷取适合的(字面或同义)讯息。

> 这是我知道妇人的方法:早上我派人去请她并说"请装满我的墨水池",她拿了墨水池,快速且灵敏地将它洗净,并装入墨水;因此那是她习惯做的工作。如果她是农夫的妻子,她应该不知道该怎么做。这告诉我学者说的是实话。①

题旨:检索讯息。
法官是如何知道妇人是学者的妻子的呢?
A. 借由观察她的外表了解她看起来不像是一个农夫的妻子。
B. 借由学者与农夫在法庭陈述自己的故事得知。
C. 借由她在法庭上对农夫与学者的反应得知。
D. 借由测试她需为其丈夫所做的工作技巧。(正解)②

(2)统整与解释:文本内部的统整,了解文本各部分关系或加以推论。需了解文本各部分的关系,包括问题与解决方法、因果关系、分类与举例、等价、比较与对照、部分与整体的关系。

---

① 转引自于丹丹《国际学生评价项目(PISA)》,武汉:华中师范大学教育学院,2009 年,第 24 页。
② 转引自于丹丹《国际学生评价项目(PISA)》,武汉:华中师范大学教育学院,2009 年,第 25 页。

一个名为包尔卡斯的阿尔及利亚国王听说在他所属的一个城里住着明辨事实的法官,且没有恶棍能从此人面前藏匿自己,他想知道此事是否属实。包尔卡斯和一位商人互换衣服,骑上马来到这个法官所居住的城市。

题旨:发展解释:推论角色的动机或意图。

在故事开始之际,我们被告知包尔卡斯和一位商人互换衣服。

为什么包尔卡斯不想被认出来呢?

A. 他想看看当他是一个平民的时候,是否仍受服从。

B. 他计划以一个案例出现在法官前,假扮成一个商人。

C. 他喜欢假扮自己,这样就能任意行动并戏弄他的臣民。

D. 他想看看法官以平常方式工作的样子,不受国王在场的影响。(正解)[①]

(3) 省思与评鉴:利用文本外在知识、想法和价值。在省思文本时,读者将知识或经验与文本做关联;当评鉴文本时,读者不只利用个人的知识与经验,也利用内容或客观知识的规范进行评断。

隔天许多人聚集到法庭来听法官的判决。第一个来的是学者和农夫。"带走你的妻子,"法官对学者说,"并鞭打农夫50下。"学者带走他的妻子,农夫则受到处罚。然后法官召唤屠夫。"这些钱是你的,"他对着他说,并指向油商说:"鞭打他50下。"接着他召唤包尔卡斯和跛子。……"把马带走,它是你的,"他对着包尔卡斯说,"鞭打乞丐50下。"[②]

题旨:评鉴语篇的内容。

您认为法官对所有罪行都处以相同的惩罚是公正的吗?

解释你的答案,指出故事中三个案例的异同。[③]

[①] 转引自于丹丹《国际学生评价项目(PISA)》,武汉:华中师范大学教育学院,2009年,第24页。

[②] 转引自于丹丹《国际学生评价项目(PISA)》,武汉:华中师范大学教育学院,2009年,第23—24页。

[③] 转引自于丹丹《国际学生评价项目(PISA)》,武汉:华中师范大学教育学院,2009年,第25页。

此外，PISA2015 还通过问卷调查评估学生的阅读动机和阅读行为（习惯）。框架指出，阅读的娴熟度不仅取决于阅读能力，还取决于阅读态度、阅读兴趣、阅读行为和阅读习惯。PISA 2009 问卷调查结果显示，在所有国家中，喜欢阅读的学生其阅读测试成绩都要显著高于不喜欢阅读的学生；在所有国家中，男女阅读投入的性别差距正在拉大，女生通常比男生更喜欢阅读，女生的成绩通常也要优于男生。

2. PIRLS2016 的语篇阅读素养评价

PIRLS2016 评估的对象为 9 岁的学生，其检测的阅读目标为四种语篇认知能力。具体参见表 8-6。

表 8-6　PIRLS2016 和 prePIRLS2016 在阅读目的与阅读过程方面的评定百分数

PIRLS2016		prePIRLS2016	
阅读目的		阅读目的	
文学体验的阅读	50%	文学体验的阅读	50%
获取并使用信息	50%	获取并使用信息	50%
理解过程		理解过程	
关注并找出明确的信息	20%	关注并找出明确的信息	50%
推论分析	30%	推论分析	25%
诠释并整合信息和观点	30%	诠释并整合信息和观点	25%
检验或评估内容、语言和文章的要素	20%	检验或评估内容、语言和文章的要素	

PIRLS2016 框架提供了文学类语篇样例《敌人派》。

敌人派

这本是一个非常美好的夏天，但令人扫兴的是，杰米罗斯搬进了隔壁——我的挚友斯坦利住的房间，他曾经组织过一次聚会，他邀请了斯坦利，但没有邀请我。

在杰米成为我的邻居之前，我没有一个敌人。父亲跟我说，他与我一样大的时候，他也有过敌人，但他知道如何摆脱他们。

父亲从一本破旧的食谱书中撕下一张纸。

"敌人派。"父亲说道。

你或许很想知道敌人派是什么。父亲说,这个食谱是个秘密,他不能告诉我。我恳求他给我透露一点信息,但父亲回答道:"我会告诉你的,敌人派是能在最短时间内摆脱敌人的方法。"

我绞尽脑汁地想,到底将哪种令人恶心的东西加进敌人派呢?我拿来了父亲的蚯蚓和石子,但是他将其放回了原处。

我出去玩了。从头至尾,我都能听到父亲在厨房里忙活的声音。这终究是个不错的夏天。

我一个劲地想象敌人派是多么的难闻,但是我闻到的是香气,准确地讲,这种香气来自厨房。我非常的心烦。

我走进厨房问父亲是不是弄错了,敌人派不应该有这种味道。但是父亲的回答很巧妙,"味道差的话,你的敌人不会吃的。"我能感觉到,父亲以前做过这种派。

烤箱的蜂鸣器响了。爸爸戴上手套,拿出馅饼。它看起来够好吃!我明白了。

但是,我不知道这个敌人派如何奏效。它到底如何对付敌人呢?也许它会让敌人的头发脱落、口气恶臭。我问爸爸,但他没有回答。

馅饼冷下来了,爸爸回答了我先前的疑问。他低声说:"为了见效,你需要花一整天时间与敌人待在一起。更糟糕的是,你必须对他很好。这可不简单,但那是敌人派发挥威力的唯一办法。你确定能做到吗?"

我当然可以。

我所要做的就是花一整天时间与杰米在一起,然后他将从我的生活中消失。于是我骑上自行车来到他的家门口,而后敲了门。杰米开了门,他看起来有点诧异。

"你能出来和我玩吗?"我问道。

他看起来很诧异。"我要去问一下我的妈妈。"他说道。而后他拿上了鞋子。

我们骑上了自行车,然后开始吃中饭。饭后,我们来到我的家中。

很奇怪,我与我的敌人玩得很愉快。但我不能与我爸爸讲,因为他已经花了很多时间在准备敌人派上头了。

我们开始打牌,直到我爸喊我们去吃晚饭。

父亲做了我最喜欢吃的,这也是杰米最喜欢的。也许杰米并没有那么坏,我甚至开始想,我们应该忘掉有敌人派这回事。

"爸爸,"我说道,"有个新朋友真好。"我是在暗示爸爸,杰米已经不是我的敌人。但爸爸只是笑着点点头。我想他认为我没讲真话。但是饭后,父亲拿出了派,他洗干净了三个盘子,他将一只给了我,一只给了杰米。

……

以下结合三道题目予以说明。

（1）第 7 道试题:汤姆的父亲说,如果要敌人派发挥威力,汤姆需做哪两件事?

题旨:直接提取特定信息

得 2 分:同时符合这两个条件:汤姆整天都要与杰米在一起玩;必须对杰米友好。

得 1 分:只符合两个条件中的一个。

得 0 分:未对两个条件进行准确概括。

（2）第 9 道试题:他与杰米玩耍的那天,是什么令他感到惊讶?

题旨:直接推断文意。

得 1 分:表明汤姆与杰米在一起有种积极的体验,或者汤姆与杰米玩得比较愉快,或者杰米并非如汤姆预想的那么坏,或者他们成了朋友。

不得分:并未准确地描述出什么令汤姆感到惊讶。

（3）第 15 道试题:汤姆的父亲是怎样的一个人?举一个文中的例子证明你的结论。

题旨:解释并整合观点和信息。

得 2 分:所提供的证据必须反映出:父亲在故事中扮演了某种重要的角色,以此证明其性格特点(比如友善、细心、友好、机智、聪明、神秘等)。另外,父亲的某种行为证明了他的某种性格特点,那也可以。

得 1 分:父亲在故事中扮演了某种重要的角色,以此证明其性格特点(比如友善、细心、友好、机智、聪明、神秘等),但是性格特点的概括不是一个词语,而是更长的解释。

不得分:并未准确地概括出父亲的性格特点,或者是该性格特点无法从文中找到根据,或者是未能真正读懂文意,模棱两可地做出了概括。

此外,PIRLS2016 采用问卷调查方式评估学生的阅读态度。PIRLS2016问卷调查重点关注学生如下信息:学生的阅读准备;阅读动机;自我意识;行为习惯。

(二)我国阅读测试中的语篇阅读素养评价

国际上三大阅读素养评估均注重评鉴能力的测评,且都将评鉴能力视为最高层级的语篇分析能力或阅读认知能力。而我国,结合多次参加 PISA 阅读评估的成绩来看,无论是大陆,还是香港、台湾以及澳门地区,中小学生的批判性阅读能力与其他阅读能力相比,相对偏弱,我们应加强这方面的评估,以此引领批判性阅读教学改革。鉴于国际阅读素养评估,诸如 PISA 和 PIRLS 均针对特定年龄或年级的学生,我国阅读评鉴能力评价也应参照级次目标,也就是说,这类评估应参照相应年级(段)的阅读课程目标。

评价和批判的阅读任务包括:(1)判断文本信息的完整性和清晰性;(2)评估所描述事件发生的可能性;(3)是否认同作者的观点;(4)判断标题反映文章主题的效果;(5)描述语言特点,比如隐喻和语气的表达效果;(6)判断作者对于某个中性话题的立场;(7)是否真正明白作者为何要这样表达。这类问题的答案通常无法在文中直接找到,读者须反复推敲文本,以确定关键要素,诸如信息、假设、语言运用和价值观等。读者应根据文本呈现出来的要素或线索进行相应的解释或推断,包括整体把握文本的言外之意,同时能对文本的不足提出质疑和批判。比如要想了解作者的写作目的,读者须从作者的选材和语言表达方面去推断。要想了解作者的言外之意,读者须分析作者词语的选择。要想了解作者的倾向,读者须对内容和语言形式方面进行分类解析。读者应从多个角度对文本进行评鉴性的思考,并能结合其他文本或体验对阅读结果进行整合。

NAEP2015 框架为四年级学生提供了文学类语篇样例《夏天历险记》。其中有这样一道评鉴能力测试题:"你认为'夏天历险记'是个好的标题吗?"该题在回答的时候须从原文找到相应的根据。框架提供的参考答案是:"我认为,'夏天历险记'是个好题目,因为主人公乔获得了去阿拉斯加的机会,在那里他见到了麦特·麦金利。"PIRLS2016 框架为小学四年级考生提供了信息类语篇样例《巨型牙齿的秘密》。其中第 12 道题为:阅读两幅禽龙图,思考这两幅图对你理解文本带来了哪些帮助?该题考查的是评价文本的内容和形式的能力,学生如果这样回答,就不能得分:展示禽龙的长相;展示禽龙数年之后的变化;说明禽龙食用植物;说明禽龙有四条腿。以下回答可以得 2 分:今天的科学家们认为,禽龙的长相与门特尔所介绍的有差别;说明人们对于禽龙长相的认识;说明人们的观点在变化;关于禽龙的长相不同的人有着不同的看法;人们的相关观点有着怎样的差异;门特尔认为,骨头显示,禽龙是用四条腿走路的,但是后来的科学家却不这样认为。以下回答只可以得 1 分:两幅图片中的禽龙不一样;仅指出了两幅图片的区别,但并未指出科学家或者人们思想观念的变化;仅根据一幅图进行推断,但并未指出科学家或者人们思想观念的变化。①

以下结合我国小学六年级与初中教材中选文例子进一步说明。

原苏教版国标本第十二册有篇短文《早》,要检测学生的评鉴性语篇分析能力,我们可以设置这样一道试题:

《早》原文的结尾是这样的:"反复朗诵,每每给人一种发愤的启示和鞭策。'黎明即起,孜孜为善',的确要早。要热爱时间的清晨,要热爱生活的春天。要学梅花,作'东风第一枝'。"后经编者的删改,文章的结尾成了这样:"从那以后,鲁迅上学就再也没有迟到过,而且时时早,事事早,奋斗了一生。是啊,的确要早。要珍惜清晨,要珍惜春天,要学梅花,做'东风第一枝'。"你认同这种修改吗?请搜集有关鲁迅先生的生活资料进行论述。

《早》是吴伯箫写的一篇记叙文,选作课文时文字有改动。编者改文往往基于多种考虑,这本无可非议。但是该文结尾在改动的过程中,一处细节的处理缺乏事实根据,而我们的师生也很少察觉到这里头的问题。笔者这里要讲的是,鲁迅上学的时候勤奋不假,但是这不能简单地加以引申,说他的一生"时时早,事事早"。事实上,鲁迅先生晚年的时候喜欢熬夜,经常与朋友聊天聊得很晚,待送走朋友之后,他还要看会书写点文章,而第二天免不了起得很晚。显然,编者在删改的时候,未对鲁迅后来的起居习惯作详细的考证。语文教材的编写当然要渗透思想教育,但是思想教育不能随意拔高。老师们在进行思想教育的同时,也要

---

① National Assessment Governing Board. U.S. Department of Education. Reading Framework for the 2015 National Assessment of Educational Progress. (2015 - 01) [2016 - 04 - 13]. https://www.edpubs.gov/document/ed005558p.pdf? ck=18.pdf.

注意分寸,尤其不能忘了语文教学的主目的:发展语用能力。而所谓的语用能力,自然包括我们要讨论的阅读评鉴能力。倘使编者或教师都没有严谨科学的态度,学生的批判性阅读能力又何从培养呢?

大陆初中教材中有经典名篇朱自清的《背影》,台湾地区翰林版初中语文教材中也有篇类似的选文:洪醒夫的散文《纸船印象》。这两篇课文在写法上有诸多相似之处,不妨对其进行比较阅读,并做批判性阅读评估。① 具体见表8-7。

(1) 写作手法比较(省思与评鉴语篇形式)

表8-7 洪醒夫《纸船印象》和朱自清《背影》写作手法比较

作者与篇名	洪醒夫《纸船印象》	朱自清《背影》
文体	记叙兼抒情	记叙兼抒情
写作手法	倒叙法	倒叙法
首段写法	冒题法(埋兵伏将法)	破题法(开门见山法)
结尾写法	首尾呼应法	首尾呼应法
象征物品	纸船	橘子
内容	母爱	父爱
心情对照	母亲:即使因现实生活忧愁,但为了让孩子有快乐的童年,仍折出一艘艘比其他孩子漂亮的纸船。 作者:从涎着脸要求母亲折纸,到体会母爱,希望能将母爱传承下去。	父亲:即使面对祸不单行,但对孩子的不放心和关爱并未因此而减少。 作者:从年轻气盛认为父亲迂腐,到感受父爱。

教师可提问学生的问题,如:

• 表现"母爱"的作品比"父爱"的多,为什么会有这种情形?

•《背影》的主题既然和父亲有关,是否需要再深入描写父亲的外貌、个性,让文章更完整?

•《背影》这篇文章如果把题目改成"我的父亲"或"难忘的往事",是不是更好?请和"背影"这个题目做比较,说说你的看法。

(2) 从语篇内涵连结学生自身经验(省思与评鉴语篇内容)

语篇最终仍须和学生的自身经验相连结,如此才容易引起共鸣,让学生能有

---

① 谢惠雯、何淑苹:《从PISA阅读历程谈比较阅读教学策略——以〈纸船印象〉、〈背影〉为例》,第一届语文教育暨第七届辞章章法学学术研讨会,2012年,第12页。

认同感,更应贴近学生的生活,使学生能透过省思,进而有所领悟。

教师可提问学生的问题,如:

- 《背影》最后父亲的来信内容是否有矛盾之处?为什么?在你的家庭生活中,父母是否也曾说过"矛盾"的话?你认为原因是什么?
- 朱自清的父亲为他买橘子,那你的父亲曾为你买过什么,哪些是令你印象深刻的?
- 请分别举例说明"过眼烟云,倏忽即逝"、"热铁烙肤,记忆长存"、"飞鸟掠过天边,渐去渐远"、"似无所见,又非视而不见"在你的记忆中是属于哪些事?
- 亲友为我们做的事,有些虽然很微小,但里头却包含了温暖的关爱。请试着回想,并举出一件事情与大家分享。

第三节 阅读语料的语篇复杂度评价

一、国际上关于语篇复杂度的评价

(一)美国阅读教材的语篇复杂度评价

长期以来,国际语文阅读教材的主流范式是文选范式。21世纪以来,国际语文阅读教材发展出现了新动向,传统的"文选"范式逐渐向"语篇"范式转型。但无论是何种范式,都回避不了阅读材料的选择问题。过去的阅读教材选文主要是依据编者的专业经验,其最大局限就是主观性较强,这便导致部分选文并不符合学生的实际阅读水平和阅读特点。那么能否开发出符合不同年段学生认知水平的阅读语料评估工具呢?这方面美国学者做出了积极探索。

2010年美国颁布的语文《共同核心州立标准》有个显著的变化:引入了语篇复杂度的理念。语篇复杂度也称语篇的可接受程度,它是反映读者阅读水平的一种变量,具体包括语篇的难度和可读性。语篇复杂度既取决于语篇本身,也取决于读者的阅读水平,它是两者共同影响的变量。《共同核心州立标准》指出,不同年段,其阅读的语篇在复杂度上应逐级递增,这样才能逐步提高学生的阅读素养,进而为入学和生涯做好准备。《共同核心州立标准》认为,不同的语篇应该可以进行复杂度的测量,不同年段选择语篇的时候应对其进行测评,并兼顾语篇的质量、范围,从而体现循级选文、逐级递增的筛选原则。为便于挑选复杂度逐级递增的语篇,标准研制者还开发了三维评量工具,即从定量维度、定性维度、读者和任务契合维度去评量语篇(见图8-2)。定量维度涉及语篇的词语长度、使用频率、句子长度、语篇的连贯性,这些指标很难测量,尤其是对那些篇幅较长的语篇来说更是这样,但是借助电脑软件,这些问题可以迎刃而解。定性维度涉及语篇的内容、结构、语言的规范性和清晰性、知识需求(生活经验、文学文化知识、学科内容知识)。读者和任务契合维度则从阅读变量(包括动机、知识和经验)与任务变量(目的、任务或问题的复杂度)的角度评量,具体由教师借助专业判断、经验、有关学生和学科的知识完成。当然《共同核心州立标准》不无谨慎地指出,无论何种评量模型,都有其固有的局限性,尤其是某些定量手段,它们对散文、戏剧或许是适合的,但对于诗歌、复杂的小说而言可能并不适合,此时定性手段和读者及任务考虑等维度就应发挥作用。另外定量手段可能并不适合K—1年段。所以三个维度应综合考虑,而且至为关键的是,复杂度的测量必须跟所有学生的升学与生涯准备挂钩。随后,《共同核心州立标准》在附录A中提供了3个语篇,它们分别对应6—8、9—10、11—12年段,并从三个维度具体阐述其不同的复杂度。另外,为增强标准的示范性和实用性,便于《标准》使用者把握其精神实质,《共同核心州立标准》的附录B还以年段呈现的方式(K—1、2—3、4—5、6—8、9—10、11—12),相应地提供了一系列对应的文学类语篇与信息类语篇节选样例,以及如何平衡读者与阅读任务的关系,如何达成10条阅读锚定标准。

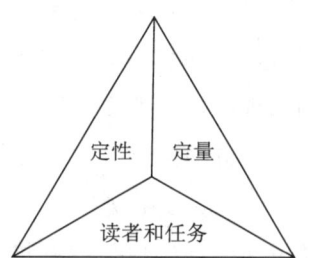

图8-2　语篇复杂度评量模型

《共同核心州立标准》提供了选用语篇样例的技术证据。以下为小说《愤怒的葡萄》语篇复杂度测试报告。

小说《愤怒的葡萄》语篇复杂度测试报告

测试语篇：《愤怒的葡萄》(约翰·史坦贝)

语篇类型：文学类语篇(√)　　信息类语篇(　　)

I. 定量检测：

运用莱斯(Lexile)测试系统进行检测，结合下面的表格，初步确定该语篇所属的适宜年段。

标准中的语篇复杂度年段	符合阅读锚定标准预期的莱斯分值范围
K—1	N/A
2—3	450—790
4—5	770—980
6—8	955—1155
9—10	1080—1305
11—CCR	1215—1355

基于定量评估的语篇复杂度莱斯分数：680L。

II. 定性检测：

A. 阅读语篇或节选部分，记录可能导致阅读困难的思想观点、词汇或者语篇特征。

人物的方言

需要高层级推理的词汇（比如：谦卑，步履蹒跚，阴沉着脸，咆哮着，无可奈何地）

这些词语的理解：大萧条，加利福尼亚的"好移民"，宗教和移民的音乐

B. 运用与语篇类型（文学类/信息类）配套的定性检测量表评量语篇复杂度，与评量表中的每项指标进行核对。结果如下：

定性评量要素	复杂度描述	备注
意思/目的层级	非常复杂	具有多元和隐含意义，字面上聚焦于旅途，但也带有隐喻和哲理意味。
结构	简单	简单的，明确的，常规的；按时间顺序排列的事件。

续 表

定性评量要素	复杂度描述	备注
语言规范性与清晰度	有些复杂	基本上是熟悉的，清晰的和对话式的，人物的方言有些难懂，有些词语不好懂，作者将一些意涵丰富、生动的细节描写与一些需作推断的词语放在了一起。
知识要求	复杂	主题复杂，学生可能无法联系自己的体验和视角，清楚大萧条等词语的学生理解起来较容易，但多数词语从语境中也能推断出词义。

Ⅲ. 读者—任务考量

需要根据学生的阅读动机、知识储备、个人经验、阅读目的以及任务的复杂度等变量决定。

Ⅳ. 配置建议

基于定量测评推定的语篇复杂度年段，根据定性量表搜集的信息，以及读者—任务考量，建议语篇复杂度年段为：9—10。

配置建议：9—10。

此外，《标准》还提供了11—12年级语篇样例以及表现性任务：

11—12年级语篇样例：

故事类：简·奥斯丁的《傲慢与偏见》等（共19篇文章）

剧本：莎士比亚的《哈姆雷特》等（共7篇文章）

诗歌：李白的《长干行》等（共15篇文章）

文学类语篇表现性任务：

1. 阅读简·奥斯丁的《傲慢与偏见》的开场白，基于场景描写和人物介绍的方式，汇报对班纳特先生和夫人的第一印象。根据情节的推进和人物性格的发展，对人物的先后印象进行比较。体会作者所选表现手法的艺术效果。（RL.11—12.3）

2. 阅读赫尔曼·麦尔维尔的《比利·巴德》和纳撒尼尔·霍桑的《红字》，比较作品的主人公在权威面前如何表现其诚实的品质，将其与以前读过的20世纪初美国文学中的奠基之作的主题进行联系。（RL.11—12.9）

3. 阅读契诃夫的小说《家》，分析其结构——从中间开始写起，这样的写法对文本的思想表达和叙事效果有何作用。（RL.11—12.5）

4. 阅读 F.司各特·菲茨杰拉德的《伟大的盖茨比》,对全文进行客观的总结,分析不同的人物怎样试图逃避自己的生活,包括他们获得的帮助,以及是否有人真正成功地逃避。(RL.11—12.2)

5. 阅读塞万提斯的《堂吉诃德》和莫里哀的《伪君子》,分析文本的表层意思与隐含意思,比较两部作品中主人公的思想倾向。(RL.11—12.6)

6. 阅读阿瑟·米勒的《推销员之死》,将其与根据它改编的影像制品进行比较,评估每个制品如何诠释了源文本,以及哪个制品最好地诠释了源文本独特的人物、场景或主题。(RL.11—12.7)

7. 阅读约翰·多恩的《告别演说禁止哀悼》和艾米丽·狄金森的《我不会因为死亡而停止》,比较两者的隐喻手法、含蓄表达以及词语选择上的差异,指出马车和指南针的隐喻如何表现文本的思想、语气。分析两位诗人如何使用清新迷人的语言来传达死亡的多重含义。

8. 阅读约翰·济慈的《歌唱希腊式的骨灰盒》,分析骨灰盒的意思以及它的引申义,从文中找到相应的证据证明自己的分析。细读文本,推断装饰骨灰盒的数字的意义,并指出哪些地方骨灰盒及装饰物意义不确定。

信息类语篇:语文

托马斯·杰弗逊的《独立宣言》等(共 13 篇文章)

信息类语篇表现性任务:

1. 阅读托马斯·潘恩的《常识》,对其论断进行描述和评述。对他的推断进行评价,包括其论文的前提和目的。(RL.11—12.8)

2. 分析托马斯·杰弗逊的《独立宣言》,明确其写作动机,评估其修辞特征,如不满的清单。就主题和论点与美国其他具有历史、文学意义的文件进行比较,比如《橄榄枝请愿书》。(RL.11—12.9)

3. 阅读亨利·大卫·梭罗的《瓦尔登湖》,概述文章大意,分析作者是如何表达简单生活与自我独立这样的核心观点的,作者这些想法又有何内在联系。(例如梭罗说,过一种复杂的生活会影响到人的自我独立。这到底指什么?)(RL.11—12.2)

4. 阅读切斯特顿的《成功的谬论》,分析作者是如何解释、使用和加工与"成功"相关的术语的。(RL.11—12.4)

5. 阅读理查德·霍夫斯塔特的《亚伯拉罕·林肯》和《白手起家》,指出作者的写作动机和主要观点。青年时期的林肯雄心勃勃,身为总统的林肯却冷静而善于反思,人物的性格前后反差很大,那么,作者是如何借助其个性化的表达和选材达成这种表达效果的?(RL.11—12.6)

在具体的教学实践中,美国许多一线中小学教师就借助评量工具,或参照标准的样例,灵活地挑选语篇,供学生课堂阅读。复杂度理念的引入,对课程编制、教材开发、课堂教学、阅读测评均有深远的意义。

(二) PIRLS2016 对阅读语料难易度的评价

PIRLS2016 评估框架规定,PIRLS 和电子类 PIRLS 的阅读语料,都应接受阅读发展小组和国家研究协调员的审查,所选语料应符合以下几个特点:

- 清晰性和连贯性
- 内容应适合不同国家和文化
- 内容应能激发多数学生的阅读兴趣和阅读投入
- 评估全方位理解过程的充分依据

为检测学生真实的阅读水平,所用语篇和在线语料必须贴近学生真实的学习与生活经验。为达到这一目的,参赛国都应提供文学类和信息类语料样本,这些语料更大程度上应能反映学生日常的阅读活动,而非专门为测试而写的语篇。考虑到学生阅读和解答所用的时间限制,语料的长度都应严加控制。鉴于 PIRLS 和 PIRLS Literacy 难度有别,前者的词汇总量约为 800 个,后者约为 400 个。但个别时候,考虑到所用语篇其他特点会影响到阅读速度,其长度又应灵活掌握。电子在线信息类阅读语料都来自因特网,每项阅读任务都会涉及大约三个不同网站的 5—10 个网页,这类电子语篇的平均词汇总量大约为 1000 个。清晰性和连贯性是语料选择的基本标准。考虑到语料要被翻译成多国语言,译文要保证意思表达的清晰和完整。通常情况下,无论是书面还是网页上的语篇,其语言特点和信息密度都应具有较高的适切性。所选语篇应考虑到文化差异,那种高度依赖文化知识的语料不应被选用。语料的适宜性、可读性应经过参赛国的教育工作者和课程专家的反复评估,应考虑到公平性和对性别、种族、民族、宗教等因素的敏感性,应确保所选语篇的主题适合相应的年级,并能全方位地检测阅读理解能力。最后,所用语料必须能激发多数学生的阅读兴趣,引发积极的反应是挑选评估语料极为重要的指标。

参照以上指标,PIRLS2016阅读评估框架提供了几则阅读材料,第二篇题名为《巨型牙齿的秘密》,汉语译文(节略)如下:

巨型牙齿的秘密

引言:化石是很久以前生长在地球上的动植物的遗骸。数千年来,人们一直在岩石、悬崖和湖泊边上寻找化石,现在我们知道这些化石中有一些来自恐龙。

正文:

……

数百年前,伯纳特·贝利希说了几乎同样的话,但却被关进了监狱。而登·门特尔却声名鹊起,他的发现使人们急于弄清楚更多关于这些巨大的爬行动物的情况。

在1842年,一个叫理查德·欧文的科学家认为这些灭绝的爬行动物需要一个自己的名字,于是他称它们为恐龙,其意思就是"可怕的大蜥蜴"。今天,我们仍称它们为"恐龙"。

二、加强本土化的语篇复杂度评价

在我国,以往关于教材选文的研究主要集中于选文标准上,而教材选文的语篇复杂度问题,长期缺乏深入研究。

1907年,蒋维乔、庄俞在《最新国文教科书》的序中就指出,关于选文当取循序渐进之原则。① 但是如何拿出切实可行的"循序渐进"的技术指标来,着实不易。1922 年,邰爽秋在《科学化的国文教授法》中曾提出"依发现的句法次数的多寡,定文章先后的顺序,定为各年级的范文"之构想②,但遗憾的是,这一美妙的创意尚停留于科学化的初级阶段,且未得到有效落实,故应者寥寥。1929 年,梁启超在为王森然《中学国文教学概要》所作的序中不无感慨地说道:国文教学有六"难",第一难为教材"选文缺乏深浅、是非的标准";第六难则是"文海浩瀚,去芜存精,非有伟大学力者不足以胜任"。而今人李维鼎先生则更为干脆:编写文选教材很大的困难就是文本的定序,事实上,"只要是选文式的课本,就存在着无序排列的问题",因为语文教材与其他教材不同,其他教材知识序列、教学内容比较清晰;而选文很难定序。③ 即令《全日制义务教育语文课程标准》(2011 年版),它主要也是就选文标准做出了规定,尽管它也提出"难易适度,适合学生学习"的原则,④但是选文如何落实"难易适度,适合学生学习",何其难哉!

正因为相关研究长期未能取得实质性进展,语文教材的选文大都依赖编者的"眼光"或"经验"。⑤ 但是经验既来得便利,也来得随意,它易滋生主观性过大的弊端,个别选文不是偏深,就是偏浅,当然更多的还是偏难。比如原人教版七年级语文教材收入了贾平凹的散文《风雨》,该文写景风格比较怪异,较之朱自清的《春》,其难度系数不啻翻了数倍,学生接受起来较为困难,对景物描写能力的迁移或养成帮助不大。《邹忌讽齐王纳谏》一文,以前被收在人教版高中教材,但是上海二期课改初中教材,将此收在七年级第二学期第七单元"议论纵横"中。尽管主人公邹忌论证严密、说理透彻,但是鉴于初中新生文言基础普遍薄弱,将这样一篇文言文前置于七年级,未免有揠苗助长之嫌。

还有就是,同一文章被选进了不同学段的语文教材。以《老王》为例,它是杨绛女士的一篇回忆性散文,该文文质兼美,过去同时被编入多家语文教科书,具

---

① 蒋维乔、庄俞:《最新国文教科书》(第 1 册),上海:商务印书馆 1907 年版,序言。
② 顾黄初、李杏保:《二十世纪前期中国语文教育论集》,成都:四川教育出版社 1991 年版,第 202—203 页。
③ 李维鼎:《语文教材别论》,杭州:浙江教育出版社 2004 年版,第 1 页。
④ 中华人民共和国教育部:《义务教育语文课程标准(2011 年版)》,北京:北京师范大学出版社 2012 年版,第 33 页。
⑤ 此处用梁启超开的处方:"欲减轻此六种困难与弊端,其法固非止一项,然最大之点,当为经验。"

体包括语文版初中语文教科书、人教版初中语文教科书、苏教版高中语文教科书。这样一种编辑思想并不符合当今国际母语教材的发展趋势,因为从科学性角度来说,无论哪个语篇,其复杂度总是相对客观的,初中生与高中生同学一篇课文并不符合学习规律。最极端的例子就是,南京的学生,初中已经学过《老王》,高中再学《老王》,实际效果到底如何?这值得怀疑。当然许多同志也指出,同一篇文章被收进初中与高中语文教科书并无什么不妥,其理据就是,学段不同,教学目标自然不同。但是结合近年来围绕《老王》的初中与高中跨界公开课来看,许多目标并无二致,尤其是对文末"愧怍"一词的品析,几乎成了"规定动作"。而且对初中学生来讲,其生活阅历毕竟有限,要让他们琢磨透何为"愧怍",真正读懂特定年代里杨绛的那颗高尚的悲悯之心,确实不易。

另一个理据似乎是,教材很多课文都是经典,而经典就应常读常新,比如《红楼梦》,现代很多大家是从小就读,个别大师更是用一辈子去经营。但是我们不能忽视的是,处于不同的时代,多数学生的学力基础焉能以大师或巨匠的标准来衡量?事实上,经典也有深浅先后之分,也有合宜不合宜之别。

处于全球化时代的今天,我们应积极关注语篇复杂度这一新兴的研究领域,积极探索语文教材语篇复杂度的评量方法。我们在借鉴美国经验的基础上,拟提出一个不成熟的评量框架,以供讨论。

(一) 定量评价

国际上,对语篇复杂度的定量评估通常借助易读性测算公式,迄今为止,世界上易读性公式多达上百个。但最有影响力的为莱思(Lexile)阅读测评体系,它是美国 Metametircs 教育公司开发的定量评估方式,主要有两大功能:一是对读者本身的阅读水平进行测量,二是对语篇的难易程度进行测量。美国语文课程标准推荐的语篇就是借助莱思阅读测评体系挑选出来的。

在我国,进入 21 世纪,出版界、阅读研究机构与部分阅读研究专家围绕阅读材料分级展开研究,也取得了一些成果,但权威性的定量评级系统尚未建立起来,语文教材语篇复杂度的研究成果也较为稀缺。

定量评价主要可以考虑如下指标:词长、词频、词语难度、句长、段落长度、语篇长度、连贯性等方面,其中部分指标国内已经有一定研究积累(具体见表 8 - 8)。但是总体上看,与美国等西方国家研究相比,汉语文教材语篇复杂度研究还处于起步阶段。就现有的研究资料来看,曾祯做出了初步的探索。2011 年,曾祯对人教版小学语文教材的文本难度进行过测定,他以 3—6 年级主课文为测定对象,结合影响汉语文本复杂度的词汇、句子和篇章三个层面进行了测评,具体分项指标为高频词词数、句均字数、人情味指数、非常用修辞数、体裁、长句数目等。选定指标具体参考依据、分词及词频统计借助武汉大学开发的 ROST 软件,高频词词频划分参考《现代汉语常用词表(草案)》,非常用修辞选择周明强《母语教育系统刍议》中列举的"比喻、比拟、对比、借代、设问、反问、排比、对偶、反复、夸张"之外的修辞手段。体裁参考小学语文教材选文特点和文体的一般分类确定为童话、寓言、记叙文、抒情散文、说明文、议论文、描写文、诗歌、神话传说九种。长句字数根据最后测定文本的一般句长确定,教材文本平均句长的两倍为长句。基于统计分析,作者得出的部分结论如下:小学 3—6 年级选文高频词控制在 61—89 之间较为合理,人教版小学语文教材每单元句均字数范围随着年级增长逐渐扩大,呈现一定的规律性,整个句均字数的调整比较合理。每册课文均会出现字数超过 60 个字的长句,然而总体上看,出现的长句大都形式简单、条理清晰、意义明确。但是正如作者所指出的,现有结论只是初步的,还需用大规模的阅读测试等实验研究加以佐证,测定中考虑到的变量还需进一步讨论。

表 8-8　汉语领域语篇复杂度公式测量主要变量表

变量		研究者
字	字均笔画数	Yang(1970),孙汉银(1992),王蕾(2008)
	字数	陈阿林、张素(1999),杨金余(2008)
词	词频	Yang(1970),孙汉银(1992),荆溪星(1995),张宁志(2000),邹建红、杨尔弘(2006),王蕾(2008),李艳、张英伟(2010)
	词数	荆溪星(1995),杨金余(2008),陈阿林、张素(1999)
句	句均字数	孙汉银(1992),张宁志(2000),王蕾(2008),杨金余(2008),李艳、张英伟(2010),邹建红、杨尔弘(2006)
	句子数目	Yang(1970),荆溪星(1995),张宁志(2000),王蕾(2008),陈阿林、张素(1999)
语法	句式、句型或语法项目数量	张宁志(2000),陈阿林、张素(1999),杨金余(2008)

(二) 定性评价

我们可以将所选语篇划分为信息类语篇与文学类语篇,进而设计出复杂度定性评价量表。具体见表 8-9 与表 8-10。

表 8-9　信息类语篇复杂度定性评价量表

复杂度 要素	低	中低	中高	高
人际	• 意图：明确。 • 语域：当下的、熟悉的语境。	• 意图：易推断。 • 语域：基本是当下的、熟悉的语境。	• 意图：比较容易推断。 • 语域：有时较学术化、有一定的专业性。	• 意图：晦涩。 • 语域：不熟悉的、学术化的语境。
形式	• 句子结构：短句为主。 • 主旨和细节组织：清晰有序。 • 语篇特点：有助于阅读，但无实质性帮助。 • 视觉支持：简单易懂。	• 句子结构：短句为主，含少量长句。 • 主旨和细节组织：较为清晰有序。 • 语篇特点：有助于理解内容。 • 视觉支持：较为简单易懂。	• 句子结构：复杂结构句为主。 • 主旨和细节组织：复杂，但总体较清晰有序。 • 语篇特点：非常有助于理解内容。 • 视觉支持：对凸显意义有一定的作用。	• 句子结构：复杂句为主，涉及的概念较广。 • 主旨和细节组织：非常复杂，不清晰。 • 语篇特点：对理解内容有实质性帮助。 • 视觉支持：对凸显意义有实质帮助。
内容	• 意思：清晰易懂。 • 学科知识：日常、实用的知识。 • 篇际性：不引用典故。	• 意思：较容易理解，偶有难懂之处。 • 学科知识：主要依赖日常知识，偶尔用到专业知识。 • 篇际性：很少运用典故。	• 意思：较为抽象，具讽刺性、隐喻性。 • 学科知识：需要一定的专业知识和理论知识。 • 篇际性：运用一些典故。	• 意思：晦涩，容易造成歧解，有象征意味。 • 学科知识：需要大量专业与理论知识。 • 篇际性：大量的典故。

表 8-10 文学类语篇复杂度定性评价量表

复杂度 要素	低	中低	中高	高
人际	• 意图：单一、具体。 • 语域：当下的、熟悉的语境。	• 意图：至少有两层简单而具体的意思。 • 语域：基本是当下的、熟悉的语境。	• 意图：包括三层或多层意思，且包含一些复杂抽象的意思。 • 语域：偶尔使用不熟悉的、专业的、学术的语言。	• 意图：有多种解释，意思复杂抽象。 • 语域：基本是不熟悉的、专业的、学术的语言。
形式	• 句子结构：主要以简单句为主。 • 叙事结构：简单、常规的。 • 叙事：观点或视角无变化。 • 视觉支持：简单运用图像，对文意理解无多大影响。	• 句子结构：少量运用复合句子。 • 叙事结构：主要为简单的常用结构。 • 叙事：观点或视角很少有变化。 • 视觉支持：简单运用图像，对文意理解有辅助作用。	• 句子结构：复杂句子为主。 • 叙事结构：结构较为复杂。 • 叙事：观点或视角偶有变化。 • 视觉支持：有一些整合的图像，对意思理解偶尔会有实质影响。	• 句子结构：复杂句为主，涉及的概念较广。 • 叙事结构：复杂的、非传统的结构。 • 叙事：观点或视角有大量的变化。 • 视觉支持：整合化，对文意理解有实质影响，有时传递的信息文中没有体现。
内容	• 思想：清晰易懂，很少或几乎不运用隐喻或具讽刺意味的语言。 • 生活体验：探索单一主题；运用到日常的体验和想象。 • 学科知识：只需要日常学科内容知识。 • 文化或文学知识：不需要借助篇际性知识和文化知识。	• 思想：多数要求掌握字面意义，偶尔运用隐喻或具讽刺意味的语言。 • 生活体验：探索较复杂的单一主题；对多数读者而言都是日常体验。 • 学科知识：需要一些学科内容知识。 • 文化或文学知识：偶尔用到篇际性知识和文化知识。	• 思想：部分较为隐晦，要求作出推断，运用到隐喻或具讽刺意味的语言。 • 生活体验：探索较复杂的、多元的主题；对多数读者而言，体验都不是日常的。 • 学科知识：需要一定的学科内容知识。 • 文化或文学知识：借助一些篇际性知识和文化知识。	• 思想：较为隐晦曲折，要求作出推断。 • 生活体验：探索复杂而多元的主题；体验依赖想象，与日常体验有区别。 学科知识：需要广泛的专业知识。 • 文化或文学知识：借助大量篇际性知识和文化知识。

（三）读者和任务评价

编者或教师在选用语篇时，应从以下几个方面做出预判：

1. 认知能力
- 读者能专注于阅读和理解该语篇吗？
- 读者能够记住和联系该语篇的各种细节吗？
- 围绕该语篇的主要观点、写作目的、主题与各种用以支撑它们的细节之间的关系，读者拥有必要的批判性思维技能吗？
- 该语篇有助于发展学生后续阅读需要的注意力、记忆力和批判性思维能力吗？
- 语篇的内容与学生的年龄特点相关吗？

2. 阅读能力
- 读者拥有读出语篇言外之意以及统整关系不太明确的诸种要素必需的推断能力吗？
- 读者拥有提出问题以及从多元的视角回答这些问题的技能吗？
- 读者拥有必需的阅读理解策略吗？
- 该语篇有助于发展学生的推断能力、质疑能力和理解策略吗？
- 学生灵活运用阅读方法的能力如何？

3. 阅读和完成任务的动机及投入程度
- 读者理解该语篇的生成目的吗？由于阅读体验的方式有别，比如略读、研究性阅读、语篇细读，其得出的结论会有别。
- 学生对该语篇感兴趣吗？
- 因为对该语篇感兴趣进而会对文章涉及的题材感兴趣吗？
- 读者会对该语篇的写作风格以及呈现观点的方式感兴趣吗？
- 在阅读体验的过程中，学生会自始至终维持阅读动机和保持阅读投入吗？

4. 前知识和体验
- 学生拥有与该语篇话题相关的、充分的前知识和体验吗？
- 学生从该语篇中与其他课堂上学到的内容有任何联系吗？
- 学生拥有与该语篇涉及的词汇相关的前知识和体验，进而有助于理解吗？

- 学生拥有与该语篇体裁相关的前知识和体验,进而有助于理解吗?

5. 内容和主题
- 该语篇的内容和主题会令学生、教师感到不快吗?
- 学生是否能自然地应付与该语篇相关的内容和主题?
- 这一语篇与其他语篇能组合使用吗?

6. 任务难度
- 学生在阅读时可能会遇到哪些障碍?
- 是否应进行教学支架设计,进而帮助学生通过反复阅读实现独立而流畅的阅读?
- 与该语篇相关的阅读任务会影响到阅读体验吗?
- 编者所设计的问题或活动会影响到学生的阅读体验吗?
- 是否要确定单元中哪一篇更简单因而适合先教,或者,哪一篇可能会用到另一篇中学到的知识因而适合先教?

本章小结

本章着重探讨语篇阅读教学评价,共分三节。

第一节为语篇阅读课程目标体系的建构。有效评价应是基于课程目标的评价,即将学业评价建立在严格的学术标准或课程目标之上。一致性评价既具体地体现着标准,也为教育工作者的教学与问责提供了动力。美国、加拿大、澳大利亚、爱尔兰、新加坡等国阅读教学评价均基于严格的阅读课程目标。与课堂阅读教学评价一样,PISA 和 PIRLS 阅读素养评估也都采用一致性策略,即参照其评估框架所规定的阅读认知目标进行评价。从评价的一致性理念出发,我国语文教学应加强语篇阅读课程目标体系建构。语篇阅读课程目标涵括认知目标、审美目标和情意目标。

第二节为基于目标的语篇阅读教学评价。本节从常规课堂教学和阅读测试两个方面探讨语篇阅读教学评价,课堂教学评价又细分为表现性评价和问答式评价。在进行表现性评价时,要根据教学目标和教学条件制定评价方案。关于问答式教学评价,中外学者均有深入的探讨。根据威金斯与麦克泰的提问式教学评价以及钱梦龙的语文导读法思想,我们可以提炼出提问式语篇阅读教学评价的一般路径。国际上三大阅读素养评估均注重评鉴能力的测评,且都将评鉴能力视为最高层级的语篇分析能力或阅读认知能力。我国阅读测试中的语篇阅读素养评价应加强批判性阅读能力的评估,此类评估应参照相应年段的阅读课程目标。

第三节为阅读语料的语篇复杂度评价。为便于挑选复杂度逐级递增的语篇,美国语文共同标准研制者专门开发了语篇复杂度评量工具,即从定量维度、定性维度、读者和任务契合维度去评量与选用语篇。美国许多中小学母语教师就借助该工具灵活地挑选适合不同年段的各类语篇,供学生课内阅读。我国现行语文教材选文主要依赖编者的专业经验,课文的定序往往存在较大的主观性。处于全球化时代的今天,我们应积极关注语篇复杂度这一新兴的研究领域,努力探索汉语文教材语篇复杂度的评量方法与手段。

结语:归正与超越

语文阅读教学是什么?这是跨越世纪的语文人之问。阅读教学不是简单地进行人文教育、文化教育、审美教育或情感教育,而是将诸种教育自然地渗透于"语用"教学之中。语用观下的阅读教学重点发展阅读解码能力,提升思维品质,培养语篇意识,涵养话语经验,雕琢性情,丰富人性,进而为受教者成为现代社会合格公民奠基。阅读教学应从形式内容的"一分为二"思维模式中超脱出来,以"一分为三""合三为一"的哲学思维构建一个语言功能框架:概念功能、成篇功能、人际功能。阅读教材建设应对文选范式的合法性进行价值重估,语篇范式应进入阅读教材的研究视域。文本解读应吸收话语分析和语篇分析的思想,阅读教学应结合汉语语篇的特性开发新的教学模型。阅读教学应确立一致性评价和整体性评价的理念,应注重阅读语料的元评价。语文课程的本质乃是话语经验,语文教学的本质则是话语实践,阅读教学的本质则为语篇解码。阅读教学的语用转向需输入语篇学,语篇学的输入不仅具有方法论意义,而且具有本体论意义。语篇学的输入旨在重启语言学,赋予语言学以新的历史使命和责任。

雅思贝尔斯说:"哲学的方法都是超越对象的方法。从事于哲学即是从事于超越。"[①]语文阅读教学乃至整个的语文教学要走向哲学,必有一种超越当下之精神。自我超越是语文的生存本性,也是语文的根本使命。语文阅读教学可能是什么?这是语文教学促使我们永远要向自己提出的问题。在通往语用之途中,我们尚需思考以下三个应然性问题。

---

① 转引自中国科学院哲学研究所《存在主义哲学》,北京:商务印书馆1963年版,第147页。

一、语篇学与其他基础学科应各擅其长又相互为用

尽管语篇学有其自身的特点和优势,对传统语言学、语用学、文艺学与文章学等基础学科在某些方面也形成了突破或超越,但鉴于语文阅读教学目标的多维性,以上学科既应互雄竞长,又当贯通互摄。其一,语篇学与语用学如并蒂之莲,两者同根同茎,共同指向"语用"的天空。其二,我们在进行篇章语法分析的过程中,可以适当辅之以句子语法分析。韩礼德说"语篇分析代替不了语法分析,没有句法分析的语篇分析根本称不上是分析"[①],这一观点在功能语言学界得到广泛认同,许多学者觉得有必要在功能语法的框架内研究句法,也就是功能句法分析。功能句法分析与传统的句法分析存在本质上的差异,它遵循的是"形式是意义的体现"这一功能思想,它主要是为功能语篇分析服务的。其三,语篇分析与文艺学中的"文本分析"具有广阔的合作空间。比如美国的格莱斯(Grice)曾提出过会话含义和言语行为理论,后来普拉特(Pratt)将这一理论移用到文学文本的分析,这样,无论是读者与作者的对话,还是作品中人物之间的对话都能据此进行解释。1977年,柯尔萨德(Coulthard)出版《话语分析导论》,以专章的方式对文学语篇做单独讨论,在他看来,尽管文学批评是文论专家的使命,但文学是语言的艺术,若借助语言学框架对作品技巧和文体进行分析或许会取得更大的成功。布拉格学派的奠基人雅各布森(Jacobson)更是指出:语言学家忽视语言的诗性功能以及文学研究者对语言学问题漠不关心和不了解语言学方法,都是极不合时宜的。[②] 其四,语篇学与文章学也可交相为用。语篇既是交际行为与过程,也是交际事件与结果,过程视野下的语篇分析侧重于探讨与语篇理解和生成相关的因素,结果视野下的语篇分析侧重于从篇章的结构和语义出发,学习带有规律性的知识,而后者与"文章解读"就颇多互借之处。

二、汉英语篇阅读教学研究应走向"阴阳之动"

巴赫金在论及人文科学方法论的时候,曾做过这样的比较:"自然科学的准

---

① Halliday, M.A,K.. An Introduction to Functional Grammar.London:Arnold,1994,p.16.
② [俄]波利亚科夫:《结构-符号学文艺学:方法论体系和论争》,佟景韩译,北京:文化艺术出版社1994年版,第207页。

确性标准是证明同一(A=A)。在人文科学中,准确性就是克服他人东西的异己性,却又不把它变成纯粹自己的东西(各种性质的替换,使之现代化,看不出是他人的东西等等)。"① 因此巴氏强调文本对话与文化间性的重要意义。怀特海也说:任何一个事实都不仅仅是它本身,处于孤立状态的简单事实是原始神话;科学一旦忽视了这种局限性,它总要犯错误。② 因此怀氏特别青睐"统摄"一词。朱光潜也讲过,真正的思想诞生于对话,苏格拉底、柏拉图、孔子、孟子、公孙龙无一不注重对话,对话孕育了真理。③ 汉英语篇阅读教学研究是两种不同的研究文化,它们既应坚守各自的文化立场,又应在对视彼此的"神话"中重塑自我文化。

在过去很长的时间里,世界上母语与外语阅读教学研究缺乏联系和沟通。比如在英国,母语与外语教学研究者基本上是老死不相往来,阅读教学的方法很少能够相互借鉴。但是韩礼德突破了这一陈俗,他个人是注重母语和外语阅读教学的打通研究的,他开发功能语篇分析框架的初衷是教育性的,即为母语(英语)读写教学和外语(包括汉语)读写教学服务的。韩礼德是英国人,但他有着深厚的中国情结,对汉语有着比较精深的研究。1947—1950 年他曾来中国留学,先是投入北京大学罗常培门下,后又接受罗常培的建议,师从王力研究汉语。回国之后,韩礼德在其导师弗斯的指导下完成了博士论文《"元朝秘史"汉译本的语言》,获得剑桥大学哲学博士学位。1991 年,我国著名语言学学者、韩礼德的学生胡壮麟曾指出:"我国搞外语教学的同志正在尝试利用功能主义的方法分析汉语,由于功底差,尚处于摸索阶段。其次,汉语搞多了,常会遭受'不务正业'之讽。因此,要取得系统性的、突破性的进展还有待于汉语界的专家们的工作。"④ 新世纪以来,打通二者的呼声日益高涨。麦卡锡(Michael McCarthy)和卡特(Ronald Carter)认为,以语篇为基础进行语言教学应该是语言教学的基本原则,基于语篇的语言教学途径既适用于第一语言的教学,也适用于第二语言的教

---

① [苏]巴赫金:《巴赫金全集》(第 4 卷),钱中文主编,李辉凡等译,石家庄:河北教育出版社 1998 年版,第 390 页。
② [英]怀特海:《思维方式》,刘放桐译,北京:商务印书馆 2004 年版,第 10—11 页。
③ 商金林:《朱光潜批评文集》,珠海:珠海出版社 1998 年版,第 213—220 页。
④ 胡壮麟:《功能主义纵横谈》,《外国语(上海外国语学院学报)》1991 年第 3 期。

学。① 2015年,在"韩礼德—韩茹凯语言学国际基金"成立仪式专题报告会上,胡壮麟当着老师韩礼德的面作了即兴发言,他指出,韩礼德有个中国梦,"他期待中国语言学研究的进一步发展;为此,他曾经严厉批评过我,认为我没有带头深入研究汉语"②。在西方,语篇分析是一门显学,20世纪80年代我国引进语篇分析之后,英语语篇分析研究以及英语语篇教学呈现出向荣之势,而汉语语篇分析研究发展较慢,汉语文阅读教学与语篇分析更是鲜有交集。所以,对于我们从事汉语阅读教学研究的同志来讲,得尽早养成跨界意识,谋求学科教学研究的"阴阳之动"。一方面,我们可以从英语语篇阅读教学中探寻语篇分析的一般规律;另一方面,我们应立足于本土,结合汉语自身的特点,以及中国人特有的直觉思维与意象思维,去探究汉语语篇分析的规律以及汉语语篇阅读教学的方法。

三、高师中文师范专业应增设"语篇分析"课程

课程是教师教育的重要载体,各国师范院校对中小学母语教师教育的课程设置都极为重视。澳大利亚悉尼大学语言学系开设了篇章语言学或话语分析,致力于培养学生的功能语篇分析能力。俄罗斯高师院校俄语与文学专业有一门必修课程"文学语篇的语言分析",该课程主要特点是运用语言学理论对文学作品进行语篇分析。反观我国,语篇分析或话语分析进入汉语言文学专业的课程体系存在一定的困难。因为,纵观我国高等师范院校中文专业的培养方案,普遍存在两大问题:第一,语言课程与文学课程的比例严重失衡。以笔者原单位2018年汉语言文学专业人才培养方案为例,语言学必修课程主要有语言学概论、古代汉语、现代汉语,共12学分;文学类必修课程主要有文学概论、古代文学、现当代文学、外国文学、比较文学、中国文学批评史、西方文论,共40学分。在现有的课程框架里边,要想纳入一门语篇分析课程,殊非易事。第二,语言学课程内容陈旧,与中小学语文教改实践存在严重脱节。如果说新文学理论知识一线语文教学基本"消化不了"的话,那么新语言学知识则可以用"吃不饱"来形容。《义务教育语文课程标准(2011年版)》的颁布标志着语文阅读教学语用时

---

① Michael McCarthy, Ronald Cart:《作为语篇的语言:对语言教学的启示》,北京:北京大学出版社2004年版,第6页。

② 胡壮麟:《韩礼德的中国梦》,《中国外语》2015年第6期。

代的正式来临,但是八年来,高师院校中文专业语言学课程所供给的上游知识依旧停留在静态的结构主义语言学范畴内。就笔者原单位文学院"语言学概论"课程"内容说明"来看,它主要涉及"有关人类语言的基础理论和基本知识,包括语言的性质、起源、发展、分类等宏观的语言学理论、知识和语音、语义、词汇、语法等语言分支的理论、知识,适当介绍国内外语言学的新进展"。其实,"国内外语言学新进展"岂应限于"适当介绍"?它应被提至更显赫的位置。

　　2015年10月底,南京师范大学与四川师范大学曾联合举办第二届海内外母语教育高峰论坛,论坛主题为"语文教育深度改革的进展与路向",四川师范大学马正平教授提交了论文《走向广义非形式逻辑知识观的当代课程改革的构想》。马教授指出,应对现行师范院校汉语言文学专业进行大幅度的课程与教材改革,应建构同广义非形式逻辑教育相协调的课程与教材体系。在马教授所提供的新课程体系中,他提议增设两门与阅读教学相关的语言学分相课程——"言语学与语文教学"和"阅读学与中小学阅读教学"。其实,依笔者之见,与其称言语学,毋宁称话语理论。因为诚如马教授所言,"20世纪80年代以后,法国的语文课程改革一改原来以索绪尔结构主义的语言学知识基础,转向以话语学,或话语理论知识基础作为新的语文课程改革的知识支撑"[1],话语理论的语文课程论价值有待我们去开掘。因此,笔者建议增设这样一门课程——"语篇(或话语)分析"[2]。"语篇分析"侧重讲授语篇分析的理论和实践知识,其分析的对象既包括文学类语篇,也包括信息类语篇。据说,有一位文艺学教授曾花了一学期时间对《我与地坛》进行文本解读,但他采用的是文艺学的文本解读路子。倘使以《我与地坛》《文心》《拿来主义》为例,开设32课时的"语篇分析"选修课程,是否值得尝试呢?

---

[1] 马正平:《走向广义非形式逻辑知识观的当代课程改革的构想》,第二届海内外母语教育高峰论坛,南京,2015年。

[2] 话语与语篇一样,其英文单词都是 discourse。狭义上讲,话语是口头的语篇,语篇是书面的话语;广义上讲,话语即语篇,语篇即话语。

参考文献

一、中文资料

(一) 著作

[1] (法) 埃米尔·本维尼斯特. 普通语言学问题[M]. 王东亮, 等, 译. 北京: 生活·读书·新知三联书店, 2008.

[2] (英) 安东尼·吉登斯. 社会学[M]. 赵旭东, 等, 译. 北京: 北京大学出版社, 2003.

[3] [苏] 巴赫金. 巴赫金全集[M]. 钱中文主编. 李辉凡, 等, 译. 石家庄: 河北教育出版社, 1998.

[4] (英) 巴特利特. 记忆: 一个实验的与社会的心理学研究[M]. 黎炜, 译. 杭州: 浙江教育出版社, 1998.

[5] (英) 巴兹尔·伯恩斯坦. 教育、符号控制与认同[M]. 王小凤, 译. 北京: 中国人民大学出版社, 2016.

[6] (法) 保罗·利科. 解释学与人文科学[M]. 陶远华, 等, 译. 石家庄: 河北人民出版社, 1987.

[7] (法) 保罗·利科. 哲学主要趋向[M]. 李幼蒸, 等, 译. 北京: 商务印书馆, 1988.

[8] (俄) 波利亚科夫. 结构-符号学文艺学: 方法论体系和论争[M]. 佟景韩, 译. 北京: 文化艺术出版社, 1994.

[9] (法) 布迪厄, (美) 华康德. 实践与反思: 反思社会学导引[M]. 李猛, 李康, 译. 北京: 中央编译出版社, 1998.

[10]（美）布卢姆等.教育目标分类学·情感领域[M].施良方,等,译.上海：华东师范大学出版社,1989.

[11]岑绍基.语言功能与中文教学——系统功能语言学在中文教学上的应用[M].香港：香港大学出版社,2003.

[12]陈忠华,刘心全,杨春苑.知识与语篇理解——话语分析认知科学方法论[M].北京：外语教学与研究出版社,2004.

[13]杜草甬,商金林.夏丏尊论语文教育[M].郑州：河南教育出版社,1987.

[14]杜金榜.语篇分析教程[M].武汉：武汉大学出版社,2013.

[15]方光焘.方光焘语言学论文集[C].北京：商务印书馆,1997.

[16]冯友兰.三松堂全集·论诗[M].郑州：河南人民出版社,2001.

[17]（法）福柯.知识考古学[M].谢强,马月,译.北京：生活·读书·新知三联书店,2004.

[18]高雁.人文社会科学基础[M].武汉：湖北人民出版社,2002.

[19]顾黄初,李杏保.二十世纪前期中国语文教育论集[C].成都：四川教育出版社,1991.

[20]顾黄初.中国现代语文教育百年事典[C].上海：上海教育出版社,2001.

[21]顾黄初.顾黄初语文教育文集[C].北京：人民教育出版社,2002.

[22]（德）海德格尔.存在与时间[M].陈嘉映,王庆节,译.北京：生活·读书·新知三联书店,1987.

[23]胡适.胡适全集[M].第2卷.合肥：安徽教育出版社,2003.

[24]胡壮麟.语篇的衔接与连贯[M].上海：上海外语教育出版社,1994.

[25]胡壮麟.理论文体学[M].北京：外语教学与研究出版社,2000.

[26]（英）怀特海.思维方式[M].刘放桐,译.北京：商务印书馆,2004.

[27]（英）怀特海.教育的目的[M].庄莲平,王立中,译.上海：文汇出版社,2012.

[28]黄伟.提问与对话——有效教学的入口与路径[M].杭州：浙江大学出版社,2016.

[29]（德）伽达默尔.真理与方法[M].洪汉鼎,译.北京：商务印书馆,2007.

[30]《简明伦理学辞典》编辑委员会.简明伦理学辞典[M].兰州：甘肃人民出版社,1987.

[31] 姜望琪.当代语用学[M].北京:北京大学出版社,2003.

[32] 姜望琪.语篇语言学研究[M].北京:北京大学出版社,2011.

[33] 姜义华.胡适学术文集·教育[C].北京:中华书局,1998.

[34] 蒋维乔,庄俞.最新国文教科书:第1册[Z].上海:商务印书馆,1907.

[35] 课程教材研究所.20世纪中国中小学课程标准·教学大纲汇编[C].北京:人民教育出版社,2001.

[36] 孔凡成.中国教育名家与语境教学发展[M].北京:人民出版社,2015.

[37] (美)库恩.科学革命的结构[M].金吾伦,胡新和,译.北京:北京大学出版社,2003.

[38] 黎运汉,等.现代汉语语体修辞学[M].南宁:广西教育出版社,1989.

[39] 李定仁,徐继存.课程论研究二十年[M].北京:人民教育出版社,2004.

[40] 李海林.言语教学论[M].上海:上海教育出版社,2000.

[41] 李维鼎.语文教材别论[M].杭州:浙江教育出版社,2004.

[42] 廖秋忠.廖秋忠文集[C].北京:北京语言学院出版社,1992.

[43] (法)列维-斯特劳斯.结构人类学[M].谢维扬,俞宣孟,译.上海:上海译文出版社,1995.

[44] 刘辰诞.教学篇章语言学[M].上海:上海外语教育出版社,1999.

[45] 刘春芳.语篇的认知语用维度研究[M].太原:山西人民出版社,2011.

[46] 刘国正.叶圣陶教育文集:第4册[C].北京:人民教育出版社,1994.

[47] 刘世生,朱瑞青.文体学概论[M].北京:北京大学出版社,2006.

[48] 刘占泉.汉语文教材概论[M].北京:北京大学出版社,2004.

[49] 鲁迅.鲁迅散文[C].北京:人民文学出版社,2005.

[50] 鲁迅.呐喊[C].北京:中国对外翻译出版公司,2006.

[51] 鲁迅.南腔北调集[C].沈阳:辽宁出版集团,2002.

[52] 马建忠.马氏文通[M].北京:商务印书馆,1983.

[53] (德)马克斯·韦伯.社会科学方法论[M].韩水法,莫茜,译.北京:中央编译出版社,2005.

[54] (德)曼弗雷德·弗兰克.论福柯的话语概念[G]//陈永国,译.汪民安,等,编.福柯的面孔.北京:文化艺术出版社,2001.

[55] (捷)米兰·昆德拉.小说的艺术[M].董强,译.上海:上海译文出版

社,2004.

[56] 倪文杰,刘家丰.现代汉语常用词辞海[M].北京:中国建材工业出版社,2001.

[57] 聂仁发.现代汉语语篇研究[M].杭州:浙江大学出版社,2009.

[58] 皮连生.学与教的心理学[M].上海:华东师范大学出版社,2009.

[59] 钱军.句法语义学——关系和视点[M].北京:人民教育出版社,2001.

[60] 钱梦龙.我和语文导读法[M].北京:人民教育出版社,2005.

[61] 钱敏汝.篇章语用学概论[M].北京:外语教学与研究出版社,2001.

[62] 屈承熹.汉语认知功能语法[M].哈尔滨:黑龙江人民出版社,2005.

[63] 阮真.中学国文教学法[M].南京:正中书局,1936.

[64] 商金林.叶圣陶年谱[M].南京:江苏教育出版社,1986.

[65] 商金林.朱光潜批评文集[C].珠海:珠海出版社,1998.

[66] 申丹.叙述学与小说文体学研究[M].北京:北京大学出版社,1998.

[67] 沈开木.现代汉语话语语言学[M].北京:商务印书馆,1996.

[68] 施良方.课程理论——课程的基础、原理与问题[M].北京:教育科学出版社,1996.

[69] 石中英.教育哲学的责任与追求[M].合肥:安徽教育出版社,2007.

[70] 史铁生.史铁生作品集[C].北京:中国社会科学出版社,1995.

[71] (印)斯皮瓦克.后殖民理性批判——正在消失的当下的历史[M].严蓓雯,译.南京:译林出版社,2014.

[72] (美)苏珊·朗格.艺术问题[M].滕守尧,朱疆源,译.北京:中国社会科学出版社,1983.

[73] 孙维张.佛源语词词典[M].北京:语文出版社,2007.

[74] (瑞)索绪尔.普通语言学教程[M].高名凯,译.北京:商务印书馆,1980.

[75] (瑞)索绪尔.普通语言学教程[M].裴文,译.南京:江苏教育出版社,2002.

[76] (美)泰勒.课程与教学的基本原理[M].罗康,张悦,译.北京:中国轻工业出版社,2008.

[77] 唐晓杰,等.课堂教学与学习成效评价[M].南宁:广西教育出版

社,2000.

[78] 陶行知.陶行知全集[C].成都:四川教育出版社,1991.

[79] (英)特雷·伊格尔顿.20世纪西方文学理论[M].伍晓明,译.北京:北京大学出版社,2007.

[80] 田海龙.语篇研究:范畴、视角、方法[M].上海:上海外语教育出版社,2009.

[81] 田海龙.批评话语分析:阐释、思考、应用[M].天津:南开大学出版社,2014.

[82] 童庆炳.文学理论教程[M].北京:高等教育出版社,1992.

[83] 王德春,陈瑞端.语体学[M].南宁:广西教育出版社,2000.

[84] 王福祥.汉语话语语言学初探[M].北京:商务印书馆,1989.

[85] 王福祥,白春仁.话语语言学论文集[C].北京:外语教学与研究出版社,1989.

[86] 王力.中国现代语法[M].北京:商务印书馆,1985.

[87] 王力.诗词格律[M].北京:中华书局,2000.

[88] 王力.中国文法学初探[M].北京:商务印书馆,2000.

[89] 王尚文.走进语文教学之门[M].上海:上海教育出版社,2007.

[90] 王一川.语言乌托邦:20世纪西方语言论美学探究[M].昆明:云南人民出版社,1994.

[91] 魏在江.英汉语篇连贯认知对比研究[M].上海:复旦大学出版社,2007.

[92] 吴启主.汉语构件语篇学[M].长沙:岳麓书社,2001.

[93] 夏丏尊.夏丏尊教育名篇[C].北京:教育科学出版社,2007.

[94] 夏丏尊,叶圣陶.文心[M].北京:生活·读书·新知三联书店,2008.

[95] 香港特别行政区政府教育局.中学中国语文建议学习重点(试用)[S].香港:政府印务局,2007.

[96] 香港特别行政区政府教育局.中国语文课程及评估指引(小一至小六)[S].香港:政府印务局,2014.

[97] 香港特别行政区政府教育局.中国语文课程及评估指引(中四至中六)[S].香港:政府印务局,2015.

[98] 新加坡教育部课程规划与发展司.中学华文课程标准[S].2011.

[99] 新加坡教育部课程规划与发展司.小学华文课程标准[S].2015.

[100] 徐赳赳.现代汉语篇章语言学[M].北京:商务印书馆,2010.

[101] 徐特立.徐特立文存:第1卷[C].广州:广东教育出版社,1995.

[102] 许宝强,袁伟.语言与翻译的政治[M].北京:中央编译出版社,2001.

[103] 叶圣陶.叶圣陶语文教育论集[C].北京:教育科学出版社,1980.

[104] 叶圣陶.叶圣陶讲作文[M].长沙:湖南教育出版社,1983.

[105] 叶圣陶.叶圣陶集[C].南京:江苏教育出版社,1994.

[106] 叶圣陶.叶圣陶集[C].南京:江苏教育出版社,2004.

[107] 袁英.话语理论的知识谱系及其在中国的流变与重构[M].武汉:华中师范大学出版社,2013.

[108] (美)约翰·杜威.我们怎样思维·经验与教育[M].姜文闵,译.北京:人民教育出版社,1991.

[109] (美)约翰·杜威.民主主义与教育[M].王承绪,译.北京:人民教育出版社,2001.

[110] 张德禄.功能文体学[M].济南:山东教育出版社,1998.

[111] 张德禄.语篇分析理论的发展及应用[M].北京:外语教学与研究出版社,2012.

[112] 张志公.传统语文教育教材论[M].上海:上海教育出版社,1992.

[113] 张志公.张志公自选集[C].北京:北京大学出版社,1998.

[114] 郑庆君.汉语话语研究新探——《骆驼祥子》的句际关系和话语结构研究[M].长沙:湖南教育出版社,2003.

[115] 郑逸农."非指示性"语文教育初探[M].杭州:浙江教育出版社,2006.

[116] 中国大百科全书总编辑委员会《哲学》编辑委员会,中国大百科全书出版社编辑部. 中国大百科全书[M].北京:中国大百科全书出版社,1992.

[117] 中国科学院哲学研究所.存在主义哲学[M].北京:商务印书馆,1963.

[118] 中华人民共和国教育部.义务教育语文课程标准(2011年版)[S].北京:北京师范大学出版社,2012.

[119] 中华人民共和国教育部. 义务教育数学课程标准(2011年版)[S].北京:北京师范大学出版社,2012.

[120] 中华人民共和国教育部.义务教育英语课程标准(2011年版)[S].北京:北京师范大学出版社,2012.

[121] 中华人民共和国教育部.普通高中语文课程标准(2017年版)[S].北京:人民教育出版社,2018.

[122] 中央人民政府出版总署.初级中学语文课本(第1册)·编辑大意[M].北京:人民教育出版社,1950.

[123] 周小兵,张世涛,干红梅.汉语阅读教学理论与方法[M].北京:北京大学出版社,2008.

[124] 周正逵.问题与对策:中小学语文教育改革[M].北京:人民教育出版社,2000.

[125] 朱光潜.艺文杂谈[M].合肥:安徽人民出版社,1981.

[126] 朱光潜.朱光潜全集[M].北京:中华书局,2012.

[127] 朱广贤.写作学概论[M].北京:民族出版社,2004.

[128] 宗白华.艺境[M].北京:北京大学出版社,1987.

[129] (美)Howard Eichenbaum.记忆的认知神经科学——导论[M].周仁来,郭秀艳,叶茂林,译.北京:北京师范大学出版社,2008.

[130] (美)Wiggins,G.,(美)McTighe,J.理解力培养与课程设计——一种教学和评价的新实践[M].么加利,译.北京:中国轻工业出版社,2003.

(二)期刊与会议论文

[1] 鲍道宏.非文学类阅读试题研究——以"PIRLS2016"为对象[J].语文建设,2015(10).

[2] 宾静荪.PISA启示录:走错方向的语文教育[J].亲子天下,2010(19).

[3] 陈桂华.巴赫金超语言学思想及其话语理论[J].洛阳工学院学报(社会科学版),2002(3).

[4] 陈平.《话语分析手册》(第2卷):《话语的各个方面》述评[J].国外语言学,1987(3).

[5] 陈平.句法分析:从美国结构主义学派到转换生成语法学派[J].外语教学与研究,1988(2).

[6] 陈瑜敏,黄国文.马丁的语篇分析观[J].当代外语研究,2010(10).

[7] 丛立新.知识、经验、活动与课程的本质[J].北京师范大学学报(社会科

学版),1998(4).

[8] 崔慧琴.似曾相识的岔路口[J].中学语文教学参考,2015(1—2).

[9] 崔允漷.追问"核心素养"[J].全球教育展望,2016(5).

[10] 冯为民.《赤壁赋》课例[J].中学语文教学参考,2015(1).

[11] 傅建明,徐敏娟.香港语文教科书编排研究[J].全球教育展望,2007(4).

[12] 贡如云.对话型教学——高校课堂教学改革的一种路向[J].现代教育科学,2011(1).

[13] 贡如云.试论语文教育的价值重建——基于阅读心理学的视角[J].河北师范大学学报(教育科学版),2014(1).

[14] 贡如云,李如密.美国阅读教学模式的结构及启示[J].现代中小学教育,2015(10).

[15] 贡如云.试论国际视野下阅读评鉴能力的养成[J].教育视界,2016(3).

[16] 贡如云.陶诗中的语文教育智慧——《陶行知全集》新读[J].七彩语文(中学语文论坛),2016(5).

[17] 顾振彪.文言文教学的问题与对策[J].课程·教材·教法,2016(5).

[18] 韩雪屏.审理我国百年语文课程的语用知识[J].课程·教材·教法,2010(10).

[19] 何继红,张德禄.语篇结构的类型、层次及分析模式研究[J].外语与外语教学,2016(1).

[20] 胡壮麟.功能主义纵横谈[J].外国语(上海外国语学院学报),1991(3).

[21] 胡壮麟.系统功能语言学的社会语言学渊源[J].北京科技大学学报(社会科学版),2008(6).

[22] 胡壮麟.韩礼德的中国梦[J].中国外语,2015(6).

[23] 黄国文.韩礼德系统功能语言学40年发展述评[J].外语教学与研究,2000(1).

[24] 黄国文,徐珺.语篇分析与话语分析[J].外语与外语教学,2006(10).

[25] 黄伟.我国语文课程标准建设亟须加强与完善——来自美国《初中英语能力表现标准》的启示[J].课程·教材·教法,2008(1).

[26] 黄伟.课堂对话的运作机理——基于话语分析的视角[J].教育研究,

2014(7).

[27] 黄小平.《江雪》语篇元功能分析[J].安阳师范学院学报,2014(1).

[28] 姜望琪.从句子语法到篇章语法[J].中国外语,2007(5).

[29] 姜望琪.现代语篇分析的萌芽[J].外语教学与研究,2008(5).

[30] 姜望琪.Firth 的语篇语义学思想[J].外国语言文学,2008(3).

[31] 姜望琪.Harris 的语篇分析[J].外语教学,2011(7).

[32] 蓝江.从主人话语到普遍性话语——对拉康的《讲座 XVII》中四种话语理论分析[J].世界哲学,2011(5).

[33] 李军林.浅析话语理论的基本内涵及作用[J].传媒观察,2008(8).

[34] 李维鼎."语文课"就是"言语课"——再从语文学科的工具性说起[J].长沙水电师院学报(社会科学学报),1994(3).

[35] 李维鼎.正本清源说"工具"[J].语文学习,1997(10).

[36] 李砚男.试论鲁迅《故乡》人物宏儿——宏儿托起了《故乡》的明天[J].内蒙古民族大学学报(社会科学版),2012(3).

[37] 李永妃.语文知识:性质、构成与教学意蕴[J].语文建设,2012(16).

[38] 李镇西.我教《冬天》[J].教师之友,2003(6).

[39] 李镇西.《致女儿的信》教学实录及其争论(下)[J].语文教学通讯·初中刊,2005(5).

[40] 李自雄.中国问题、反本质主义与当代文论建设[J].山东大学学报(哲学社会科学版),2016(5).

[41] 连敏.特定年代的诗歌生产——《诗刊》(1957—1964)作为研究对象的提出与思考[J].中国诗歌研究,2011(12).

[42] 梁淑雯.论澳门特别行政区的正式语文——以功能语篇分析为切入点[J]."一国两制"研究,2012(3).

[43] 廖秋忠.篇章与语用和句法研究[J].语言教学与研究,1991(12).

[44] 刘国正.试谈中学语文教学改革的几个问题[J].课程·教材·教法,1981(4).

[45] 刘世生.文体学的跨学科特点[J].外国语言文学研究,2003(6).

[46] 刘天华.故乡之旅:鲁迅四篇同一种类型的小说[J].鲁迅研究月刊,2013(11).

[47] 吕叔湘.中小学语文教学问题[J].江苏师范学院学报,1978(3).

[48] 马建智.《昭明文选》文体分类的成就和特点[J].名作欣赏,2010(9).

[49] 马正平.走向广义非形式逻辑知识观的当代课程改革的构想[C].第二届海内外母语教育高峰论坛,南京,2015.

[50] 孟显香.国际阅读素养进步研究简介——以 PIRLS2011 为例[J].语文建设,2011(6).

[51] 倪文尖.诗学视野与语言学取径——细读文学语篇《合欢树》[J].思想与文化,2015(6).

[52] 聂仁发.汉语语篇研究的几个问题[J].宁波大学学报(人文科学版),2005(5).

[53] 潘新和.语文到底"姓"什么?——语文课程性质当是"言语性"[J].中学语文教学,2001(5).

[54] 潘新和.写作的源泉是什么[J].语文教学通讯,2014(6).

[55] 彭妮丝.华语文读写读本暨教学研究——以系统功能语言学理论为基础之探究[J].台北市立大学学报,2013(2).

[56] 钱理群.《故乡》:心灵的诗[J].语文学习,1993(6).

[57] 钱梦龙.改变人生的那一堂课——《愚公移山》教学漫忆[J].中学语文教学,2006(1).

[58] 钱梦龙.语文导读法的理论设计与结构模式[J].中华活页文选,2008(12).

[59] 秦秀白.体裁教学法述评[J].外语教学与研究,2000(1).

[60] 荣维东.建设真语文的语用知识基础[J].语文建设,2014(4).

[61] 单巨兵.循循善诱　解读诗意[J].中学语文教学参考,2015(1—2).

[62] 沈开木.话语语言学的一些作用[J].语文月刊,1997(5).

[63] 孙绍振.《醉翁亭记》用了那么多"也"有什么妙处[J].语文建设,2007(5).

[64] 田海龙.语用学与语篇研究的互动关系[J].外语教学,2001(2).

[65] 王兵.《新加坡中学华文课程标准 2011》解读——兼与 2002 年课程标准比较[J].云南师范大学学报,2013(5).

[66] 王福祥.话语语言学的兴起与发展(续)[J].外语与外语教学,1994(5).

[67] 王宁.钱中文的巴赫金研究[J].文学前沿,2003(5).

[68] 王宁.语文核心素养与语文课程的特质[J].中学语文教学,2016(11).

[69] 王荣生.中小学散文教学的问题及对策[J].课程·教材·教法,2011(9).

[70] 王卫平.稳步改革与守正创新——读温儒敏的《语文课改与文学教育》[J].北京大学学报(哲学社会科学版),2008(3).

[71] 王永祥,潘新宁.语言符号学:从索绪尔到巴赫金[J].俄罗斯文艺,2011(3).

[72] 王宗炎.评哈利迪的《现代汉语语法范畴》[J].国外语言学,1981(3).

[73] 魏惠.基于标准的英语教学设计框架构建探析[J].课程·教材·教法,2013(12).

[74] (日)尾崎文昭."故乡"的二重性及"希望"的二重性(上)——《故乡》读后[J].庄玮,译.鲁迅研究月刊,1990(7).

[75] 吴显友.文学语篇的文体学方法——《文学语言——文体与前景化》评介[J].外语教学与研究,2011(5).

[76] 谢惠雯,何淑苹.从PISA阅读历程谈比较阅读教学策略——以《纸船印象》《背影》为例[C].第一届语文教育暨第七届辞章章法学学术研讨会,台北,2012.

[77] 辛斌.巴赫金论语用:言语、对话、语境[J].外语研究,2002(8).

[78] 徐赳赳.话语篇章专题研究[J].当代修辞学,2012(4).

[79] 徐林祥,杨九俊.关于语文课程目标百年嬗变的反思[J].课程·教材·教法,2012(2).

[80] 徐默凡.语用学视野下的语文教学改造[J].语文建设,2015(7).

[81] 杨洁,邹宁.功能语言学视角下的文化翻译探讨[J].山东外语教学,2009(6).

[82] 杨永明.左翼文学叙事范式的延展和深化——以"伤痕""反思"小说为例[J].甘肃社会科学,2015(12).

[83] 叶圣陶.自力二十二韵[J].人民教育,1977(1).

[84] 于晖.语篇体裁概念之理论溯源[J].北京师范大学学报(社会科学版),2009(7).

[85] 余国良.语篇教学:语文阅读教学的新方式[J].教育理论与实践,2013(29).

[86] 余勤,史铁生.从残缺走向完美——访《我与地坛》作者史铁生[J].语文教学与研究,2006(18).

[87] 张杰.批评的转向:从语言学走向话语学[J].外国语(上海外国语大学学报),1998(4).

[88] 张汝伦.重思智慧[J].杭州师范大学学报(社会科学版),2010(5).

[89] 张鑫.通感群·前景化·陌生化——济慈颂诗的文体学研究[J].成都教育学院学报,2006(8).

[90] 张心科.语文课程性质新论[J].福建师范大学学报(哲学社会科学版),2013(4).

[91] 赵中建.美国课程标准之标准研究[J].全球教育展望,2005(6).

[92] 周正逵.语文教改的核心是教材改革[J].语文学习,2017(2).

[93] 朱长河,朱永生.认知语篇学[J].外语学刊,2011(2).

(三) 学位论文

[1] 黄伟.对话语域下的课堂提问研究[D].上海:上海师范大学博士学位论文,2008.

[2] 李先锋.全球语境下实用文章研究与教学应用[D].重庆:西南大学博士学位论文,2011.

[3] 刘新芳.修辞互动视角下的语篇类型共生关系研究[D].上海:上海外国语大学博士学位论文,2013.

[4] 慕君.阅读教学对话研究[D].上海:华东师范大学博士学位论文,2006.

[5] 孙彦君.论孙绍振文本解读的实践及理论建构研究[D].福州:福建师范大学博士学位论文,2013.

[6] 于丹丹.国际学生评价项目(PISA)[D].武汉:华中师范大学硕士学位论文,2009.

[7] 袁英.话语理论的知识谱系及其在中国的流变与重构[D].武汉:华中师范大学博士学位论文,2013.

[8] 张良田.语篇交际原理与语文教学[D].长沙:湖南师范大学博士学位论文,2002.

［9］郑飞艺.小学语文课程组织变革研究——基于实践的考察［D］.上海：华东师范大学博士学位论文，2009.

（四）电子文献

［1］陈昌勇.PISA为教育局在规划课程发展服务及政策带来的启示［EB/OL］.（2014-12-17）［2016-04-26］.www.hkedcity.net/ttv/mod/ttvvideo/view.php? id=1797.

［2］陈明蕾.跨领域阅读［EB-OL］.（2014-07-09）［2016-05-24］.https://webcnjh.km.edu.tw/%2Fself_store%2F2%2Fself_attach%2F(Mathematics)-- p1-p64.pdf.

［3］陈瑞端.由"从阅读中学习"迈向"自主学习"［EB/OL］.（2015-11-28）［2016-10-19］.http://www.ate.gov.hk/tchinese/doc/2015_Showcase_plenary_Prof_Chan.pdf.

［4］（荷）范戴克.从语篇语法到批评性话语分析——简要的学术自传，高彦梅，译.［EB/OL］.2002）［2016-05-12］.https://www.discourses.org/.../Academic%20biography%20Teun%20A%20van%20Dijk%20in%...Academic biography Teun A van Dijk in Chinese.pdf.

［5］林秀贞.阅读能帮助学生提高竞争之研究.［R/OL］.（2008-04-03）［2016-10-17］.http://report.nat.gov.tw/ReportFront/report_download.jspx? sysId=C09700369&fileNo=004.

［6］刘洁玲.从香港学生在PISA2006的表现看课程、教学与学生阅读能力的发展［EB/OL］.（2008-09-11）［2009-03-01］.http://www.fed.cuhk.edu.hk/iso/calender/2008-2009/Chinese/research-institute& html.

［7］刘齐生.德国篇章语言学源起与发展［J］.解放军外国语学院报，2005（5）.［2009-03-01］.http://www.fed.cuhk.edu.hk/iso/calender/2008-2009/Chinese/research-institute& html.

［8］吴新钦，陈意佳，林佳春.系统功能语言的理论及其在小学语文读写教学的应用——以三年级为例［EB/OL］.（2013-07-19）［2016-06-01］.http://www.ceag.kh.edu.tw/ezfiles/0/1000/img/48/2013_10.pdf.

［9］吴韵宇.国际素养评量2012—2015［EB/OL］.［2016-04-26］.https://www.education.ntu.edu.tw/activity/1030517/08.pdf.

[10] 张永德.跨课程阅读童书教学工作坊[EB-OL].(2012-04-17).https://www.edb.gov.hk/.../tc/.../series8_Dr.Cheung_20120417.ppt.

二、外文资料

[1] ACARA.F-10 Curriculum[S-OL].[2016-11-01].http://www.Australian curriculum.edu.au/overview/implications-for-teaching-assessing-and-reporting.

[2] ACARA. Senior Secondary Curriculum：English[S/OL].(2012-12)[2016-04-29].http://www.acara.edu.au/curriculum/senior_secondary.html.

[3] ACARA. Tracked Changes to F-10 Australian Curriculum [S/OL].[2016-04-15].http://www.acara.edu.au/verve/_resources/Changes_to_the_F-10_Australian_Curriculum.pdf.

[4] Arizpe, Evelyn & Styles, Morag. Children reading pictures：Interpreting visual texts[M]. London：Routledge Falmer, 2003.

[5] Arter, J. Teaching about Performance Assessment [C]. Paper Presented at the Annual Meeting of the National Council on Measurement in Education. CA：San Diego, 1998.

[6] BC Ministry of Education. BC performance standards：Reading [S/OL].(2009)[2016-12-16]. http://www.bced.gov.bc.ca/perf_stands/reading_intro.pdf.

[7] Beaugrande, R. de & W. Dressler. Introduction to Text Linguistics [M]. London：Longman,1981.

[8] Cahoon, Barbara. Literacy Across the Curriculum：Teachers about Content Area Reading Strategies and Their Perceptions of the Effectiveness of these Strategies [EB-OL] (2008-5) [2016-05-28].https://umanitoba.ca/faculties/education/media/Cahoon-08.pdf.

[9] Carita, Sirpa. Digital Literacies in the New Finnish National Core Curriculum.[EB/OL].[2016-04-29].http://www.literacy worldwide.org/blog/literacy-daily/2015/08/28/digital-literacies-in-the-new-finnish-national-core-curriculum.

[10] Carrell, P. L.. Reading in a Foreign Language: Research and Pedagogy[J]. JALT Journal, 1990(12).

[11] Carrell, P. L. Interactive text processing: Implications for ESL/second language reading[A]. In P. L. Carrell, J. Devine & D.E. Eskey (Eds.) Interactive approaches to second language reading[C]. Cambridge: Cambridge University Press,1988.

[12] Carrell, Patricia L. Some Issues in Studying the Role of Schemata, or Background Knowledge, in Second Language Comprehension[J]. Reading in a Foreign Language, 1983(10).

[13] Department for Education in England. English in the National Curriculum[S/OL]. (2012 - 07 - 30)[2016 - 04 - 27]. http://www.nzcurriculum.tki.org.nz/The-New-Zealand-Curriculum.

[14] Department for Education in England. The national curriculum in England. framework document[S/OL].[2016 - 04 - 19]. http://www.gov.uk/.../system/.../NCframework_document_—_FINAL.pdf.

[15] EACEA P9 Eurydice. Teaching Reading in Europe: Contexts, Policies and Practices[R/OL].(2011)[2016 - 07 - 06] https://eacea.ec.europa.eu/education/eurydice/ documents/thematic_ reports/130en.pdf.

[16] Firth, J. R. Papers in Linguistics[M]. London: Oxford University Press,1957.

[17] Gandal,Matthew. Not All Standards Are Created Equal[J]. Educational Leadership,1995(6).

[18] Halliday, M. A. K. & Hasan, R. Language, text and context: aspects of language in a social-semiotic perspective[M]. Geelong:Deakin University Press,1985.

[19] Halliday, M. A. K. & R. Hasan. Cohesion in English[M]. London: Longman,1976.

[20] Halliday, M. A. K. An Introduction to Functional Grammar[M]. London: Arnold, 1994.

[21] Halliday, M.A. K. Systemic Background[A]. in J.D. Benson & W.S.

Greaves [eds.] Systemic Perspectives on Discourse[C]. Vol. 1. New Jersey: Ablex, 1985.

[22] Hanauer, David. The genre-specific hypothesis of reading: Reading poetry and encyclopedic items[J]. Poetics, 1998(26).

[23] Hancock, Mark. Claire Acevedo on literacy via genre awareness[EB-OL].(2013-03-12)[2016-12-29].http://hancock mcdonald.com/blog/claire-acevedo-literacy-genre-awareness.

[24] Hyland, K. Genre-based pedagogies: A social response to process [J]. Journal of Second Language Writing, 2003(12).

[25] IEA. PIRLS 2016 Assessment Framework [EB/OL]. [2016-04-07]. http://timssandpirls. bc. edu/pirls2016/downloads/P16 _ Framework _ 2ndEd.pdf.

[26] Institute of Education Sciences. National Center for Education Statistics[EB-OL].[2016-04-27].https://nces.ed.gov.

[27] Jakobson, Roman. Closing statement: Linguistics and poetics[M]. In D. Lodge(ed.). Modern Criticism and Theory. Longman, 1988.

[28] KS Goodman. Reading, writing, and written texts: A transactional sociopsycholinguistic view[J]. Theoretical models and processes of reading, 1994(4).

[29] Lerner, J. W. Learning disabilities: Theories, diagnosis, and teaching strategies[M].Boston:Houghton Mifflin,2000.

[30] Lewis, David. Reading contemporary picture books: Picturing text [M]. London: Routledge Falmer, 2001.

[31] Longacre, Robert E. The Grammar of Discourse [M]. New York: Plenum Press, 1983.

[32] Martin, J. R. & David Rose. Interacting with Text: The role of dialogue in learning to read and write. [EB-OL].[2016-05-28].http// www. tesol-spain.org/uploaded_ files/files/Claire-Acevedo.doc.

[33] Martin, J. R., & David Rose. Interacting with text: the role of dialogue in learning to read and write[J]. 中国外语, 2007(5).

[34] Martin, J. R. Language, register, and genre [A]. In F. Christie (ed.). Language Studies: Children's Writing, Reader. Victoria: Deakin University Press, 1984.

[35] Ministry of Education, British Columbia. English 10 and 11 First People's Curriculum[S/OL]. [2016 - 04 - 29]. http://www.bced.gov.bc.ca/irp/pdfs/english...arts/2010efp1011.pdf.

[36] Ministry of Education. The Ontario Curriculum Grades 9 and 10[S/OL]. [2016 - 11 - 12]. http://www.edu.gov.on.ca/eng/curriculum/secondary/english910currb.pdf.

[37] National Assessment Governing Board. U.S. Department of Education. Reading Framework for the 2015 National Assessment of Educational Progress[EB - OL]. (2015 - 01) [2016 - 04 - 13]. https://www.edpubs.gov/document/ed005558p.pdf? ck=18.pdf.

[38] NGA, CCSSO, Achieve. Common Core State Standards for English Language Arts & Literature in History/Social Studie, Science, and Technical Subjects[S/OL]. [2016 - 04 - 13]. http://www.corestandards.org/wp-content/up loads/ ELA_Standards.pdf.

[39] Näsström, Gunilla. Measurement of Alignment between Standards and Assessment[EB - OL]. (2008)[2017 - 01 - 02]. http://www.diva-portal.org/smash/record.jsf? pid=diva2%3A142244&dswid=3814.

[40] OECD. PISA 2015 draft reading framework[EB/OL]. [2016 - 04 - 09]. https://www.oecd.org/pisa/pisaproducts/Draft%20PISA%202015%20Reading%20Framework%20.pdf.

[41] OECD. PISA Results from PISA Problem Solving [R - OL]. (2014 - 04 - 01) [2016 - 04 - 27]. https://www.oecd.org/.../PISA - 2012 - PS-results-eng-SINGAPORE.pdf.

[42] O'Farrell, Ciara. Enhancing Student Learning through Assessment [EB/OL]. http://www.tcd.ie/teaching-learning/academic-development/assets/pdf/250309_assessment_toolkit.pdf.

[43] Pinar, W.. Curriculum Theorizing: The Reconceptualists[M]. CA:

McCutchan Publishing Corporation, 1975.

[44] Podestá, Adriana. A Tribute to the Father of Discourse[EB-OL]. (2001). http://www.share education.com.ar/past%20issues2/SHARE%20154.Html.

[45] Public Consulting Group's Center for Resource Management. High School English Lesson Plan: Poetry [EB/OL].(2007-8)[2016-06-16].http://programs.ccsso.org/content/pdfs/FINAL%20CCSSO%20English%20-%20Poetry.doc.

[46] Rose, D. & J. Martin. Learning to Write, Reading to Learn: Genre, Knowledge and Pedagogy of the Sydney School[M]. Sydney:Equinox Publishing, 2012.

[47] Rose, David. Genre in the Sydney School[A]. In The Routledge Handbook of Discourse Analysis[J]. James Paul Gee and Mike Handford (eds). London: Routledge, 2010.

[48] Rumelhart, McClelland. Interactive Processes In Reading[EB-OL]. [2016-05-17]. http://psych.stanford.edu/.../RumelhartMcClelland81InteractiveProcessesInReading.pdf.

[49] Salmon, Christina. Biography Unit Plan[EB/OL].[2007-07-16]. http//www.learningace.com/college/53067522-Lagcc-cse-120.

[50] Schaffner, C. The Role of Genre for Translation[M]. Amsterdam/Philadelphia:Benjamins, 1999.

[51] Stebick,Divonna M. & Joy M. Dain. Comprehension Strategies for Your K-6 Literacy Classroom: Thinking Before, During, and After Reading [EB/OL]. http//:cupola.gettysburg.edu/cgi/viewcontent.cgi?article=1017&context=edfac.

[52] Surgenor,Paul. Constructive Alignment[EB/OL].(2010-01)[2016-12-16].http://www.ucd.ie/t4cms/UCDTLT0028.pdf.

[53] The Department of Education in Australia.What is Standards based Education[EB-OL].(2009-07-04)[2017-01-02].http://ndss.ndsucceed2020.org/wp-content/uploads/2014/10/What-is-standards-based-education.pdf.

[54] The Wheatley Portfolio. Common Core Curriculum English(Grades 6-8)(2 Edition)[M].San Francisco:Jossey-Bass, 2014.

[55] The Wheatley Portfolio. Common Core Curriculum English(grades 9-12)(2 Edition)[M]. San Francisco: Jossey-Bass, 2014.

[56] Unsworth, L. Researching language in schools and communities: SFL perspectives[M]. London: Cassell,2000.

[57] Van Dijk,T.& Kintsch, W.. Strategies of Discourse Comprehension [M]. New York: Academic Press,1983.

[58] Vollmer, Helmut Johannes.Language Across the Curriculum(LAC) [EB-OL]. (2006). https://www.coe.int/t/dg4/linguistic/Source/Vollmer-ppt.pdf.

[59] Werlich, E. A text grammar of English[M]. Heidelberg: Quelle and Meyer, 1976.

[60] Wilss, W.& G. Thome. Translation Theory and Its Implementation in the Teaching of Translation and Interpreting[M]. Tübingen: Narr, 1984.

后 记

未觉池塘春草梦,阶前梧叶已秋声。

这本小书脱胎于我的博士论文《语篇学视域下的语文阅读教学研究》。于我而言,读博是一种精神的皈依,做博士论文则是灵魂的洗礼,它让我学会严肃地思考生命的存在价值,以及学术之于生命的独特意义。倏忽之间,一千多个日子就这样过去了,恍若行走于山阴道上,山川自相映发,使人应接不暇。其间,惠我者多,同行者亦多。

这里首先要感谢我的导师黄伟教授。母亲生我时已 42 岁,在母亲的 6 个孩子中我是"拉藤瓜"。6 岁那年,我已略懂人事,由于家里穷,母亲含泪将我抱给了娘舅对门的人家。由于家里穷,我的身板自小就不结实。8 年之前,贪吃冰西瓜,还弄了个胃出血,差点"出师未捷身先死"。2014 年,我居然考上了南京师范大学的博士,大概是祖上烧了高香。由于材质不佳,天资驽钝,黄老师可真没少为我操心。黄老师曾经发了两本电子书给我,一本是罗嘉昌的《从物质实体到关系实在》,一本是布迪厄和华康德的《实践与反思——反思社会学导引》。这两本书不好读,但黄老师的谆谆教诲言犹在耳:"对自己启发最大的,往往是那些很难懂的书。"是的!布迪厄给我的论文写作最深的启迪就是反思性建构,布迪厄本人也对索绪尔的语言学进行了反思和批判。事实上,语文课程的本体论重构应突破索绪尔的结构主义语言学框架,转而从巴赫金等人的话语理论中找到新的生长点;语文阅读教学的深度改革应从韩礼德等人再出发,进行语篇论的建构。而关于话语理论和语篇学,黄老师本人是作了深入思考的。近年来,黄老师围绕语文教材的文本解读也作了专门的研究。受黄老师的启发,我在文中提出了自己的文本解读框架——话语分析框架和新功能语篇分析框架。无知者无畏,希望学界同仁能不留情面地揭示我的无知。黄老师反复提醒我,科学研究要有问题意识,问题意识应贯穿论文写作的始终。尽管自认为本书已就阅读教学语用能力培养这一核心问题作了一些理论思考,也提出了一些实践操作的路径与方法,但很显然,这与黄老师的期望还有甚远的距离,而这将砥砺我继续前行……

其次,我要感谢南师大教育科学学院的几位老师。在论文开题过程中,喻平教授和李星云教授提出了非常受用的批评意见,这促使我最终放弃了中美语文阅读教学比较研究的方案,进而直面我国语文阅读教学实存的问题。李如密教授是我非常敬重的老师,每每在论文写作迷而不知所往的时候,我就想到了李如密老师那满怀勉励的神情。每次当我阅读布迪厄的时候,我都会想到吴永军教授对我提出的加强课程论阅读的建议。徐文彬教授非常务实,平时的小论文写作,以及博士论文提纲设计,都给予了悉心的指导。张乐天教授的教育学专题讨论课别具一格,那是一种令人心驰神往的多元叙事和异声同啸。

语篇学的研究虽兴起于西方,但是我国传统文章学、语言学中也不乏近于语篇学的洞见,因此与历史对话是完成该论文的必由之径。这自然让我联想到了我的祖师爷——以语文教育史研究起家的顾黄初先生。数年前先师已驾鹤西游,他的接力棒交给了我的老师王乃森教授和徐林祥教授。顾先生和两位老师治史的研究取向给本书的立论带来了很大的启发。

感谢四川师范大学马正平教授。马教授是位麻辣型的川籍学者,他兼攻哲学、美学、写作学、思维学和语文教育学,其为学之痴迷、为文之练达、为人之耿介,颇有春秋名士之风。其谈艺论道,更是汪洋恣肆、纵横捭阖、气象万千。马老师学科贯通的治学风格和穿越时空的审美追求深深地影响了我。感谢我的挚友张悦群老师。前几年,张老师一直在思考语文课程的本体论问题,正是与张老师多次交流和沟通,促使我鼓足了勇气,在博士论文中就诸种语文课程性质论作出了反思与批判。我真诚期待更多的同志能对我的观点提出反批判,因为人文社会科学的进步就在于猜想与反驳,在于证伪,在于范式之更替。感谢我的挚友冯为民老师。冯老师有师范任教的经历,其研究既"务虚"且"务实",既"上天"也"入地"。比方说,关于语文教育的文化自觉他有过系统而深入的学理思考,关于经典文本的解读也总能发人之未发。冯老师思考问题的方式和勇于探索的品格对我写作此书带来了很大的启发与影响。感谢我的挚友薛城老师。2018年4月,南京薛城名师工作室正式成立。工作室致力于培养学生的语用能力,并积极探索语用理念有效落地的操作门径,而在引入语篇知识、探索语篇分析的构想上,我们产生了强烈的共鸣。我们商定,以南京薛城名师工作室为实验基地,团结一批学界同人,有计划有步骤地推进语篇阅读教学改革实验。

感谢台湾师范大学王基伦教授,王教授是我国台湾地区语文课程纲要审查委员,他专攻古代文学,给我留下的最深印象是古典气质和儒雅之风,写作过程中,他提供了台湾地区语文课程纲要的资料。其间,我与新加坡国立教育学院洪瑞春先生建立了友谊,在与洪先生通邮和对话的过程中,我对新加坡的阅读教学有了更深的了解。当然,我还向美国佛罗里达大学傅丹灵教授请教了美国语文教材及语文阅读教学等方面的问题,也了解到美国语文共同标准批判运动。

感谢我的师弟连亚飞、梅培军,感谢杨金月等师妹!感谢深爱着我的亲人!

本书亦厚蒙恩师黄伟教授作序,江苏第二师范学院文学院院长冯保善教授牵线出版,南京大学出版社胡豪先生与编辑荣卫红女士提供宝贵意见并付出辛勤劳动,笔者谨向上述学者先进诚挚致谢!我的学生、姑苏方志诚协助校对,顺致谢忱!

最后,我想引美国桂冠诗人罗伯特·弗罗斯特《未选择的路》中最后几行诗与诸位共勉:

> 也许多少年后在某个地方,
> 我将轻声叹息将往事回顾:
> 一片树林里分出两条路——
> 而我选择了人迹更少的一条,
> 从此决定了我一生的道路。

贡如云于金陵
2019 年 1 月 16 日

图书在版编目(CIP)数据

语篇阅读教学论 / 贡如云著. —南京：南京大学出版社，2019.3
　　ISBN 978－7－305－21662－6

　Ⅰ.①语… Ⅱ.①贡… Ⅲ.①汉语—阅读教学—教学研究 Ⅳ.①H194

中国版本图书馆 CIP 数据核字(2019)第 032762 号

出版发行	南京大学出版社		
社　　址	南京市汉口路 22 号	邮　编	210093
出 版 人	金鑫荣		

书　　名	语篇阅读教学论
著　　者	贡如云
责任编辑	荣卫红
编辑热线	025－83685720
照　　排	南京紫藤制版印务中心
印　　刷	江苏凤凰通达印刷有限公司
开　　本	718×1000　1/16　印张 19.5　字数 329 千
版　　次	2019 年 3 月第 1 版　2019 年 3 月第 1 次印刷
ISBN	978－7－305－21662－6
定　　价	64.00 元

网　　址　http://www.njupco.com
官方微博　http://weibo.com/njupco
官方微信　njupress
销售咨询　(025)83594756

　　＊ 版权所有，侵权必究
　　＊ 凡购买南大版图书，如有印装质量问题，请与所购
　　　图书销售部门联系调换